论语新绎

吴宏一 著

北京联合出版公司

"人生三书"总序

吴宏一

年纪逐渐老大,回首向来萧瑟处,觉得人生虽然风雨载途,但毕竟时有阳光普照。有些人,值得纪念;有些事,值得回忆;有些书,值得推荐。

人生的道路有很多很多条,所谓"世路多歧"。有人生来浑浑噩噩,白白走了一遭;有人不知方向,犹如暗夜到了十字路口,徬徨而无依;有人则始终认定一个方向,勇往而直前。哪一条路适合你呢?完全在乎你自己的选择。

书有很多很多种,但就一般人而言,"书到用时方恨少"。少的不是书,是你所需要的知识。知识,包括智慧和见识。对于人生的道路,很多书都曾谈到,但值得推荐的,不会多;可以真正给你智慧和见识的,当然更少。

我年纪逐渐老大以后,觉得有三本书真的值得推荐:《论语》、《老子》和《六祖坛经》,恰好是儒、道、释三教的必读经典。这三本书代表人生三条道路的大方向,可以给大家智慧和见识。它们都言简而意赅,句子简短,容易记诵,可是仔细体会,却意义深远。

《论语》《老子》《六祖坛经》代表儒、道、释三家不同的思想,也分别代表追求人生、完成理想的三个指标,为我们揭示安身立命之方、为人处世之道,是现代人不能不读的三本"圣经"。《论语》教读书人如何进德修业，以期成为国家有用的人才；《老子》教统治者如何清静无为，以期作为治国安民的指标；《六祖坛经》则教万方俗众如何明心见性，以期达到开悟解脱的境地。因此为"人生三书"做白话注译、阐释评述的工作，让读者借此亲近经典智慧，省思生命的意义与价值，是我长久以来的心愿。

如今"人生三书"终于完成，令我有如释重负的感觉。人生的路该怎么走？如何安顿身心，活出积极、清静、圆融的人生？答案就在书里面。

《论语新绎》序论

一

孔子名丘,字仲尼,春秋时鲁国陬邑(今山东省曲阜市附近)人,生于周灵王二十一年(公元前五五一年),即鲁襄公二十二年,卒于周敬王四十一年(公元前四七九年),即鲁哀公十六年,年七十三岁。

他幼年孤苦,但从小就爱好学问。当时鲁国虽然不强,但文化气息却极浓厚,他在这种环境的熏陶下,早已养成了勤奋好学的习惯。

他长大后想学以致用,曾做过管理粮食账目和牛羊畜牧的小官,也做过鲁国的小司空、大司寇,负责农工、司法行政的职务,但时间都不长。后来他离开鲁国,游历齐、宋、卫、曹、郑、陈、蔡、楚等国,看看是否能被任用,以便施展抱负、实现理想。可惜道术不同,事与愿违,他在经历几次危难之后,不得不又回到鲁国:一方面整理文献,从事著述,修订《诗》《书》,编次礼乐,撰写《春秋》;一方面开创私学,广收门徒,以学不厌、教不倦的精神,主张有教无类,顾及因材施教,不但重视学识的充实,而且也注意品德的陶冶。他的学生前后一共有三千人之多,杰出的有七十二人。因此,他被后人尊为万世师表,是我国历史上最伟大的教育家。

二

《论语》是记录孔子言行的典籍。虽然全书只有一万五千多字，但从这部书中，我们可以认识孔子的思想学说，并且得到很多关于为人处世、求学做事的宝贵教训。这些教训两千多年来只要是读书人，甚至是不识字的人，都直接或间接地受到影响。可以说上自帝王公卿，下至贩夫走卒，无不奉为治国修身的圭臬。尤其从宋代朱熹以后更是家传户诵，成为我国人人必读的文化遗产。即使到了今天科学文明日新月异，但《论语》这部书仍然历万古而常新，不失其时代意义。有人说它是我们国人的"圣经"，实在很有道理。

三

《论语》这部书的命名，据班固《汉书·艺文志》说："《论语》者，孔子应答弟子、时人及弟子相与言而接闻于夫子之语也。当时弟子各有所记，夫子既卒，门人相与辑而论纂，故谓之《论语》。"可见"论"有"论纂""编撰"的意思，"语"是语言，指孔子所说的话。许慎《说文解字》说："直言曰言，论难曰语。"《论语》一书，有孔子的直言，也有他与弟子及时人的论难之语，因此，也可以说，"论语"就是把"接闻于夫子之语"编纂起来的意思。

《论语》固然不是孔子亲自编撰的，但也不可能是某一个弟子所编撰的。因为它集合很多片断的篇章而成，前后篇章的排列次序往往没有什么关连和道理，文字和内容也有些重复的地方。这可能是由于当时弟子各有记录，后来才汇编成书的缘故。但究竟是哪些弟子所编撰，却无法确定。另外，从《泰伯篇》第一章等篇章看来，《论语》中不但有孔子弟子的记录，而且也有孔子再传弟子的记录。曾子、有子，甚至子张、子夏、闵子骞的学生，都可能是某些篇章的记录者。据柳宗元《论语辨》的推断，最后编定《论语》

的人，应该是曾子的学生。

我们可以这样说：《论语》这部书，在春秋末期已由孔子弟子开始记录，但到编辑成书时，却已是战国时代的初期了。一九七三年在河北定州八角廊的汉墓中，发现的《论语》竹简残本，虽然研究者对其著成年代的看法颇不一致，但认定它成于战国至西汉宣帝五凤四年（公元前五四年）之间，则不成问题。这个时候，我们今天所看到的《论语》，可以说已大致成形了。

《论语》传到汉朝时有《鲁论语》、《齐论语》和《古文论语》三种不同的本子。篇数、篇目和编次都不尽相同，文字也有一些差异。西汉末年，汉成帝的师傅安昌侯张禹把《鲁论语》和《齐论语》融合为一，删去《齐论语》中的《问王》《知道》二篇，篇目则以《鲁论语》为依据，号《张侯论》。汉灵帝时所刻的《熹平石经》以至我们今天通行的《论语》本子，基本上都以此为依据。

东汉末年，郑玄以《张侯论》为主，参考《齐论语》和《古文论语》，作《论语注》；此后，魏代何晏的《论语集解》，梁代皇侃的《论语集解义疏》，宋代邢昺的《论语注疏》、朱熹的《论语集注》，清代刘宝楠的《论语正义》，这些书在注释方面，都有一定的成绩，是阅读《论语》时，值得一读的参考书。

四

南宋著名的词人辛稼轩曾有《读语孟二首》：

（一）

道言不死真成妄，佛语无生更转诬。
要识死生真道理，须凭邹鲁圣人儒。

（二）

屏去佛经与道书，只将语孟味真腴。
出门俯仰见天地，日月光中行坦途。

把《论语》《孟子》比成太阳和月亮，可见他对《论语》《孟子》之推崇备至。他的这些话，真是于我心有戚戚焉。可是，我对佛经与道书的看法，却与稼轩不一样。我一向认为儒、道、释三家各有各的价值，尤其是《论语》《老子》《六祖坛经》三书，更是想认识我国历史文化的人不能不读的三本"圣经"。大体而言，《论语》教读书人如何进德修业，《老子》教统治者如何清静无为，《六祖坛经》则教万方俗众如何明心见性。我以为这三本"圣经"，它们说教的对象，代表三种不同的社会阶层，也代表三种不同的思想文化，但它们为人揭示安身立命之方，则无不同。因此很久以来，我早就想为此"人生三书"作一些推阐评述的工作，还曾经用稼轩韵写过这样的一首七绝：

圣经何必分先后，大道从来不可诬。
我自瓣香三教在，参禅学老更崇儒。

因为有此信念，所以我在一九八〇年前后，曾应《台湾新生报》石永贵社长之邀，以白话译解《论语》全书，在该报连载，后由该报出版，书名即定为《白话论语》。由于得到当时台湾省政府及若干县市政府的推广，作为社会公益书刊发行，几年间竟然印行近百版之多。到了一九八三年秋，还由台北市政府将拙著与辜鸿铭英译的《论语》，合编印成《论语中英文合订本》，分送台北市各国际观光旅馆，供旅客参阅。我虽然始终没有获得应有的版税，但作为该书的译解者，仍然觉得受到莫大的鼓励，因而更坚定了我要完成译解"人生三书"的想法。

不过，从一九八〇年代中期起，我因为参与中正大学文学院、"中央研究院"中国文哲研究所的筹备工作，后来又出国长期在海外讲学，工作过于繁忙，这个愿望不得不中途停辍。一直到一九九九年秋，自香港退休返台，才又提笔继续这"人生三书"的撰写工作。

首先，我修订《白话论语》一书，增订后易名为《论语新绎》，交给台北联经出版事业公司发行，并曾作两首诗来表达我当时的愿望：

（一）
向来我亦圣为师，论道参禅未是痴。
最爱春衣已裁就，冠童舞雩咏归时。

（二）
敢言译解费功夫，但愿人人识正途。
忠恕终归仁一字，请从平淡契真吾。

我认为要译解"人生三书"，当然应该先从《论语》开始；要重新阐述《论语》的道理，当然要先从读懂《论语》、明白它的文字开始。

五

《论语》是语录体，对古人来说，虽然明白如话，但对现代一般人来说，毕竟已是两千年前的古语，并非人人所能阅读。即使有前人的注解，但同样是文言，对一般读者不一定有多少帮助。所以用白话把它译注出来，这种工作是很有意义的；不但《论语》如此，《老子》《六祖坛经》如此，恐怕还有很多其他的古书，也需要如此。

我用白话译注《论语》这部书，就基于这种认识。所以译文力求浅白，注文力求简明，同时采用直译的方式，尽量照原文的句型逐字逐句译成白话，希望读者不但能了解原文的大意，而且能明白每字每句的意义，借以提升初学者阅读古书的能力。例如《为政篇》第四章"吾十有五而志于学"这句话，假使要求简练，可以译为"我十五岁立志求学"，但我却直译成"我十又五岁就有志于求学"。目的就是在于使读者对照原文，逐字逐句明白意义。

当然，书中有少数不易直译或不便直译的地方，只好采用简译或其他的方式。例如《为政篇》第五章"死，葬之以礼，祭之以礼"这几句话，直译应是："死了，埋葬他们依照礼制，祭祀他们依照礼制。"但为了照顾全文不致过于累赘，所以改译成书中现在的样子。又如《为政篇》第二十二章"大车无輗，小车无軏"这两句话，实在不易直译，所以只好先译为"就好像大车子没有輗，小车子没有軏"，然后加注来补充说明輗和軏的读音和意义。书中引用《诗》《书》等古书的地方，也都用这个办法。像这类没有直译的篇章，为数并不多。

其次，对于历来有歧说异义的字句，通常采用其中一种比较可取的说法，直接译成白话，不另说明。例如《为政篇》第十六章"斯害也已"这句话，有人（像杨伯峻的《论语译注》）把它译成："（这种）祸害就可以消灭了。"这是把"也已"的"已"，看做动词，作"止"解。事实上，《论语》书中如"好学也已"等句，"也已"都作语气词用，而且多作句末助词，以加强语气，本来就是《论语》的特色，所以我不赞成上述的那种解释，译文自然也就采用了另一种说法，但在译文后并不加注说明，以免旁枝蔓延增加篇幅。通常只有在译文采用的说法，和原文的字面意义有所出入，或担心初学者不懂，或跟现代的用法不同时，才会另外加注补充说明。例如《学而篇》第四章"吾日三省吾身"的"三"字，我在译文中采用"三"为虚指、表示"多次"的说法，所以才特别加注解释。基本上这本书的译注，是以"直译"为主，以"注释"为辅。

在"注释"和"直译"之外，为了帮助读者更能了解书中各篇各章的旨趣，在每一篇之前都有介绍全篇的提要内容，而在每一章之后则另加"新绎"，对其字句的音义、写作的技巧以及文字背后的含意等等，作种种不同的补充说明。少数例外，例如《学而篇》第一章对每一字句的析论，例如《微子篇》第七章对荷蓧丈人"植其杖而芸"的解说，它们都有示例的作用，也有比较完整详细的说明。

另外，因为时代观念的不同，书中有些篇章恐怕难免会引起一些读者的误会。像《泰伯篇》第九章"民可使由之，不可使知之"、《阳货篇》第二十二章"不有博弈者乎？为之犹贤乎已"、第二十五章"唯女子与小人为难养也"，等等，这些话大概都会有人表示异议。我觉得读书原来就不可以辞害意，也不应该以今律古，所以这种地方，除了在"新绎"中稍作提示、说明之外，都不多加解说，希望读者自己去神领意会。

六

最后，为了便于读者阅读本书时作对照之用，笔者特地根据朱彝尊《孔子弟子考》、姜可久《四书人物辑略》、诸桥辙次《论语人物考》以及历来各种孔子年谱资料，新撰《孔子年表简编》一种，作为本书的附录。所谓"简编"，就是不求周全的意思，目的不过是方便读者对照参考而已。它也像本书的其他部分，我都曾做了多次的修订和改写。

"文章千古事，得失寸心知"。我想书中一定还有不能令人满意的地方，希望读者多多指教，以便修订时改正。

目 录

"人生三书"总序 ……………………………… 1
《论语新绎》序论 ……………………………… 3

【一】 学而篇 ……………………………… 1
【二】 为政篇 ……………………………… 19
【三】 八佾篇 ……………………………… 41
【四】 里仁篇 ……………………………… 66
【五】 公冶长篇 …………………………… 85
【六】 雍也篇 ……………………………… 110
【七】 述而篇 ……………………………… 136
【八】 泰伯篇 ……………………………… 165
【九】 子罕篇 ……………………………… 182
【十】 乡党篇 ……………………………… 206
【十一】 先进篇 …………………………… 226
【十二】 颜渊篇 …………………………… 250
【十三】 子路篇 …………………………… 271
【十四】 宪问篇 …………………………… 296
【十五】 卫灵公篇 ………………………… 333
【十六】 季氏篇 …………………………… 362
【十七】 阳货篇 …………………………… 377

【十八】微子篇 …………………………………… 401
【十九】子张篇 …………………………………… 415
【二十】尧曰篇 …………………………………… 435

孔子年表简编……………………………………… 441
参考书目举要……………………………………… 451

【一】 学而篇

《论语》分为二十篇，它们的编次没有一定的体例，也没有一定的内容。各篇的篇名，只是取自篇首第一句的两、三个字而成，没有什么特别的含意。

本篇共十六章，论君子求学之道。学，不只指学识才艺，也包括品德修养。此篇以论孝悌、忠信为主。朱熹《论语集注》说本篇："所记多务本之意，乃入道之门，积德之基，学者之先务也。"

1. 子①曰："学而时习之，不亦说②乎？有朋自远方来，不亦乐乎？人不知而不愠③，不亦君子④乎？"

【校注】

①子——先生；古代对男性的尊称，相当于白话的"您"。有时也用来指儿女。《论语》里"子曰"的"子"，大都是指孔子而言。

②说——同"悦"，喜悦、高兴。"不亦说乎"是疑问句的句型，其实它的意思就是"说（悦）"。下同。

③愠——音"运"，怨怒。愠怒的原因，是因为"人不知"。"人不知"有二义：一是人不知我，一是人不知学。

④君子——古代君子有二义：一指才德兼备的人，一指在上位的统治者。这里应指前者。

【直译】

孔子说:"求得的学识,还能够时时去温习它,不也是高兴的吗?有同学从远方来请教,不也是快乐的吗?人家不了解我,我却不怨恨,不也是君子吗?"

【新绎】

首章开宗明义,说明求学的道理,重在为学的层次。

第一个层次是自立自修的功夫。"学",用今天的话说,就是求学、学习。古人解释为"觉",为"效"。"觉"是解悟,化不知为知,化不能为能。"效"是模仿,以好的强的为榜样,转恶为善,转弱为强。"学",在这里不只是当动词用的"学习",它还指经过学习之后所求得的学识。它已当名词用,指的不只是书本上的学问,它还泛指一切外在的行为规范,包括道德的认知和实践。孔子教导学生要学习诗、书、礼、乐、射、御等等,是文武合一的教育,认为这样才能训练出对社会对国家有用的人才。所以"学"所指的学识技能,范围极广。"时习"的"时",有时时、及时、按时等义。及时、按时又兼含有按季节和按年纪作不同学习的意思。古人所谓"春夏学诗、乐""秋冬学书、礼",以及几岁学习什么知识技能,都是指此而言。"习",除了学习新知、温习旧学之外,它同时还有实习、演习、操练的意思。因为礼、乐、射、御等等,是需要实习操演的。

第二个层次是自立立人的成效。学生能够"学而时习之",温故而知新,自然可以成为别人的老师,教导别人。"有朋自远方来","有朋"古本一作"友朋"。"朋"可以指志同道合的同门、同窗,也可以指一般的朋友。一个人读书有成,不但近者心悦诚服,肯拜他为师,连远方的朋友也会慕名而来,大家一起讨论,互相印证。不但学生受到启发,连当老师的人也可以从中教学相长。这就成为真正一同学习的"同学"了。

第三个层次是治学有成以后的修养态度。治学有成，有人慕名而来请教学习，固然值得欣幸，但万一别人不晓得你有学问，没有登门请教，你该怎么办？"人不知而不愠"，正说明了该有的修养和态度。也有人说"人不知而不愠"是指人不知学而已亦不愠。意思是君子看到别人不知学，对某些事物有所不解也不会求全责备。这也是做师长的人一种难得的修养。

"不亦说乎"、"不亦乐乎"和"不亦君子乎"，也同样代表三种不同的层次。"不亦……乎"是疑问句，翻成白话是："不也是……吗？"用肯定句来说，它说的正是"说（悦）"、"乐"和"君子"。"说"古代可以借用为"悦"，它和"乐"意义虽近，但层次不同。"学而时习之"，是从初学时的辛苦到"温故而知新"以后所得的喜悦，毕竟还免不了有许多解说、体会的过程，所以它带来的喜悦，往往是"独乐乐"的。而"有朋自远方来"，是代表自己学习有成，可以教导别人，也可以与人商榷讨论，它所带来的快乐，超过了"独乐乐"的阶段，已经到达"众乐乐"的境地了。"君子"在古代是指在上位的贵族和有品德的人。这是孔子教导学生追求的理想目标。一个人能够文武合一、才德兼备，服务社会、贡献国家，不管为人知或不知，孔子以为都是值得大家敬佩的君子人物。

最后要说说虚词在古文中的作用。古人读书，所用纸笔不像我们今天这样方便，所用书本也不像我们今天这样便宜，因此为了省时省工，刻写在简册竹帛上的古代书籍，通常是没有标点的，文字能省则省，密密麻麻，连在一起，当然没有标点符号。古书里的虚词，其实就是标点符号的替代品。有人以为虚词不重要，错了！没有这些虚词，有的文章就不成文章了。例如这一章的首句："学而时习之"，如果把虚词的"而"、"之"拿掉，只剩下"学时习"三字，这还成其为文章吗？还有人能了解"学时习"的意义吗？

同样的，把"不亦……乎"拿掉，那剩下的几句也同样会令人读不通！事实上，"而"作句中连词，"之"作代词。"之"指的就是"学而时习"的"学"。就因为有"之"字，我们才认为"学"是名词，而不只是当动词的"学"而已。"不亦"作发语词，"乎"作句末助词，和"也"一样，它们原来都有替代今日新式标点符号的作用，表示讲话的神气，也表示字句语气已到了该停顿的地方。不了解的读者，把原文多朗诵几遍，追摹其语气，自然就懂了。

2. 有子①曰："其为人也孝弟②，而好③犯上者，鲜④矣；不好犯上，而好作乱者，未之有也。君子务本，本立而道生。孝弟也者，其为仁之本与⑤！"

【校注】

①有子——孔子的学生。姓有，名若。鲁国人。比孔子小四十三岁，一说小三十三岁。他在孔子死后，可能因相貌像孔子，曾经受到同学们的尊重。《论语》里记载孔子的学生，一般都称字（如子路、子贡、子张等），只有有若和曾参被称为有子、曾子，因此很多人以为《论语》这本书有他们两人的学生参与编纂。

②弟——音"替"，同"悌"，敬爱兄长。

③好——音"浩"，喜爱。

④鲜——音"险"，少、不多的意思。

⑤与——音"余"，同"欤"，句末助词。表示感叹和反诘的语气。《论语》中的"欤"，都写作"与"。

【直译】

有子说:"他的为人呀,孝顺父母,尊敬兄长,却喜欢冒犯上级的,这种人很少吧;不喜欢冒犯上级,却喜欢作乱的,这种人不曾有过呢。君子注意根本,根本树立了,然后道理才会产生出来。孝顺父母和尊敬兄长这两件事,大概就是实践仁道的根本吧!"

【新绎】

孔子标举仁道,认为它是道德的最高标准。仁道可以从很多方面去推阐解说,这一章记载的是有子对仁道根本的看法。

有子以为仁道的根本在于孝弟(悌)。孝是孝顺父母,悌是尊敬兄长,按常理说这都是人类的天性。通常一个人在成长过程中,最先接触到的给他关怀、照顾、养育、教导的人,就是父母和兄长这些人。而人是有感情的动物,等到他成长以后有了知识,自然会孝顺父母、尊敬兄长。这一切发自天性,不一定要靠法令规定或强制手段才能达成。所以,有子说懂得孝悌之道的人自然不会冒犯上级,而不会冒犯上级的人自然也不会犯法作乱了。

那么,为什么有人会犯上作乱呢?有子以为那一定是天性泯灭的缘故。因此要防止犯上作乱的现象,必须先固守根本,保持每个人孝悌的善良天性。"其为仁之本与"句,读者应注意"为仁"二字。它说的不只是"仁"的天性本身而已,它更进一步指出"为仁"即实践、推行仁道的重要性。因此,治国安民,教导子弟,务必让他们保持孝悌的天性,不可使之泯灭。

3. 子曰:"巧言令色①,鲜矣②仁!"

【校注】

①令色——讨好人家的脸色。令，原有赞美的意思。例如《诗经·大雅·烝民》的"令仪令色"，就是赞美人家有美好的容仪。

②鲜矣——鲜，音"险"，少。《论语》中"鲜矣"二字常连用，表示少见、少有的意思。

【直译】

孔子说："动听的言论，讨好的脸色，是很少有仁心的。"

【新绎】

说话动听，表情和悦，本来不是坏事，但是，如果不是发自内心，那就是别有居心，刻意去讨好别人了，这种人不值得信任。所以《中庸》上说："不诚，无物。"不过，孔子只是说这种人"鲜矣仁"，"鲜"只是很少或不多，不等于全部。孔子的意思并不是说：所有巧言令色的人，一定全是不仁之人。这一点读者要有所留意。

4. 曾子①曰："吾日三②省吾身：为人谋而不忠乎？与朋友交而不信乎？传③不习乎？"

【校注】

①曾子——孔子的学生。姓曾，名参，字子舆。鲁国南武城（故城在今山东省费县西南）人。比孔子小四十六岁。历史上著名的孝子。

②三——古人常用"三"来代表多数，这里不必着实地说是三次。也有人以为这里的"三"，是指下列"为人谋而不忠乎"等三件事。

③传——音"撰"。指老师所传授的经典文献。

【直译】

曾子说:"我每天多次反省我自己:替人策划事情,不尽心吗?跟朋友来往,不诚实吗?传授的学业,不曾温习吗?"

【新绎】

曾子说他每天用好几件事来反省自己:"忠"是尽己之心,发乎真诚,这是一种自律的功夫;"信"是遵守诺言,与同学朋友交往,不可言而无信,这是一种处事的原则;传授学业,除了自己温习之外,把老师传授的道理再教给学生,一定要好好准备,这样才能温故而知新,不致荒疏学问,这是一种负责的表现。

孔子门下弟子据说有三千之多,曾子、有子等得意弟子,有时候需要代孔子教导其他弟子。这一章记载的正是曾子的进德修业之道。

5. 子曰:"道千乘之国①,敬事而信,节用而爱人,使民以时②。"

【校注】

①道千乘之国——治理有千辆兵车的国家。道,动词,领导、治理。乘,音"胜",名词,一辆兵车叫一乘。

②时——这里指一定的时间、适当的时候。例如古代以农业为主,役使人民就要在农忙以后,以免妨害耕作。

【直译】

孔子说:"治理拥有千辆兵车的国家,要慎重政事而且讲求信用,节省开支而且爱护人民,差遣人民要在适当的时候。"

【新绎】
　　孔子教学生不是只要他们读书做学问、独善其身而已,他还希望他们学成之后能为社会为国家做事。这一章所记载的就是有关治理千乘之国的道理。
　　千乘之国,指拥有千辆兵车的国家。周朝实行井田制度,方里为井,十井为乘。乘,指兵车一辆,配战马四匹,甲士三人,步卒七十二人。所以,所谓千乘之国也就是拥有千辆兵车、战马四千匹、武装战士三千人、步兵七万二千人左右的兵力。这样的国家,孔子以为治理的原则有五项:慎重、诚信、节用、爱人和便民。在上位者自己慎重其事,人民就不敢怠慢;自己讲求信用,人民就不会怀疑;自己节省用度,就不会劳民伤财;关心百姓,要使他们安居乐业;要人民为公家劳动服务,也要在适当的时机。
　　孔子所说的话,今天看来,还是很有参考价值的。

6.　子曰:"弟子①入则孝,出则弟②,谨而信,泛爱众而亲仁。行有余力,则以学文。"

【校注】
　　①弟子——对兄父而言,这里指青年学生。为人师长者,正宜视学生如子如弟。
　　②弟——同"悌",敬爱兄长。已见前。

【直译】
　　孔子说:"青年学生,在家就要孝顺父母,出外就要尊敬兄长,做事谨慎而且说话诚实，博爱群众而且亲近仁人。实践这些道理，还有多余的精力，才用来学习文艺。"

【新绎】

上面第二章有子讲孝悌，第四章曾子讲忠信，还有第五章孔子自己讲敬事而信、爱人便民，都可与本章合看。可以看出这些都是孔子谆谆教导学生的行为准则。

"亲仁"因与上文"泛爱众"对举，所以译解为"亲近仁人"。"行有余力，则以学文"，有人认为应该解释为：在学习、实践上述孝悌忠信等德行之外，不要忘记读书。可供参考。可是，对孔子的弟子而言，学习上述孝悌忠信等等德行，读书与实践应该是同时并进的。因此这里所说的"学文"不应泛指读书，而是指比较专门的文学艺术而言。

从这一章可以看出孔子认为德行实践的重要性。读书所以明理，但光是明理还不够，必须要去实践，才算真知。

7. 子夏①曰："贤贤易色②；事父母能竭其力；事君能致其身；与朋友交，言而有信。虽曰未学，吾必谓之学矣。"

【校注】

①子夏——孔子的学生。姓卜，名商，字子夏。春秋末年晋国温邑（今河南省温县西南）人，后温邑为魏所灭。一说卫国人。比孔子小四十四岁。做过鲁国莒父（今山东省高密市东南）邑宰。擅长文学，熟悉《诗经》及《春秋》之学。晚年在魏国西河行教，是魏文侯及吴起、段干木的老师。

②贤贤易色——贤贤：上字动词，敬重之意；下字名词，指贤人或品德。易：轻易、忽略、替代。

【直译】

　　子夏说："重视贤德，忽略容貌；侍奉父母，能够竭尽他的力量；侍奉君上，能够牺牲他的生命；跟朋友交往，说话能有信用。这样的人即使说没有读过书，我也一定说他读过书了。"

【新绎】

　　子夏所说的"学"，表面上看是说读书、追求知识，但重点仍在道德的实践。换句话说，读书是为了学习做人的道理，而且必须去实践它。

　　在这一章里子夏所说做人的道理共有四项，都是人伦之本。从下面三项"事父母""事君""与朋友交"来看，前人把"贤贤易色"解释为男女夫妇之道，是有道理的。娶妻当娶德，品德比容貌重要。

8.　子曰："君子不重则不威，学则不固。主忠信①，无友不如己者。过则勿惮②改。"

【校注】

　　①主忠信——就是以忠信为主。主，注重、崇尚。
　　②惮——音"旦"，怕。

【直译】

　　孔子说："君子如果不庄重就没有威严，读书就不会踏实。重视忠实诚信，没有朋友不如自己的。有了过错就不要怕改正。"

【新绎】

　　孔子说明君子的成就之道。被称为君子的人不但地位高，而且品德也要好，因此为人处世不能不庄重。否则就失去威严，不受敬重了，而且所学的道理也就不能落实了。有人把"学则不固"解释为君子要多求学问，才不致顽固蔽塞。也有道理，可供参考。不过，既然是君子，在古代很少是不学的。

　　标举忠信之道和有过则改，义理非常明确，不必多讲，但"无友不如己者"此语，现代人可能会斥为势利不当。其实，这说的是古代的贵族，不是一般平民。古代的贵族自有其身份地位，是不可以滥交朋友的，也因此上文才会说"君子不重则不威"。

9.　曾子曰："慎终追远，民德归厚矣。"

【直译】

　　曾子说："能够慎重父母的丧事，追念远代的祖先，社会风气自然就趋向淳厚了。"

【新绎】

　　古代君王非常重视战争和祭祀两件大事。曾子说的"慎终"是指丧事、葬礼；"追远"是指拜祖、祭礼。在上位者为父母料理丧事能慎重敬谨，祭祀祖先能追述远德，这对于一般的人民和社会的风气自然会产生趋于淳厚的影响。

10.　子禽①问于子贡②曰："夫子至于是邦也，必闻其政，求之与？抑与之与③？"

子贡曰："夫子温、良、恭、俭、让以得之。夫子之求之也，其诸异乎人之求之与④？"

【校注】

①子禽——姓陈，名亢，字子禽，一字子亢。陈国人，一说齐国人。相传是孔子的学生，比孔子小四十岁。一说他是子贡的后辈。

②子贡——孔子的学生。姓端木，名赐，字子贡（定州竹简古抄本作子赣）。卫国人。比孔子小三十一岁。很有口才，善外交，经商致富。最推崇孔子，曾为其守墓六年。

③抑与之与——抑，音"亦"，或者是。上"与"字，同"予"，动词，给予。下"与"字，同"欤"，句末助词。

④其诸异乎句——其，推测的语气。诸，指上文求得五种德性的方法。与，同"欤"。

【直译】

子禽有问题向子贡请教说："我们老师一到了这个国家啊，一定听得到这个国家的政事，是求来的呢？还是人家主动告诉他的呢？"

子贡说："我们老师温和、善良、恭谨、节约、谦逊因而得到的。我们老师的这些求得的方法，应该都不同于别人求得的方法吧？"

【新绎】

子贡一字子赣。贡，是下献上；赣，是上赐下。本名端木赐，自以作"子赣"者为是。唯"赣"字笔画过烦，故后世多作"子贡"。

从子禽和子贡的问答中，可以看出孔子在他学生心目中的印象。温、良、恭、俭、让，正是一个周游天下者应有的修养。它们指的分别是态度、性情、举止、用度和言语等方面的表现。

这一章以前,《论语》记述孔子的话,都称"子",此章记子禽和子贡的对话,却称孔子为"夫子"。这是有分别的。"子"和"夫子"虽然同是敬称,但在孔子面前就称"子",而在别人面前提到孔子时则称"夫子"。这犹如我们今天在老师面前称老师为"老师",在别人面前称老师时就说是"我们老师"一样。

11. 子曰:"父在,观其志;父没①,观其行。三年无改于父之道,可谓孝矣。"

【校注】
①没——音"寞",通"殁",死亡。

【直译】
孔子说:"父亲在世的时候,观察他的志向;父亲死了以后,观察他的行为。三年能不改变他父亲的主张或教诲,就可以说是孝顺的了。"

【新绎】
这是孔子教人辨识一个有职位的君子孝不孝顺的方法。按照古代的习俗,父亲在世时一切行事由父亲做主,做儿子的不敢自专,所以只能观察他的志向。等到父亲去世三年后,他已经继位,可以自己做主下决定了,所以这时候可以看他实际的作为了。

为什么要等"三年"或多年后,才能自己做主下判断呢?这是因为继位者对于他父亲生前的行事未必都赞成,赞成的固然可以继续发扬光大,不赞成的也不宜一继位就马上变动。更何况不赞成而想变动的部分,未必都合乎正道呢!至于何以三年为期?有人说这与"三年之丧"有关。服丧期间,自然不忍心改变。

有人把"父在,观其志;父没,观其行"的"其",都说是指"父"而言。这样解释是有问题的。父在世时固可观其父之志,但其父死后怎么能观其父之行呢?

12. 有子曰:"礼之用,和①为贵。先王之道,斯②为美,小大由之。有所不行,知和而和,不以礼节之,亦不可行也。"

【校注】

①和——合拍、中节。孔子重视礼乐,乐以中和为贵。

②斯——指示代词,此、这。《论语》书中凡用义同"此""兹"者,都用"斯"字。

【直译】

有子说:"礼的实施,合适是最重要的。古代圣王制定的道理中,这是最优美的,小事大事都要遵照它。但是有的地方却行不通,知道合适的重要而一味求合适,不用礼来节制它,也是不能行得通的。"

【新绎】

礼是行为的规范,乐是心灵的调和,不过礼乐在执行实施的时候,一定要注意中节合拍,不可过或不及。因为礼貌太过,则为繁文缛节,限制太多,难免动辄得咎;不及,则为轻慢。音乐也一样,过则流荡忘返,所谓"淫";不及则情感无从表达,所谓"煞"。《中庸》说:"喜怒哀乐之未发,谓之中,发而皆中节,谓之和。""中和"与"礼节",重在"和"与"节",都有从容不迫、调和适中的意思。

有子的这番话，无异为孔子的礼乐主张下一注脚。所谓"小大由之"，有人说"小"指老百姓，"大"指国君，意思是：自天子以至于庶人，一切都要遵照礼节而行。这样解释也很好，跟上文译解为"小事大事都要遵照它"，并无抵触。

13. 有子曰："信近于义，言可复也。恭近于礼，远耻辱也。因①不失其亲，亦可宗也。"

【校注】
①因——依靠、亲近。一说因通"姻"。如此则下文的"宗"，不作崇尚、效法讲，当指宗庙而言。

【直译】
有子说："和人约定的诺言要合乎义理，诺言才值得去实践。对人表示恭敬要合乎礼节，才能避免被人耻笑侮辱。依靠那不失为自己所应当亲近的人，也才值得效法。"

【新绎】
孔子常讲礼、信等德行的重要，有子在这里为它们加以阐释。有子认为：如果不顾正义，只讲守信用，一定要实践诺言，那可能会莽撞犯错而不自知；如果讲礼节，不懂得节制，那么过度的恭敬，近于谄媚，可能会自取其辱；如果不辨是非，就随便亲近依靠别人，将来也可能会受到牵累。这些话告诉我们与人交往时，要慎始。

"因不失其亲"的"因"，如果如刘宝楠《论语正义》所言，是

"姻"字省文的话，那么"亦可宗也"的意思，应该是亲近有婚姻关系的人视之为同宗，要祭祀同一宗庙的祖先。这种亲近亲属的行为就叫作亲亲之道。《中庸》说："仁者，人也。亲亲为大。"它是仁道的根本。能亲亲尊祖，才能重社稷、爱百姓。这也是儒家伦理思想的根源所在。

14. 子曰："君子食无求饱，居无求安，敏于事而慎于言，就有道而正焉，可谓好学也已①。"

【校注】

①也已——表示肯定的语气词。《论语》通常在加强语气时，用"也已矣"；表示疑问时，用"也与（欤）"；表示感叹时，用"也夫"或"也哉"。

【直译】

孔子说："君子饮食不要求满足，居住不要求舒适，做事勤勉而且说话谨慎，接近有道德的人来端正自己，就可以说是好学的了。"

【新绎】

孔子说明好学的君子在生活言行方面，应该注意哪些事项。通常君子都是有地位的贵族，他们本来就衣食无忧，生活上没有忧虑，所以孔子告诉他们不必过于"求饱""求安"。因为饱乐之后容易思淫逸，安适之后容易失斗志。孔子要求他们在品德、学问上多下功夫。做事勤快，说话谨慎，这是就品德而言。"就有道而正焉"，和上文第八章所说的"无友不如己者"，是一样的意思，也都是就品德的养成而言。

一个在上位的君子如果不过于求饱求安，而能够在品德上求进境，这当然可以说是好学的了。

15. 子贡曰："贫而无谄，富而无骄，何如？"子曰："可也。未若贫而乐①、富而好礼者也。"

子贡曰："《诗》云：'如切如磋，如琢如磨。'②其斯之谓与③？"子曰："赐也，始可与言《诗》已矣。告诸往而知来者。"

【校注】

①贫而乐——据何晏《论语集解》本，"乐"下有"道"字。乐道与好礼相对。

②如切如磋二句——语见《诗经·卫风·淇奥篇》。《诗经》，春秋时只称为《诗》。切，割牛骨。磋，音"搓"，磨象牙。琢，雕玉器。磨，磨亮宝石。切磋琢磨，原来都是指取材加工制成宝器的功夫，后来古人借此指精益求精的功夫，用来比喻互相研究讨论。

③与——同"欤"。已见前。

【直译】

子贡说："贫穷却不谄媚，富贵却不骄傲，这种人怎么样？"孔子说："可以啦。但还不如贫穷却乐道、富贵却好礼的人。"

子贡说："《诗经》上说：'如切如磋，如琢如磨。'应该就是这个意思吧？"孔子说："赐呀，可以开始跟你讨论《诗经》了。告诉你过去的（一件事情），你就能推知未来的（另一件事情）。"

【新绎】

从这一章所记载的子贡与孔子的对话里，可以看出孔子师生之间平常讨论学问的情况以及孔子谆谆善诱的教学方法。

子贡说的"贫而无谄,富而无骄",已经是难能可贵的修养了,而孔子所说的"贫而乐道、富而好礼",却又确然更上一层。尤其可贵的是,子贡听了,竟然会马上联想到《诗经》的"如切如磋"等句。它们代表诗的感发作用,能够举一反三,体会言外之意。

《诗经·卫风·淇奥篇》的"如切如磋,如琢如磨",本来是借切牛骨、磨象牙和雕琢玉石来形容有才有德的君子,而子贡在与孔子讨论问题的时候竟然会联想到它,却又如此贴切。因此,孔子特别赞赏。读《诗经》,正需要有这样丰富的联想力。

16. 子曰:"不患人之不己知,患不知人也[①]。"

【校注】

①患不知人也——皇侃本、高丽本、足利本皆作"患己不知人也"。见刘宝楠《论语正义》。

【直译】

孔子说:"不必担心别人不了解我们自己,只担心自己不了解别人。"

【新绎】

别人了不了解我们,操之在人,我们管不到。但是了解别人,操之在我。能够了解别人,这就好像得到了一面镜子,可以看到自己的缺点和别人的长处,然后才能去己之短,取人之长,知所取舍。因此,了解别人,对修养而言非常重要。

【二】 为政篇

本篇共二十四章,论为政者之德。求学目的在为政,在成为君子、仁人。此篇所论,多与政治、教育思想有关,以孝、信、勇、敬为主。

1. 子曰:"为政以德,譬如北辰①,居其所,而众星共②之。"

【校注】

①北辰——北极星。
②共——同"拱",环绕、拱卫。

【直译】

孔子说:"用道德来治理政事,就好像北极星一样,在它一定的位置上,而其他所有的星辰都来拱卫着它。"

【新绎】

古人以为北极星居天之中,固定不动,而其他的星辰环绕周围,好像在拱卫着它。孔子拿这个现象比喻治理国家政事的人也应该有个固定不移的核心价值,那就是道德。

现代的科学知识让我们知道北极的星辰也是会动的,只是动得很缓慢,肉眼看不清楚而已。不过,我们不可以此否定孔子所说的道理。他所说的"北辰",只是一个譬喻。事实上,为政者以道德来感化人民,它所发挥的力量出自内心,与刑法政令让人畏惧却想尽办法逃避,两相比较,道德的力量仍然较大。

2. 子曰:"诗三百,一言以蔽之,曰:'思无邪。'"①

【校注】

①思无邪——语见《诗经·鲁颂·駉篇》。这里的意思是:思想纯正,心里不生邪念。

【直译】

孔子说:"《诗经》三百篇,可以用里头一句话来概括它,那就是:'思无邪。'"

【新绎】

孔子这里所说的"诗三百",指的就是我们今天所看到的《诗经》。《诗经》共三百零五篇,这里说三百篇,是举其成数而言。《诗经》是孔子教导学生必读的经典,它的内容题材丰富多样,其中有不少诗篇描写爱情婚姻的生活和政治社会的黑暗,所谓哀人伦之废、伤刑政之苛,容易使人误会为淫乱的作品,因此孔子就此提出看法。他说可以用"思无邪"一句话来概括整部《诗经》。"思无邪",语出该书《鲁颂·駉篇》,原诗中的"思",是语首助词,没有意义,可是孔子在这里却断章取义,把"思"当作"思想"、"情思"讲。"无邪",和道德礼教有关。

"断章取义"本来就是古人解读《诗经》时常采用的一种方法。现代人一听到"断章取义",往往以为它有贬意,但事实上,古人在政治外交等正式场合引用《诗经》、解读《诗经》，都常用这种方法。因此，这种方法也自有其正面的意义。

3. 子曰："道①之以政，齐之以刑，民免而无耻。道之以德，齐之以礼，有耻且格②。"

【校注】

①道——同"导"，引导、诱导。
②有耻且格——有羞耻心而且能改正。定州简本作"有佴且格"，"佴"即"耻"。格，纠正、改正。

【直译】

孔子说："用政令来引导他们，用刑法来整肃他们，民众只求免于刑罚却没有廉耻。用道德来引导他们，用礼教来约束他们，民众不但有廉耻而且能端正自己。"

【新绎】

这一章和本篇第一章所说的"为政以德"，可以合看。政令刑法是后设的、消极的，侧重使人民不敢为恶犯罪。人民只求能逃避刑罚，心中未必向善而有羞耻之心。道德礼教，却是预设的、积极的，注重诱发人们善良的本性。事先感化他们，导正他们，自然使他们有羞耻之心，不会为非作歹。

孔子的这番话是比较政令刑法和道德礼教的优劣，而不是说要废除政令刑法。因为人毕竟是人，道德礼教对某些人发挥不了作用，那时候也只有等而下之，用政令刑法来规范他们了。

4. 子曰："吾十有五而志于学①，三十而立，四十而不惑，五十而知天命，六十而耳顺②，七十而从心所欲，不踰矩③。"

【校注】

①吾十有五句——我十五岁就立志向学。"有"通"又"，古人说数目字，习惯在整数和零数之间，加一"有"字。于，汉石经作"乎"，义皆可通。这样的例子，下文不一一注明。

②耳顺——人耳即知其意，不觉逆耳。所谓入乎耳，顺乎心，了无滞碍。一说"耳"疑是衍文，本无此字。

③踰矩——踰，通"逾"，超过。矩，古人用来画直线或方形的工具，引申为规范、法度。

【直译】

孔子说："我十又五岁就有志于求学，三十岁能有所树立，四十岁对事物不致迷惑，五十岁知道大自然所运行的法则，六十岁对听到的话能马上了解话里的含义，到了七十岁便随心所欲，却不曾超越规矩。"

【新绎】

这是孔子自述为学进德的历程。这些历程可供后学者对照参考。

孔子说他自己十五岁开始有志于求学修德，三十岁如何，四十岁如何，五、六十岁如何，一直说到他七十岁能够随心所欲却不逾越规矩。有两点值得注意：一是这些年纪数目，应该只是举其成数。读者可以每隔十年左右效法孔子自我反省一番，不必死看文字；二是这些话对照《论语》的其他篇章，可以发现每一阶段都代表他有不同的成就。例如：十五岁是古人所谓成童的年纪，从这一年起到十八岁，可以入大学，学习大学之道。孔子说他十五岁就立志向学，那是表示他起步不晚。三十而立，说他三十岁已能树立自己，对照《泰伯篇》的"立于礼"、《季氏篇》的"不学礼，无以立"，可知那是表示他到了三十岁，已知礼仪，进退有节，可以立足于社会。四十而不惑，对照《子罕篇》和《宪问篇》都曾说过"知者不惑"的话，可知那是表示他到了四十岁，知识智慧都自信已臻成熟。五十而知天命，那必然和他从四十七岁起开始学《易》有关。学了《周易》，既知上天运行的道理，亦知上天所赋予的责任，心有所主，真的可以"无大过矣"。也因此，他到了六十岁可以入乎耳、顺乎心，到了七十岁可以从心之所欲，而不逾矩。这里孔子既然说七十岁如何如何，那当然是表示说的是他晚年的知道之言。

"从心所欲"人人都能做到，但"从心所欲"、率性而为时却能"不踰矩"，这是一种多么难得的境界啊！

俞樾《群经平议》卷三十曾说："七十而从心所欲，不踰矩"，应该断句为"七十而从心，所欲不踰矩"，他还引用《礼记·乐记》郑注的"六十而耳顺，七十而从心"为证。似亦可备一说。

5. 孟懿子①问孝。子曰："无违。"

樊迟②御。子告之曰："孟孙③问孝于我，我对曰：'无违。'"樊迟曰："何谓也？"子曰："生，事之以礼；死，葬之以礼，祭之以礼。"

【校注】

①孟懿子——鲁国的大夫。姓姬，氏仲孙（后改称孟孙），名何忌。"懿"是谥号，"子"是尊称。仕于鲁昭公、定公、哀公之世。他的父亲孟僖子临死时，曾要他和弟弟南宫敬叔向孔子学礼。

②樊迟——孔子的学生。姓樊，名须，字子迟。鲁国人。一说齐国人，钱穆疑非是。比孔子小三十六岁，一说小四十六岁。曾仕于季氏，鲁哀公十一年（公元前四八四年）齐、鲁之战时，勇武敢冲。

③孟孙——就是孟懿子。

【直译】

孟懿子请教孝道。孔子说："不要违背。"

樊迟替孔子驾车。孔子告诉他说："孟孙向我问孝道，我回答说：'不要违背。'"樊迟说："什么意思呢？"孔子说："父母生前，要依照礼制来侍奉他们；死后，要依照礼制来埋葬他们，祭祀他们。"

【新绎】

鲁桓公的儿子仲庆父（亦称孟氏）、叔牙、季友三人，自鲁宣公九年（公元前六〇〇年）开始轮流执政。他们的后代子孙通称为孟孙、叔孙、季孙，在鲁国号称"三家"，也称"三桓"。孟懿子是孟僖子的儿子，孟僖子曾要他向孔子学礼，但从有关史料看，孔子并没有把他当弟子看待。孔子认为鲁国三家的后代，不过是大夫的职位，但是在行礼时，却有时用诸侯之礼，甚至用天子之礼，显然是僭越了该有的礼制。因此孔子借他与学生樊迟的问答，来说明孝道和礼制的道理。

根据《左传·襄公二十六年》"古人凡背礼者谓之违"的记载，可知孟懿子问孝时，孔子告诉他"无违"，就是教他不要违背礼制。他不知道孟懿子是否听懂了这个道理，所以在与樊迟的对话中，预设问题，进一步说明"无违"就是生时、死时、葬时、祭时都要遵守该有的礼制。换句话说，不同的身份地位（大夫、诸侯、天子）、不同的时间场合（生、死、葬、祭），都有不同的礼节。能够遵守、实践，才是真正的尽了孝道。

6. 孟武伯①问孝。子曰:"父母唯其疾之忧。"②

【校注】

①孟武伯——孟懿子的儿子,名彘。"武"是谥号,"伯"是尊称。仕于鲁哀公之世。

②父母唯其疾之忧——让父母只有在儿女生病时才担忧。这句话也可译成:对待父母亲,就是担心他们生病。

【直译】

孟武伯请教孝道。孔子说:"让父母只有在儿女生病时才担忧。"

【新绎】

孟武伯是孟懿子的儿子。孔子回答孟懿子问孝时,说是"无违",不要违背礼节,这一章写他回答孟武伯问孝时,却只说是担心身体生病的小事情。比较之下,给人一代不如一代之感。

"父母唯其疾之忧",历来有两种解释。主要是对"其"字的认知不同。"其"是第三人称,但他究竟是指父母或子女,却无法确定。一是说父母忧子女生病,所以孝顺的子女只有在自己生病的时候才会让父母操心,表示自己谨言慎行,从来不为非作歹,这当然是孝道的一种表现;另外一种解释是说子女忧父母之疾,所以做人子女的处处关心照顾父母,无微不至,连父母生个疾病都很担心,更不必说其他让父母担心受怕的事了。两种说法都讲得通,这是读古书时常遇到的情形。有人根据《左传·哀公十四年》有关孟武伯父子的记载,认为后面的说法才对。其实也未必,两种说法都各有其存在的道理。

7.　子游①问孝。

子曰:"今之孝者,是谓能养。至于犬马,皆能有养。不敬,何以别乎?"

【校注】

①子游——孔子的学生,姓言,名偃(音"演"),字子游。吴国人,一说鲁国人。比孔子小四十五岁。擅长文学,曾任鲁国武城(今山东省费县西南)邑宰。晚年也授徒讲学。

【直译】

子游请教孝道。

孔子说:"现在的所谓孝,只是说能够养活父母。但就是连狗马之类,也都能得到饲养的。假如不尊敬父母,那么和养活狗马有什么区别呢?"

【新绎】

有人把孝顺父母看成奉养父母,以为只要父母衣食无缺,在物质上得到满足就够了,就算尽了孝道。孔子以为这还不够,父母更需要的是关心。如果对父母没有诚敬之心,那跟犬马禽兽有什么分别?

比起上一章所说的"父母唯其疾之忧",此章所说"能养"的孝道,似乎层级又低了一些。

8.　子夏问孝。

子曰:"色难①。有事,弟子服其劳;有酒食,先生馔②,

曾③是以为孝乎？"

【校注】

①色难——脸色神情最难注意。请参阅下文"新绎"部分。

②先生馔——先生，这里指父兄长辈。馔，音"撰"，饮食，这里作动词用。郑玄注本"馔"作"馂"，馂，音"俊"，指剩饭。意思是吃父兄长辈所剩余的酒菜。

③曾——音"增"，竟然、难道。

【直译】

子夏请教孝道。

孔子说："和颜悦色是难做到的。有事情，年轻后辈替他效劳；有酒菜，年长的人吃喝，难道这样就算是孝顺了么？"

【新绎】

此章和上一章一样，都说孝道重在有诚敬之心。若对父母兄长有诚敬之心，自然在他们面前言语动作不敢放肆，表现出来的是和颜悦色。否则，光是在他们有事的时候效劳一下，有酒菜的时候请他们先享用一番，是不能称为孝顺的。《盐铁论·孝养篇》说："故上孝养志，其次养色，其次养体。"意思是说：最上等的孝道是能预测父母的想法，"先意承志"，不必等父母吩咐就能达成父母的愿望。其次是养色，就是善于察言观色，了解父母的心意。再其次才是养体，也就是饮食的供养，包括本章和上章所说的"有酒食"和"能养"。

9. 子曰："吾与回①言终日，不违，如愚。退而省②其私，亦足以发。回也不愚！"

【校注】

①回——孔子最得意的学生。姓颜，名回，字子渊。鲁国人。安贫乐道。比孔子小三十岁，一说小四十岁。他的父亲颜无繇是孔子早期的学生。
②省——音"醒"，视、察。

【直译】

孔子说："我和颜回谈论整天，他从不反问，像个傻瓜。等他退下后观察他自修的情形，却也能够有所发挥。颜回呀他并不愚蠢！"

【新绎】

此章记载孔子称赞颜回能够谨言受教，自修悟道。《先进篇》第四章也说孔子认为颜回"非助我者也，于吾言无所不说（悦）"。可见颜回对孔子所讲的道理，完全信从不疑。"吾与回言终日，不违"，有人断作"吾与回言，终日不违"，意思都讲得通。"退而省其私"句，对照《礼记·学记》所说的："大学之教也，退息必有居学。"可见是指下课休息以后的自修作业。颜回上课论学时谨言受教，下课自修时却能有所发挥。所以孔子最欣赏他。

10. 子曰："视其所以①，观其所由，察其所安。人焉廋②哉？人焉廋哉？"

【校注】

①以——因，动机；一说："以"即"为"，作为。
②廋——音"搜"，隐藏、掩饰。

【直译】

孔子说:"注视他做事的动机,观察他采行的途径,检验他最终的心得。这个人哪里能隐藏自己呢?这个人哪里能掩饰自己呢?"

【新绎】

孔子说,观察一个人的好坏可以从动机、方法和结果三方面去看。如果动机不纯、行不由径、心中有愧,就表示有问题。《大戴礼记·文王官人篇》说:"考其所为,观其所由,察其所安,此之谓视中也。""中",同"衷"。从内心的反应,观察外在的表现,真的可以"以其小占其大"。

11. 子曰:"温故而知新①,可以为师矣。"

【校注】

①知新——定州简本作"智新",意思是说:智慧得以提升。

【直译】

孔子说:"温习学过的东西而能体会新的道理,就可以当老师了。"

【新绎】

求学,不但要追求新知,赶上时代潮流,而且要常温习旧学,以免流于空疏。有人把"温故而知新"解释为兼具新知和旧学两项,"而"作"而且"讲。我以为把"而"解作"却",似乎也不错。意思是说常常温习学过的东西,却能从旧事物中体会出新道理,所谓"推陈出新",这样才有资格当别人的老师。否则只是温习旧的,又学新的,浅学即止,记诵之学,无得于心,是不足为人师的。第一章所说的"学而时习之",也就是在说明这个道理。

12. 子曰:"君子不器。"

【直译】

孔子说:"君子不能像器具一样(只有一定的用途)。"

【新绎】

通常一个器物只有一个形状,一个用途,孔子说在上位的君子,他的学识不可限于一业一隅,才能不可囿于一技一艺,品德也要能圆融通贯。《礼记·学记》说的"大道不器",就是这个意思。这跟一般人勉励人要"成材""成器"的出发点有所不同。

13. 子贡问君子。子曰:"先行其言,而后从之。"

【直译】

子贡请教君子的道理。孔子说:"先实践他自己所说的言论,然后话才说出来。"

【新绎】

《礼记·缁衣篇》说"君子寡言而行,以成其信",《大戴礼记·曾子制言篇》也说"君子先行后言",和此章所言,以及《学而篇》说的"敏于事而慎于言"、《里仁篇》说的"古者,言之不出,耻躬之不逮也",都是在强调力行、实践的重要,可以互相发明。

有人把"先行其言，而后从之。"断成："先行，其言而后从之。"道理是一样的。

14. 子曰："君子周而不比①，小人比而不周。"

【校注】

①比——音"必"，偏私、与人勾结营私。

【直译】

孔子说："君子团结却不勾结，小人勾结却不团结。"

【新绎】

此章是孔子比较君子与小人在交友合群上的不同。一个人在社会上，自然会与人交往，参加一些团体。有人考虑的是利害关系，有人考虑的是是非公义。以利害相结合的人结党营私，一旦有利益冲突就分道扬镳了，甚至反目成仇。孔子称之为"比"。以公道是非相结合的人，则崇礼守法，急公好义，为理想而奋斗。孔子称之为"周"。可以看出这里的君子与小人，是从品德方面来区别的。

实际上，"周"和"比"都有亲近密切的意思。差别在于一合公义、一言私利而已。

15. 子曰："学而不思则罔①，思而不学则殆②。"

【校注】

①罔——通"惘",迷惑。

②殆——通"怠",疲困、懈怠。殆,通常作"危亡"讲,但这里所说的问题,没有这么严重,大概也只是徒劳而无功的意思。

【直译】

孔子说:"光是读书却不去思考,便会没有心得。光去思考却不肯读书,便会疲惫懈怠。"

【新绎】

此章说明孔子认为学、思二者必须并重,不可偏废。学,指读书学艺而言,不管是自己从书本上或从他人听闻而来,都包含在内。如果仅仅知道不断地求取新知识,却不用脑筋多思考其中的道理,那么对所学必有惘然不知之处。相反而言,如果只是一味喜欢思考,却不读书学艺,那也容易失之空谈,所谓胡思乱想。《卫灵公篇》说的:"吾尝终日不食、终夜不寝,以思,无益,不如学也。"也是同样的意思。因此二者必须兼顾。

儒家常说为学之道,在"博学、审问、慎思、明辨、笃行",从"博学"到"笃行"的过程中,所谓"审问、慎思、明辨"都是本章所谓"思"的功夫。

16. 子曰:"攻①乎异端,斯②害也已!"

【校注】

①攻——研讨。一说攻击,与"小子鸣鼓而攻之"的"攻"同义,指攻击与自己不同的言论。定州简本"攻"作"功",意思是"用功于"。

②斯——连词,这、这就。

【直译】

孔子说:"花精力在不正当的言论上,这是有害的啊!"

【新绎】

孔子讲中庸之道,以为一切事物都有中心点和两端,而两端者,往往过犹不及,这就是所谓"异端"。有人说异端指杨、墨学说或佛教等等,那是以后代学说作为例证说明,不足为据。不过,异端必有其理论依据,所以才会迷惑人心,这是无庸置疑的。

17. 子曰:"由①,诲女②知③之乎?知之为④知之,不知为不知,是知⑤也。"

【校注】

①由——孔子的学生。姓仲,名由,字子路。鲁国卞(故城在今山东省泗水县东)人。比孔子小九岁。出身贫贱,个性勇敢。曾任卫国邑宰,后来死于孔悝之难。参阅附录《孔子年表简编》。

②女——同"汝",你。

③知——这里是"记""志"的意思。请参阅下文"新绎"部分。

④为——这里用法同"谓",是"曰""说是"的意思。下句"为"字亦同。

⑤知——同"智",真知。

【直译】

孔子说:"仲由,教你的都记得了吗?知道它就说是知道它,不知道就说是不知道，这才是知道呀。"

【新绎】

　　子路一向过于自信，孔子担心他太爱面子，强不知以为知，所以告诫他要虚心学习。能够承认自己"不知为不知"的人，才不自欺，会不断地求进步。

　　《荀子·子道篇》有一段文字，可与本章对照："由，志之！吾语女。……故君子知之曰知之，不知曰不知。"其他如《韩诗外传》卷三、《说苑·杂言篇》也都有可资比对的字句，可以明白本章的"知"，分别有记得、明白、智慧的不同意义，而"为"则通"谓"，是"曰"的同义词。

18.　　子张①学干禄②。子曰："多闻阙疑，慎言其余，则寡尤③；多见阙殆④，慎行其余，则寡悔。言寡尤，行寡悔，禄在其中矣。"

【校注】

　　①子张——孔子的学生。姓颛孙，名师，字子张。陈国阳城（今河南省淮阳县）人。比孔子小四十八岁。出身微贱，却学业有成，与子夏、子游齐名。孔子死后，子张居陈国，讲学授徒，自成一派。
　　②干禄——营求禄位。干，求。禄，俸禄、官位。
　　③寡尤——少过失。尤，错误、过失。
　　④殆——危险不安。

【直译】

　　子张要学求得禄位的方法。孔子说："多听，保留有疑问的地方，谨慎地说出其他足以自信的部分，就能减少错误；多看，保留不安心的地方，谨慎地实践其他足以自信的部分，就能减少后悔。说话少过错，做事少后悔，禄位就在这里面了。"

【新绎】

孔子告诉子张要做官求禄位，先要多听多看，谨言慎行。多听多看，是增广见闻，这样才不致被蒙蔽而判断错误。"多闻阙疑"与"多见阙殆"互文见义。阙，是空着、保留、去除的意思。旨在说明谨言慎行。谨言慎行，是避免惹是生非，这样才不致制造困扰。谨言，避免别人的怪罪；慎行，减少内心的后悔。这是做人的基本道理，也是做官的先决条件。不然，即使有机会做了官也必然宦途多艰，不能长久。

19. 哀公①问曰："何为则民服？"孔子对曰："举直错诸枉②，则民服；举枉错诸直，则民不服。"

【校注】

①哀公——春秋末年鲁国的国君。姓姬，名将，一作蒋，是鲁定公的儿子。"哀"是谥号，"公"是尊称。周敬王二十六年（公元前四九四年）即位，在位二十七年。对外曾随吴伐齐，败齐之军；对内则被季孙等"三家"挟制而无可奈何。曾多次向孔子及其弟子问政。孔子是鲁国人，因此"哀公"前面不加"鲁"字。

②举直错诸枉——错，"措"的借字，安置。枉，邪曲。

【直译】

哀公问道："怎样做才能使人民服从？"孔子答道："提拔正直

的人，安置他在邪曲的人上面，那么人民就会服从；提拔邪曲的人，安置他在正直的人上面，那么人民就不会服从。"

【新绎】

孔子告诉鲁哀公，想要人民服从，必须举用正直的贤才。直和枉，代表正直和枉曲的两种人，是就品行而言。品行好的人在上位，容易得到人民信赖，有如古人所说的："君子之德风，小人之德草。草上之风，必偃。"

《论语》中凡是臣下回答君上问题，皆用"对曰"。本章中的"孔子对曰"，就是依照这个体例。

20. 季康子[①]问："使民敬、忠以劝，如之何？"

子曰："临[②]之以庄，则敬；孝慈，则忠；举善而教不能，则劝。"

【校注】

①季康子——鲁国的大夫。姓季孙，名肥。"康"是谥号，"子"是尊称。他的父亲季桓子，是鲁定公的权臣。鲁哀公时，季康子当正卿，权力一样很大。

②临——面对。这里有统治的意思。

【直译】

季康子问："要使人民敬重、忠诚以及勤勉，应该怎么做？"

孔子说："用端庄的态度对待人民，他们便会敬重；孝敬慈爱百姓，他们便会忠诚；提拔好人而教导无能的人，他们便会勤勉。"

【新绎】

　　从此章可以看出孔子认为有权位的人治理人民，首先要以身作则，以德化民，人民才会劝勉向上。临事庄重，是就态度而言；统治百姓，对年老的孝敬，对年少的慈爱，是就德行而言；举用贤良的人才，教导能力不足的人，是就行政而言。如此自然能上行下效，政治清平。

21.　或谓孔子曰："子奚①不为政？"

　　子曰："《书》云：'孝乎惟孝，友于兄弟，施于有政。'②是亦为政，奚其为③为政？"

【校注】

　　①奚——何、为何。

　　②《书》云三句——《书》指《尚书》(也叫《书经》)而言。所引三句，是《尚书》的逸文。施，推及、影响到。有政，为政。有人说：伪古文《尚书·君陈篇》有"惟孝友于兄弟，克施有政"的句子，恐怕就是根据《论语》这几句话伪造出来的。

　　③奚其为——何必那样才算是。其，指"为政"。

【直译】

　　有人对孔子说："你为什么不参与政治？"

　　孔子说："《尚书》上说：'孝呀，唯有孝顺父母，又友爱兄弟，才能影响到执政的人。'这样做也就是参与政治了，为什么一定要执政才算是参与政治呢？"

【新绎】

　　此章说孝顺父母、友爱兄弟与政治的关系，和上章所说的道理可以互相发明。"或"，是说"有人"，至于是什么人，可能是记述者不知道，或者认为不必记，或者提问的人很多，无法一一记下。孔子回答时，引用《尚书》的话来说明：懂得孝友之道的人，他的德行可以影响到执政者，这也就是参与政事了；不一定自己出来做官，才算是从政。

　　《尚书》上的那两句话，有人断成"孝乎，惟孝友于兄弟"，也有的本子"乎"作"于"，这都可能是受了伪古文《尚书·君陈篇》"惟尔令德孝恭，惟孝友于兄弟"等等成句的影响。这里就不赘论了。

22.　子曰："人而①无信，不知其可也。大车无輗②，小车无軏③，其何以行之哉？"

【校注】

　　①而——这里当转接词用，有"如果"的假设语气。也有人认为当作"却"字讲才对。
　　②輗——音"泥"，大车（古代用牛拉的车）车辕前横木两头的活塞。这是车子能够行动的关键。少了它，车子就无法前进转动。
　　③軏——音"悦"，小车（用马拉的车）的輗。

【直译】

　　孔子说："一个人如果没有信用，不知道他怎么办才好呢。就好像大车子没有輗，小车子没有軏，那怎么能够让它前进呢？"

【新绎】

　　此章说明诚信的重要。不管是大车或小车，如果没有輗軏，就难以行动，这是古人生活中的常识，大家所共知的生活经验，所以孔子借此来说明：一个人如果没有诚信，在社会上也就很难立足了。

23.　子张问："十世可知也①？"

　　子曰："殷因②于夏礼，所损益，可知也；周因于殷礼，所损益，可知也。其或继周者，虽百世，可知也。"

【校注】

　　①可知也——可以推测而知吗。"也"在这里用法同"耶"，是表示疑问的语词。
　　②因——沿袭、依照。

【直译】

　　子张问："今后十代的事情可以预先知道吗？"
　　孔子说："殷代因袭夏代的礼制，所减少和增加的，是可以知道的；周代因袭殷代的礼制，所减少和增加的，也是可以知道的。将来假设有继承周代而兴起的，即使是以后一百代，也是可以推知出来的。"

【新绎】

　　历史的演进归纳起来有其一定的规律。子张的问题应该与礼制有关，所以孔子才会以礼制的因革为例来加以说明。

有人以为孔子所说的因革损益，指的是三纲五常、文章制度之类而言。因为这是天地之常经、古今之通义，不论是十世万载，如何更易，也万变不离其宗。这是值得我们参考的说法。

24. 子曰："非其鬼而祭之①，谄也。见义不为，无勇也。"

【校注】

①非其鬼而祭之——不是自己已死的祖先却去祭飨他，祈求福祥。鬼，古人以为人死后仍有感应，所以称已死的祖先为鬼，与神并称。

【直译】

孔子说："不是自己应当祭祀的鬼神却去祭祀他以求福祚，这就是谄媚。看见合理该做的事情却不去做，这就是没有勇气。"

【新绎】

《礼记·祭法篇》说："人死曰鬼。"古代人认为人死了以后和天神、地祇一样也有灵异，就叫作"鬼"。又认为自己的祖先化为鬼之后会庇护自己的子孙，所以常按时祭拜，表示追念报恩，同时用以祈福。此章孔子批评那些只为祈福而乱拜鬼神的人，又批评那些见义不为、没有道德勇气的人，应是各有所指。但为什么把二者合在一起说，则不得而知。

【三】 八佾篇

本篇共二十六章,承接上篇,专论礼、乐之事。内容比较统一,似乎经过编者特意的安排和整理。

篇名不取首章开端的"季氏"二字,有人以为是因为第十六篇篇名也题为"季氏",要避免重复的缘故。

1. 孔子谓季氏①八佾②舞于庭:"是③可忍也,孰④不可忍也!"

【校注】

①季氏——鲁国大夫,鲁桓公之子季友的后裔,也就是执掌国政的季孙氏。鲁宣公九年(公元前六〇〇年),与孟孙氏、叔孙氏轮流执政,号称"三桓"或"三家"。自季文子开始,季武子、季平子、季桓子、季康子相继掌握大权,至其家臣阳虎掌权而告失势。有人以为这里的季氏,是指季平子,也有人以为是指季康子或季桓子。

②八佾——古代祭祀时的乐舞,天子用八佾的仪式。佾,音"亦",舞蹈的行列。天子每佾八人,八佾就是六十四人。这种仪式只有天子才能用。其他依次诸侯六佾三十六人(每佾人数与佾数相等),卿大夫四佾十六人,士二佾四人。季氏是鲁国大夫,按规定只能用四佾,却用了八佾,因此是越礼的行为。

③是——此。指季氏僭用天子八佾。
④孰——谁、什么事情。

【直译】

孔子谈到季氏在家庙庭院中用八个行列六十四人舞蹈的这件事时说："这种事可以容忍的话，那还有什么不可以容忍的呢！"

【新绎】

古礼最重视名位之制，认为必须严加遵守，不可僭越，否则一切祸乱将因此而起。季氏职位是大夫，行祭礼时，按规定只能用四佾，他却用了天子八佾的仪式，所以孔子对他口诛笔伐。

有人以为孔子当时并没有讨伐季氏的条件和意志，因而认为文中的"忍"字，不宜解作孔子的"容忍"，而应是感叹季氏"狠心做出来"。这种说法，宋儒早已有之。但如此讲，会让人以为孔子连口诛笔伐的道德勇气都没有，所以不采用。

2. 三家①者以《雍》②彻。子曰："'相维辟公，天子穆穆。'③奚取④于三家之堂？"

【校注】

①三家——仲孙（后改称孟孙）氏、叔孙氏、季孙氏，鲁国当政的三个贵族，都是鲁桓公的后代。季孙建有"桓庙"，令仲孙、叔孙同祭祖先。大夫世袭，有封邑，就称为"家"。

②《雍》——也写作"雝"，《诗经·周颂》的一篇。古礼，天子祭宗庙完毕时，规定唱《雍》这篇诗来撤（同"彻"）去祭品。

③相维辟公二句——这是《雍》篇诗中的两句，意思是说：助祭的是诸

侯，天子庄严恭敬（在主祭）。相，音"向"，助。维，是。辟，国君。公，指二王（夏、殷）的后代。辟公泛指诸侯。

④奚取——何取、哪里找得到。

【直译】

仲孙、叔孙、季孙这三家鲁国大臣在祭祀祖先完毕时唱着《雍》诗来撤除祭品。孔子说："'相维辟公，天子穆穆。'在三家的庙堂里凭借哪一点唱此诗呢？"

【新绎】

此章和上章一样，都是记载孔子对鲁国季氏三家僭越用礼的批评。按古礼规定，天子祭宗庙、撤祭品时才歌唱《雍》诗，诗篇中二句写的就是天子主祭、诸侯助祭的景象。如今三家祭祀，主祭者不过是大夫，助祭者不过是家臣，怎么可以在家庙里僭用天子之礼呢？所以孔子讥其无知妄作。

3. 子曰："人而①不仁，如礼何②？人而不仁，如乐何？"

【校注】

①而——连词，假设的语气，通"如"，如果。一说表转折，却、但是。
②如礼何——礼能对他怎么样。如之何，奈他何。下文"如乐何"句型同。

【直译】

孔子说："一个人假使没有仁心，礼节又奈他何？一个人假使没有仁心，音乐又奈他何？"

【新绎】

　　此章孔子强调仁为礼乐之本，不修德行仁，礼、乐便没有意义了。《礼记·儒行篇》说："礼节者，仁之貌也；歌乐者，仁之和也。礼乐所以饰仁，故惟仁者能行礼乐。"可见礼是外在行为，须加节制，才能成为规范；乐是内心感应，必须中和，才能熏陶人。而唯有修德行仁之人，才能懂得礼节歌乐的真谛。

　　有人以为记述者将此章列于上章《雍》彻之后，"疑其为僭礼乐者发也"。至于僭越礼乐者是谁，是不是季平子或三桓之家，已经无从推断了。

4.　林放①问礼之本。子曰："大哉问！礼，与其奢也，宁俭；丧，与其易②也，宁戚。"

【校注】

　　①林放——姓林，名放，字子丘。鲁国人。是否孔子学生，不能确定。
　　②易——和易。丧礼而有和易之感，一定与其礼仪的周备有关，所以也可释"易"为"周备"。它既与"戚"对，应有平和、喜悦之义。

【直译】

　　林放请教礼的本质。孔子说："很重要啊这个问题！礼节，与其奢侈，宁可俭省；丧事，与其周备，宁可哀戚。"

【新绎】

　　孔子回答林放的问题，重在"礼之本"的"本"，而且重在讲丧祭之礼。礼是外在行为的规范，必须知所节制，否则会有"过"与"不及"的流弊。过则太讲求繁文缛节，逾越本分，失之奢侈，只重形式;不及则少笾、簋、筵、豆等物,只强调内心的哀戚,显得太寒酸。二者各有所失,所以古人说:"过犹不及。"

不过,行礼首在人有仁心,丧祭重在表示悼念,所以林放问礼之本,孔子就回答他与其奢、易,还不如俭、戚了。

5. 子曰:"夷狄^①之有君,不如诸夏之亡^②也。"

【校注】

①夷狄——泛指中原地区以外没有礼教文明而尚未开化的野蛮民族。

②诸夏之亡——华夏各国没有君王的时代。诸夏,泛指汉族所统治的中原地区。亡,同"无"。

【直译】

孔子说:"夷狄这些不重礼教的野蛮民族,在有君王统治的时候,也赶不上华夏地区没有君王的时候呢。"

【新绎】

古人称周围文化落后的民族,东叫"夷",西叫"戎",南叫"蛮",北叫"狄"。这里举"夷""狄"二者以概其余。诸夏,指的就是中国境内的诸侯。

孔子重视礼教人文,此章即就文化程度而言,并非以种族、地域或哪一个君王来区分。有人以为这有伤其他民族感情,所以将"不如"解作"不像",说夷狄有君主的时候,总比华夏各族纷争交战的好。因而将此章译为:"四周蛮夷之邦都知道有君主,不像中国诸侯没有君臣的名分。"这样讲也可以。

6. 季氏旅①于泰山。子谓冉有②曰："女弗能救与？"③对曰："不能。"子曰："呜呼！曾④谓泰山不如林放⑤乎？"

【校注】

①旅——一种祭山的古礼。这里作动词用。按照古礼，天子才可旅祭天下名山大川，诸侯只可祭祀境内名山大川，季氏只是鲁国大夫，却去祭泰山，那是僭礼的行为。

②冉有——孔子的学生。姓冉，名求，字子有。亦称冉子或有子。鲁国人。比孔子小二十九岁。多才艺，善政事，当时他是季康子的家臣。

③女弗能救与——女，同"汝"，你。弗，不。救，挽救，有阻止的意思。与，同"欤"。

④曾——音"增"，乃、难道、竟然。

⑤泰山不如林放——泰山的神灵还不如林放知礼。林放，见本篇第四章。

【直译】

季氏（季康子）要到泰山去祭祀。孔子对冉有说："你不能阻止吗？"冉有答道："不能。"孔子说："喔唷！难道说泰山（神灵）还不如林放（知礼）吗？"

【新绎】

古人以为名山大川都有神灵，所以古礼制定：天子祭天下名山大川，诸侯祭境内山川，大夫只能祭家庙。泰山，按礼，鲁国国君可以往祭，季氏，大夫而已，是不可以的。孔子的学生冉有，当时正做季氏季康子的家宰，却不劝阻（参阅《左传·哀公七至十二年》），所以孔子批评他们不如林放知礼之本。

有人认为末句"曾谓泰山不如林放"颇难理解，依其上下文理推测，怀疑"泰山"二字，应为"季""季孙"，或"求也""冉求"之误。这是合理的推测，但未必对。

7. 子曰:"君子无所争。必也射乎!揖让而升①,下而饮②。其争也君子。"

【校注】

①揖让而升——揖让,古代的一种礼让动作。拱手及胸叫揖,推手叫让。升,指揖让之后,升堂比赛射箭。

②下而饮——下,指射完箭仍然揖让之后,走下台阶。饮,罚别人饮酒。按照古礼,胜方请败方饮酒。

【直译】

孔子说:"君子没有什么争胜的事情。有的话,一定是在比赛射箭的时候吧!但也要互相揖让,而后升堂比赛、下堂饮酒。他们的比赛呀,有君子的风度。"

【新绎】

这一章讲射箭比赛,一样与礼有关。在上位的有品德的君子,是不与人争的,但举行射礼时要比赛射箭,也就不能不与他人争个胜负。文中的"射",原指射箭,这是古人必备的生活技能。"揖让而升"以下,指的是举行射礼的仪节。古代射礼分大射、宾射、燕射、乡射等四种。礼当然有一定的仪节,射以前要互相揖让而后升堂,射完了又要揖让而后下堂;胜的人请对方饮酒,也一样要揖让升降。揖让是谦逊礼让的表示,胜者不骄,败者不馁,虽然仪节和现代颇不相同,但一样能充分体现出现代人所强调的"体育精神"和君子风度。

8. 子夏问曰："'巧笑倩兮，美目盼兮，素以为绚兮。'① 何谓也？"子曰："绘事后素。②"

曰："礼后乎？"子曰："起予者商③也，始可与言《诗》已矣④。"

【校注】

①巧笑倩兮三句——前两句见于《诗经·卫风·硕人篇》，末句是逸诗。这三句诗的意思是：轻巧的笑容在嘴边流露，美丽的眼神黑白分明地在溜转，用粉白打底再画上五彩的颜色。倩，笑容可爱的样子。盼，眼睛转动的样子。素，本色。指粉白色的颜料或丝绢。绚，色彩美丽。

②绘事后素——彩色绘画的工作，在粉白打底之后。一说先素粉勾勒。

③起予者商——能启发我的人是子夏。商，子夏的名。见前。

④已矣——表示肯定的连用语气词。

【直译】

子夏问道："'巧笑倩兮，美目盼兮，素以为绚兮。'这几句诗是什么意思呢？"孔子说："绘画的工作，在先有粉白打底之后。"

（子夏）说："礼也是后起的吗？"孔子说："启发我的是卜商呀！可以开始跟你讨论《诗经》了。"

【新绎】

此章孔子赞许子夏读《诗经》能懂得触类旁通的道理。"巧笑倩兮，美目盼兮"在今《诗经·卫风·硕人篇》，"素以为绚兮"一句应该是逸诗。前两句写卫庄姜的容色之美，没有疑义。子夏的问题，应该在于"素以为绚兮"一句。

《周礼·考工记》说："画绘之事，后素功"，"后素功"是"在素功之后"的意思，与"素以为绚兮"同义，都是说绘画先以白底为质地，然后才施以五彩。孔子的回答，也就是在确定这个道理。《礼记·礼器篇》说："甘受和，白受采。"须先有白的质地，才可以表现文采。问答本来可以到此为止，然而子夏却因孔子的回答而触类旁通，起了联想，以为孔子常说的礼，与此有关系。"绘事后素"，就如同礼仪于人是后起的一样，必须人有仁义的本质，然后才可以接受礼仪文饰。也因此，孔子称许他知道触类旁通、兴讽托喻的道理，说是"始可与言《诗》"了。

9. 子曰："夏礼，吾能言之，杞①不足征也；殷礼，吾能言之，宋②不足征也。文献③不足故也。足，则吾能征之矣。"

【校注】

①杞——音"启"，国名，故城在今河南省杞县。夏禹的后裔。周武王所封，后为楚国所灭。

②宋——国名，故城在今河南省商丘市南。商汤的后裔。周武王所封，后为齐、楚、魏所灭。

③文献——文，典籍。献，贤圣，指耆旧的口述史料。

【直译】

孔子说："夏代的礼制，我能说出它的，可惜杞国（所保存的）不够用来印证；殷代的礼制，我能说出它的，可惜宋国（所保存的）不够用来印证。这是两国的史料和贤人不够的缘故。要是够，那么我就可以证明我所说的话了。"

【新绎】

此章，孔子感叹夏、商二代礼制的失传和文献的不足。杞、宋是夏、商礼制的继承者,但因为历史文件很少保存下来,而且杞、宋也没有可以征询请教的遗老耆旧,所以孔子感叹周代以前的礼制,已无从考察证验了。

《为政篇》第二十三章孔子与子张谈论"殷因于夏礼",以及《礼记·礼运篇》孔子所谓"我欲观夏道""我欲观殷道"等等,都可与本章合看。

10. 子曰:"禘①,自既灌②而往者,吾不欲观之矣。"

【校注】

①禘——音"帝",古代一种只有天子才能举行的祭祖大典,五年在太庙举行一次。周成王因为周公功高,特许他举行禘祭。以后鲁国国君(周公后代)都沿用它,成为惯例。

②灌——也写作"祼"。古代祭典开始时,献酒给尸(代替受祭者的活人),由尸浇酒在地,用以迎神的仪节。古代祭祀祖先时,找受祭者亲族中的年轻人扮成"尸",代替神灵受祭,接受献酒,再把酒浇灌在地,借以迎接神灵降临。

【直译】

孔子说:"禘祭,从已经献酒以后的仪式,我就不想看它们了。"

【新绎】

此章记孔子参加鲁国所举行的禘祭时,从"灌"这个仪节以后,就不想看了。为什么会如此?孔子没说,后人纷纷猜测,朱熹《论语集注》曾引述几位宋儒的意见,但都无法定论。不过,可以确定的是,当时鲁国所举行的禘祭,一定有不合礼处。《礼记·礼运篇》说:"鲁之郊禘,非礼。"很可能它的不合礼处,早已有之,而且行之甚久。

11.　或问禘之说。子曰:"不知也。知其说者之于天下也,其如示诸斯①乎!"指其掌。

【校注】
①示诸斯——示,同"视"。诸,"之于"的合音。斯,此,指其掌中。

【直译】
有人问禘祭的道理。孔子说:"不知道。知道它道理的人,对于天下的事情,应该就像看见这里一样吧!"说时指着他的手掌。

【新绎】
前章已经说过禘是一种极为庄严隆重的大礼,它每隔五年才由天子一祭宗庙。周成王因为周公有莫大功勋,特许他可以举行禘祭。鲁国为周公之后,所以后来鲁国之君都沿用此例。事实上,鲁君举行禘祭,本来就不合古礼的。上一章说"禘,自既灌而往者",孔子就不想看,应该是他在鲁君举行的禘祭上,看到更多不合古礼的地方,所以不想看了,同时避而不谈。"指其掌",是了如指掌的意思,表示道理很明白,不必再说了。

孔子知道鲁国的禘祭非礼,又不便批评,因此深讳之而说不知,这也是一种合礼的表现。

12. 祭如在，祭神如神在。子曰："吾不与祭，如不祭。"

【直译】

祭祖先就像祖先真在面前，祭神灵就像神灵真在面前。孔子说："如果我没有亲自参加祭礼，（虽然有人代祭）就像没有祭一样。"

【新绎】

此章说孔子认为祭礼重在诚敬，不尚虚文。有人说首句"祭如在"应是孔子以前即已流传的贤圣之言，所以孔子用"祭神如神在"来解释它。有人说最后两句应断成："吾不与，祭如不祭。""与"作"赞同"讲，意思是：我不赞成祭如不祭那种态度。也有人解作："我心里不喜欢祭，还不如不祭。"这些意见都可备一说。

13. 王孙贾①问曰："与其媚于奥，宁媚于灶。②何谓也？"子曰："不然！获罪于天，无所祷也。"

【校注】

①王孙贾——周灵王的孙子，名贾。一说本卫国人，以王孙为氏。善治军旅，当时是卫国执政的大臣。

②与其媚于奥二句——这两句可能是当时的俗语。奥，室内西南角，尊者所居。定州简本"奥"作"窔"，恐为误字。灶，指灶神，也是设馔迎尸的地方。古人以为这些地方都有神灵。

【直译】

王孙贾问道："与其讨好奥神，不如讨好灶神。这是什么意思呢？"

孔子说："不对！如果得罪了上天，就没有地方可以祷告了。"

【新绎】

此章记述孔子与王孙贾的问答都以比喻为说，其用意何在，只能推测。前人以为王孙贾引用"与其媚于奥"二句，用意是在请教孔子：与其尊重国君，是不是宁可亲近在位当权的人。而孔子的回答是说只要违礼悖理、得罪上天，不管怎么祈祷都没有用。也就是说为政但求公正无私，不须对人谄媚。

因为王孙贾与孔子都以比喻为说，究竟王孙贾问话的用意是请教孔子他应该亲近卫君或亲近卫君身边当权得势的南子、弥子瑕，或者是在暗示孔子来到卫国自当亲近王孙贾他自己，孔子答话中的"天"究竟是指有意志力的天神还是指有道德性的天理，历来学者各有不同的主张和诠释，很难确定谁是谁非。

14. 子曰："周监①于二代，郁郁乎文哉②！吾从周。"

【校注】

①监——通"鉴"，铜镜。这里当动词用，是"借鉴"的意思。

②郁郁乎文哉——郁，音"玉"，文采灿烂的样子。文，文采，此指礼仪制度。

【直译】

孔子说："周代以夏、殷二代为借鉴，焕焕然礼仪文采多么美盛呀！我主张遵从周代的制度。"

【新绎】

　　此章记载孔子对周礼的赞美之辞。《为政篇》第二十三章说："殷因于夏礼，所损益，可知也；周因于殷礼，所损益，可知也。"这是就历史演进的规律而言。本篇第九章说"夏礼，吾能言之，杞不足征也"，那是感叹文献不足，因而无法了解夏礼、殷礼的全部。而第十一章谈到禘祭时，孔子"指其掌"，则是说明周朝所行的禘祭原是明白可考的。

　　对照以上的记载，可以了解孔子之所以赞美周朝的礼仪制度，是因为它比夏、商二代要美善完备。

15.　　子入大庙①，每事问。或曰："孰谓鄹人②之子知礼乎？入太庙，每事问。"子闻之，曰："是礼也。"

【校注】

　　①大庙——即周公庙。大，通"太"。周公因为功劳大，他的儿子伯禽被封于鲁，为开国之君，尊称周公为太祖，其庙即称太庙。

　　②鄹人——指孔子的父亲叔梁纥。鄹，音"邹"，地名，在今山东省曲阜市东南，是孔子的故乡。有人说孔子的父亲曾经做过鄹大夫，所以称他为"鄹人"。

【直译】

　　孔子进入太庙，每件事情都要请教。有人说："谁说鄹人的儿子懂得礼呢？进入太庙，每件事情都要问。"孔子听到这些话，说："这就是礼呀。"

【新绎】

此章记孔子仕鲁时,第一次入太庙助祭,"每事问"。为什么知道是第一次,因为第一次问了以后已经明白,以后不需要再问了。每一件不懂的事情都向人请教,这正是诚敬合礼的态度。

有人说"每事问"是指当时鲁君祭礼颇有不合古礼者,所以孔子才就有疑义的地方提出诘问。

16. 子曰:"射不主皮①,为力不同科②。古之道也。"

【校注】

①皮——古代箭靶叫"侯",常用皮或布做成。用皮革做的靶子,叫作"鹄的"。

②科——程度、等级。

【直译】

孔子说:"射箭不是重在射穿皮靶子,因为各人的力气不同等。这是古人的说法。"

【新绎】

射,古代贵族的一项重要体育活动,常配合宴饮礼乐,举行射箭比赛,借以观德行。"射不主皮"这句话,亦见《仪礼·乡射礼》,应该是一个有关古礼的成语。

此章所讲的"射",仍就射礼而言。比赛射箭,重在射中目标,箭法准确,而不在于力道强不强劲,能不能射穿皮靶子。这里讲的"射",只重在比赛较胜负,不是指战争来说的,否则当然要用力。

17.　子贡欲去告朔之饩①羊。子曰："赐②也！尔爱其羊，我爱其礼。"

【校注】

①饩——音"系"，古代祭祀时所用的生羊。
②赐——子贡的名。见前。

【直译】

子贡想要废去每月初一告祭鲁国祖庙的那只生羊。孔子说："赐呀，你爱惜那只羊，我爱惜那个祭礼。"

【新绎】

起先周朝天子每年在年终之际，都要颁告次年历书给诸侯，说明每个月的初一是哪一天。这是因为一年之中，每个月的天数不等，以及偶有闰月的缘故。此即所谓"颁告朔"。诸侯收到新历书之后，藏于祖庙。次年开始，每月逢初一便杀一只羊祭祖，这就叫"告朔"之礼。礼毕才返朝听政，名为"听朔"或"视朔"。

可是根据孔子《春秋》的记载，从周幽王开始此礼已废，而鲁国自文公开始也已不复行"告朔"之礼，只是仍杀一只活羊送到祖庙，做做样子而已。

做事务实的子贡看到这种情形，以为礼既不行，又何必杀羊，所以主张去而不用。可是孔子却认为留此形式仍可令人不忘此礼，否则古代的"告朔"之礼便完全废绝了。

18. 子曰："事君尽礼，人以为谄也。"

【直译】

孔子说："侍奉君上尽到礼节，别人却认为是谄媚。"

【新绎】

所谓礼节，是说礼制有一定的仪度，行礼时也有一定的节制，要适度合节，不可过或不及。古人认为对君上对尊长必须敬重，所以"事君尽礼"。同时，孔子也强调只是尽到事君之礼，而非谄媚。谄媚是过度的讨好，已不合礼。如果怕人批评谄媚君上，因而矫枉过正，事君而不尽礼，也是错的。

尽礼与谄媚的差别主要在于心中是否有诚敬之意。孔子这样说正反映了当时政坛上败坏的风气，不是谄媚阿谀就是傲慢无礼；无礼之人看到事君尽礼者，反而批评是谄媚呢！

19. 定公[①]问："君使臣，臣事君，如之何？"孔子对曰："君使臣以礼，臣事君以忠。"

【校注】

①定公——鲁国的国君，名宋。"定"是谥号。鲁襄公的儿子，鲁昭公的弟弟，在位十五年。孔子做鲁国的中都宰和司寇，约在定公九年到十二年间。其间曾与齐景公举行"夹谷之会"，并曾试削"三家"之势，可惜不克而罢。

【直译】

定公问："君上差遣臣下，臣下侍奉君上，这种事应该怎么做？"孔子答道："君上差遣臣下要依照礼节，臣下侍奉君上要竭尽忠心。"

【新绎】

孔子在鲁定公时做过司寇,他回答定公的问题想必有所指而发。君上以礼使臣,臣下以忠事君,这是事理之固然,但如果君上不以礼差遣臣下,臣下又不尽忠心侍奉君上,该当如何?鲁定公在位期间,季孙氏当权,其中三年还由季氏家臣阳虎专政。后来他想削减"三家"势力,却遭孟孙氏反抗,所以他常向孔子请教。这真是一个易知而难行的道理,是很容易也很难回答的问题,同时也是一个古今学者常相争论的问题。《孟子·离娄篇下》说:"君之视臣如手足,则臣视君如腹心;君之视臣如犬马,则臣视君如国人;君之视臣如土芥,则臣视君如寇雠。"或许他说的,正是孔子心中的想法。

20. 子曰:"《关雎》①,乐而不淫,哀而不伤。"

【校注】

①《关雎》——《诗经》的第一篇。见《国风·周南》,古人认为它歌咏文王之化,后妃之德。

【直译】

孔子说:"《关雎》这篇诗,快乐却不过分,悲哀却不伤情。"

【新绎】

《关雎》是《诗经》的首篇。写一位窈窕淑女在河边采荇菜,她的美好使一位君子日思夜梦,希望娶她回家。其中"琴瑟友之""钟鼓乐之"是写向往先友后婚的喜乐心情,而"求之不得,寤寐思服。悠哉悠哉,展转反侧"则写其患得患失的相思烦恼。前者乐而不淫,后者哀而不伤,可以说都哀乐有节,不失之于淫荡或悲伤。不过,也有人以为此乃就其音乐曲调而言,不必用诗篇文字内容来作解释。

21. 哀公问社①于宰我②。宰我对曰:"夏后氏③以松,殷人以柏,周人以栗,曰:使民战栗④。"

子闻之,曰:"成事不说,遂事不谏,既往不咎。⑤"

【校注】

①社——这里指土地神。古人祭祀土地时,用木做神主,就叫社主。

②宰我——孔子的学生。姓宰,名予,字子我。鲁国人。小孔子二十九岁。能言善辩,以"言语"著称。

③夏后氏——夏时诸侯以上皆称"后",故尊称天子为夏后氏。

④栗——音"力",通"栗",恐惧。上"栗"字是树木名称,此"栗"字动词,用法不同。

⑤成事不说三句——是说已经过去的事情不再说其是非、匡其错误、责其过失。用意在告诫人说话做事要谨慎。

【直译】

哀公向宰我请教社主的事情。宰我答道:"夏代的人用松木,殷代的人用柏木,周代的人用栗木,意思是使人民战栗恐惧。"

孔子听到这些话,说:"已成的事不再解释,已做的事不再谏止,已往的事不再追究。"

【新绎】

古人建国立社用来祭祀神祇。祭祀土地神（地祇）时，通常用一木制牌位代表神灵，或在社旁栽种当地所宜的树木，叫作"社主"。二者其实没有矛盾，因为木制牌位用的仍然是当地所宜的树木。宰我回答鲁哀公的话，正说明夏、商、周三代所用的社主各依其地之所宜。不过他解释周人以栗为"社主"，是用来"使民战栗"，却使孔子不能苟同。孔子所说的那三句话，是劝宰我以后发言要谨慎。发言要谨慎，是孔子一直谆谆告诫弟子的。

"夏后氏以松"那三句话，也有人认为夏、商、周三代以松、柏、栗为社主，都是取其谐音，各有寓意。这样说来，宰我之说原来是有道理的。只是孔子以为政者正也，不语怪力乱神，也不喜空谈古人是非，所以他才告诫宰我。

22. 子曰："管仲①之器小哉！"

或曰："管仲俭乎？"曰："管氏有三归②，官事不摄③，焉得俭乎？"

曰："然则管仲知礼乎？"曰："邦君树塞门④，管氏亦有树塞门；邦君为两君之好，有反坫⑤，管氏亦有反坫。管氏而知礼，孰不知礼也⑥？"

【校注】

①管仲——名夷吾，字仲。又称管敬仲。辅相齐桓公，执政四十年，推行尊王攘夷政策，使齐桓公称霸诸侯，成为春秋五霸之一。

②三归——历来有下列几种不同的说法：一、娶三姓女；二、采邑地名；三、台名；四、家有府宅三处；五、藏钱币的府库；六、市租；七、三馈三

牲盛馔。这里采用第四种说法。

③摄——代理、兼任。是说管仲家有三处，各处都设有专职人员，不相代理，极为奢侈浪费。

④塞门——屏风。

⑤反坫——反，同"返"。坫，音"店"，可以放置器物的土台。古代君王诸侯在宴飨献酬时，宾主饮酒完毕，通常就便把喝干的酒樽放回东西两楹之间的土台上，这叫反坫。

⑥管氏而知礼二句——此据日本林泰辅藏《论语集解》古抄本。而，通"如"。也，通"耶"。

【直译】

孔子说："管仲的器量真狭小哪！"

有人问："管仲节俭吗？"孔子说："管仲有三个公馆，属下办事时都不兼管其他差事，怎么能够节俭呢？"

那人又问："那么管仲懂得礼节吗？"孔子说："国君设立屏风在门内，管仲也同样设有屏风在门内；国君为了两国君主的友好，宴会上设有放回酒杯的土几，管仲也就同样设有放回酒杯的土几。假使管仲知道礼节，还有谁不知道礼节呢？"

【新绎】

管仲是春秋时代的名相，他辅佐齐桓公成为一代霸主。《宪问篇》第十六章就记载孔子说："桓公九合诸侯，不以兵车，管仲之力也。"并称许他"不以兵车"，不主张发动战争，是个有仁德的人。而《八佾篇》这一章却说管仲器量小，看似矛盾。事实上，管仲虽然提倡尊王攘夷唯有仁德，却器量不大，所以只能辅佐齐桓公使之成为霸主，而不能完成王道。孔子为了说明这个道理，因此举了几个实例来就事论事。说管仲有"三归"，属下都是专职，不兼任其他差事，这就是奢侈不节俭；说管仲起居饮宴，学国君"树塞门"立屏风，饮酒设"反坫"，这就是僭越不合礼。奢侈不节俭、僭越不合礼，这也就是孔子批评他"器小"不能成大德的原因。

23. 子语鲁大师①乐，曰："乐，其可知也。始作，翕如②也；从之，纯如也，皦如③也，绎如④也，以成。"

【校注】

①大师——也写作"太师"，"大"同"太"。乐官之长。
②翕如——即翕然。翕，音"希"，音调合拍。
③皦如——即皦然。皦，音"皎"，明明白白的样子。
④绎如——即绎然，形容像抽丝一般的连续不断。绎，音"益"，抽丝。

【直译】

孔子告诉鲁国太师有关乐理的事，说："乐理，应该是可以知道的。开始演奏时，音调齐鸣的样子；随着，音调和谐的样子，清晰分明的样子，连续不断的样子，然后完成。"

【新绎】

此章记叙孔子与鲁国太师讨论音乐的道理。从起始到结束，层次分明地加以解析。"始作"指开始演奏时各种音调齐鸣。"从之"指后来随之而起的几个层次："翕如"指所有音调中节合拍；"皦如"指音节分明，不相夺伦；"绎如"指音乐连续，有如贯珠。"以成"是说一直到曲终乐成的时候。以上所说的三个层次："始作""从之""以成"，其实也就是"礼"的表现，是礼与乐的结合。

24. 仪封人①请见,曰:"君子之至于斯,吾未尝不得见也。"从者②见之。

出,曰:"二三子何患于丧乎?天下之无道也久矣,天将以夫子为木铎③。"

【校注】

①仪封人——仪邑掌管边界的官吏。仪,卫国地名,在今河南省开封市附近。封人,官名,掌管边界的官员。

②从者——跟从的人,指跟随孔子周游列国路过卫国的学生。

③木铎——铜口木舌的铜铃。古代公家有什么事情要宣布,便摇动木铎,聚集群众。

【直译】

仪这地方的封人求见孔子,说:"有学问品德的君子来到这里,我从来没有不相见的。"跟随孔子的学生让他见了孔子。

他出来后,说:"你们这些人何必担心会失去什么呢?天下无道已经很久了,上天会让他老人家做宣扬政教的导师。"

【新绎】

仪是卫国的地名,孔子在鲁国辞去司寇之后,周游列国。路经卫国的仪邑时,当地管边境事务的封人见多识广,一见孔子就判断他是可以恢复天下至道的大人物。由此可见这仪邑封人独具慧眼,亦可见当时弟子对孔子前途的担心。

25. 子谓《韶》①:"尽美矣,又尽善也。"谓《武》②:"尽美矣,未尽善也。"

【校注】

①《韶》——音"芍",虞舜时的乐曲。
②《武》——周武王时的乐曲。

【直译】

孔子谈到《韶》乐时说:"够美了,而且够好了。"谈到《武》乐时说:"够美了,但还没有够好。"

【新绎】

通常谈到"美",指的是外表,谈到"善",指的是内在。就音乐而言,前者应指声容之盛,后者应指感染之深。孔子以此来界分虞舜与周武王时代乐舞曲调的不同。这可能是由于:舜受尧禅让而为天子,所以《韶》乐尽善尽美,而武王伐商纣而有天下,所以《武》乐尽美,却未尽善。

26. 子曰:"居上不宽,为礼不敬,临丧不哀,吾何以观之哉?"

【直译】

孔子说:"在上位不够宽宏,行礼时不能敬谨,吊丧时不见哀戚,这种人我还凭什么来观察他呢?"

【新绎】

此章孔子说明做人的根本道理,主要是对在上位的君子来说的。"居上"可以指官对民,也可以指上级对下属。因为在上位者有权力，所以为人要宽宏大量，否则人家会以为不仁慈。"为礼"指行礼时态度要庄敬，行动要慎重，否则人家看了会当成儿戏。"临丧"指逢丧事心情要哀戚，否则人家会以为没有同情心。宽宏、敬谨、同情，正是做人的根本。

《大戴礼记·曾子立事篇》曾说："临事而不敬，居丧而不哀，祭祀而不畏，朝廷而不恭，则吾由知之矣。"这些话和本章可以合看，说的道理，都和礼有关。

【四】 里仁篇

本篇共二十六章，多论仁义道德之事。以仁为主，对于义利之辨、礼让之道，以及谨言慎行、侍奉父母之方也有涉及。

1. 子曰："里仁①为美。择不处②仁，焉得知③？"

【校注】

①里——古代二十五家为一里。这里作动词用，"居"的意思。
②处——读上声（音"楚"），作动词用，居住。
③知——通"智"，聪明。

【直译】

孔子说："住家要在有仁德的地方才好。选择住处如果不住在有仁德的地方，哪里能说是聪明？"

【新绎】

此章孔子教人居住要懂得选择优良的环境。所谓优良的环境，一般人会以为指的是设备齐全、风光优美或交通便利等等，但孔子强调的是仁德，换言之，是要选择有仁者居住或风气良善的地方。古人说的"择邻而居"以及"孟母三迁"的故事，所阐述的都是这个道理。懂得这个道理，才是有智慧的人。

有人根据《孟子·公孙丑篇上》的"夫仁，天之尊爵也，人之安宅也"以及"矢人岂不仁于函人哉"诸语，来解释本章的"择不处仁，焉得知"，以为造箭矢的矢人唯恐箭矢不伤人，而造盔甲的函人唯恐武器伤人。所以连邻居的职业也应该有所选择。因而以为这里的"择"，不一定只讲选择居住的地方，应该还包括选择职业、朋友等等在内。事实上，那是孟子对孔子仁道的阐述，并不矛盾。选择居处和选择职业、朋友等等，都同样重要。

2. 子曰："不仁者，不可以久处约①，不可以长处乐。仁者安仁，知者利②仁。"

【校注】

①处约——生活在穷困中。处，作动词用，居住、生活。下同。约，贫困。
②利——这里是顺从、顺应的意思。

【直译】

孔子说："没有仁德的人，不可以长久生活在穷困中，也不可以长久生活在安乐中。有仁德的人安于仁道，有智慧的人顺应仁道。"

【新绎】

孔子一向重视仁道，以为它是一切道德的最高修养。一个有仁心的人，言行作为但求心之所安，有如目视而耳听、手持而足行，一切自自然然。贫贱不能移，富贵不能淫。相反的，一个没有仁心的人，他在意的是穷达得失，得则乐，失则苦，因此让他长期享乐或受苦,他都会乐则骄佚淫荡,苦则哀伤穷滥,做出逾越本份的事。

孔子在仁者、不仁者之间,还提出另有一种智者。这种有智慧的人,他的道德修养没有仁者那么高,言行作为没有仁者那么自然,可是他知道利用仁道来做为立身处世的准则,因此他也能固守仁道,不至于为非作歹。

3. 子曰:"唯仁者,能好①人,能恶②人。"

【校注】

①好——音"号",喜爱。
②恶——音"悟",厌恶。这里与上句"好"字,皆作动词用。

【直译】

孔子说:"只有公正无私的仁人,能真正喜爱人,也能真正厌恶人。"

【新绎】

一般人谈到仁者,以为有仁心的人自然会对人人都和好,否则就不是仁者了。可是这一章孔子却告诉我们仁者固然会喜爱某些人,但是也会厌恶某些人。他是公正无私的。

孔子以为真正的仁者,他固然有善良的本心,但同时也有判断是非的能力。好人他当然喜爱,坏人他则没有理由不厌恶。要不然,连善恶都不分辨,那就是没有是非之心,是乡愿而非仁者了。

4. 子曰:"苟①志于仁矣,无恶②也。"

【校注】

①苟——假设的语词,如果、只要。

②恶——音"饿",坏、不善的意思。此与上下章的"恶"字,用法和读音都不同。

【直译】

孔子说:"只要立志在仁道上,就不会做坏事了。"

【新绎】

孔子以为只要立志行仁,自然会大公无私,诚心向善。即使偶有差失,也必然会自己改过,不会做出什么坏事。

5. 子曰:"富与贵,是人之所欲也;不以其道得之,不处①也。贫与贱,是人之所恶②也;不以其道得之③,不去也。君子去仁,恶④乎成名?君子无终食之间⑤违仁,造次⑥必于是,颠沛必于是。"

【校注】

①处——音"楚",接受。

②恶——音"悟",厌弃。

③不以其道得之——据王充《论衡·问孔篇》说,这一句应当是"不以其道去之"。因为贫贱是没有人想获得的。

④恶——音"乌",疑问语助词,何、怎么。

⑤终食之间——饭之顷,吃一顿饭的功夫。比喻时间不长。

⑥造次——仓卒、急遽。和下文的"颠沛"一样，都是表示不寻常的情况。

【直译】

孔子说："发财和当官，是人人所盼望的；但是不用正当的方法得到它，就不接受。贫穷和低贱，是人人所厌弃的；但是不用正当的方法避免它，就不逃避。君子离开仁道，怎么能够成其为君子呢？君子即使是一顿饭的时间也不会违背仁道的，紧急匆忙的时候也一定实行仁德，流离困顿的时候也一定实行仁德。"

【新绎】

古代所谓君子，通常指在上位和有品德的人。在上位者，当然拥有富贵功名，但一旦失意了，往往会不甘贫贱。因此，古人又期许君子一定要具有高尚的品德。换言之，要固守仁道，不汲汲于富贵，不戚戚于贫贱，时时刻刻不违背立身处世的准则。"无终食之间""造次""颠沛"都是说明君子不能须臾离开仁道，否则，就不能称为君子了。

6. 子曰："我未见好仁者、恶不仁者①。好仁者，无以尚②之；恶不仁者，其为仁矣，不使不仁者加乎其身。有能一日用其力于仁矣乎③？我未见力不足者。盖④有之矣，我未之见也。"

【校注】

①好仁者恶不仁者——句中"好""恶"皆读去声，作动词用，分别是爱好、厌弃的意思。已见前。

②尚——通"上",作动词用。
③矣乎——表示疑问或感叹的连用语气助词。
④盖——表示揣测的语词,可能、大概。

【直译】

孔子说:"我没有见过爱好仁德的人、讨厌不仁德的人。爱好仁德的人,认为没有任何事物能高于仁;讨厌不仁德的人,他既实行仁道了,就不让不仁德的人靠近他的身边。有谁能在一天里用全力去实施仁呢?我不曾见到力量不够的。或许有这样的人了,只是我不曾遇见到他。"

【新绎】

这是孔子感叹当时没有真正"好仁"和"恶不仁"的人。"好仁"的人积极地实践仁道,"恶不仁"的人消极地拒绝不仁道,二者都一样在实践仁道,实不可分。对照上文第二章,"好仁"近乎"仁者安仁","恶不仁"近乎"知者利仁",立足点都还是在仁道上。所以,孔子在慨叹之余鼓励人立志去实践仁道,并没有能力足不足够的问题。

清代李光地《读论语札记》云:"无以尚之者,好之至也。不使不仁者加乎其身,恶之深也。此如《大学》之'如好好色,如恶恶臭',正是用力处。"又云:"盖求必得而后为好之至,务决去而后为恶之深。志气相生,岂有力不足患?"都说得很好,故抄录于此,供读者参考。

7. 子曰:"人之过也,各于其党。观过,斯知仁矣。"

【直译】

孔子说:"人的过失,分别表现在他不同的品性类型上。多观察过失,便能明白仁道了。"

【新绎】

人有不同的类型,所犯的过错也有不同的类型。孔子以为多加观察,就可以从中了解仁道。

俗话说:人非圣贤,孰能无过?事实上,圣贤有时也会犯错,重点在于他犯了什么错,犯了错以后他怎么做。如果犯的错是为公义而误触规定,或者是为了亲属,或者是无心之失等等,都还可以原谅。只要他肯诚心反省,虚心改过,都不妨碍他成就仁道。如果犯的错是由于私人的利害得失,那就另当别论了。孔子以为多观察别人所犯过错的类型,对了解仁道是有参考价值的。

有人把"斯知仁矣"的"仁",解作"人"字,可备一说。

8. 子曰:"朝闻道,夕死可矣。"

【直译】

孔子说:"早上听到真理,即使晚上死去也值得了。"

【新绎】

从"朝闻道,夕死可矣"这句话可以看出孔子对"道"的追求是多么的殷切。

朝、夕,比喻时间的短暂,意即立刻、马上。这还容易理解,但"道"究竟指什么则历来无确解。有人说是事物当然之理,有人说是仁义礼智等等的道理,也有人说是天下太平的消息,似乎都不如用"真理"来概括的好。"真理"代表一种宗教情怀，是人生所追求的终极目标。

9. 子曰："士志于道，而耻恶衣恶食者，未足与议也。"

【直译】

孔子说："一个士人立志求道，却羞愧衣服不好食物不好，就不值得跟他谈论道理了。"

【新绎】

这里所说的"士"，在古代社会是介于贵族和平民之间的一个阶层，相当于我们今天所说的"读书人"或"知识分子"。他们接受文武合一的教育，平时农耕，战时抗敌，为贵族家臣，为国家做事。所以古人说："士者，事也。任事之称也。"孔子的教育对象就是他们。

这里所说的"道"，应该和上章说的"道"一样，都是值得生死以赴的真理。一个士人追求真理，应该通古今、辨是非，不以衣食口腹之欲为念，否则，贪图生活享受，哪里还有什么"夕死可矣"的决心？孔子是以君子之道来期许士人的。他希望他的学生都能立志向道，追求宇宙人生的真理。后来孟子说"士尚志"，也是这个意思。

10. 子曰："君子之于天下也，无适①也，无莫②也，义之与比③。"

【校注】

①适——音"敌",专主、匹敌。定州简本作"谪",郑玄注本作"敌"。适、谪、敌,古通用字。

②莫——不、不肯,否定。郑玄注以为是"慕"的借字,与"适(敌)"相对。一否一可,一敌对一爱慕。

③比——音"毕",亲、从、依从。

【直译】

孔子说:"君子对于天下的事,没有绝对的肯定,也没有绝对的否定,所做只求合乎义。"

【新绎】

这一章首尾二句,说君子对于天下的事情只选择合乎道义的来做,意义是明确的,但"无适也,无莫也"该怎么解释则说法纷纭,难定是非。有人(如郑玄)说"适"音义同"敌","莫"意义同"慕";有人(如皇侃)说"适""莫"犹言"厚""薄",也有人(如韩愈)说"适"与"莫"是表示"可"与"不可"、"肯定"与"否定"等等。

这里采后者之说,以为孔子是"圣之时者也",懂得通权达变,对于一切人事,事先没有成见,无可无不可,只看合不合乎道义再决定做或不做。这就叫作"义之与比"。

11. 子曰:"君子怀德,小人怀土;君子怀刑,小人怀惠。"

【直译】

孔子说:"君子在意道德,小人在意田产;君子在意法令,小人在意利益。"

【新绎】

此章孔子说明君子与小人的不同,君子关心的是道德风化与法令施行,小人关心的是田地财产与获利得益。前者是公义,后者是私利,这就是他们不同的地方。

如果把首章"里仁为美"和本章合看,那么开头二句可以指居住的环境,君子关心的是风气好坏,小人关心的只是土地价值。

12. 子曰:"放①于利而行,多怨。"

【校注】

①放——通"仿",依照。一说放即"纵",放纵。意思是放纵自己去追逐利益。

【直译】

孔子说:"只是依照个人利益去做事,会招来许多怨恨。"

【新绎】

此章孔子告诫人不可专事谋利。因为物利有限,往往有益于此则有损于彼,有利于己则有害于人,因而容易起冲突、生怨恨。言外之意,当然是"义"才是人所当为。

13. 子曰:"能以礼让为国①乎?何有②?不能以礼让为

国，如礼何？"

【校注】

①为国——治国。

②何有——春秋时代的常用语。《论语》中如《雍也篇》第八章即有三句"于从政乎何有"。何有的意思是何难之有，或于己何有。

【直译】

孔子说："能用礼让来治国吗？这何难之有？不能用礼让来治国，那对礼怎么办呢？"

【新绎】

在儒家心目中，礼可以"经国家，定社稷，序民人，利后嗣"，对于治国安民非常重要，但有关它的典章制度毕竟只是条文，如果不能切实施行，那就是徒具形式了。

孔子以为以礼治国，最重要的是要懂得礼让的道理。礼重在敬，能敬，行为才合宜；让重在和，能和，上下才无争。否则上下相争，国家必定不治而乱。

14. 子曰："不患无位，患所以立。不患莫己知，求为可知也。"

【直译】

孔子说："不担心没有职位，只担心自己如何站好在那职位上。不担心没有人知道自己，只要求自己做些足以使人知道的事情。"

【新绎】

此章孔子教人要获得名位，先要讲求自立的功夫。假使不先充实自己的才德，无以自立，那么即使人家给了你名位也不会持久。言外之意是劝人不问收获，但求耕耘。

15. 子曰："参乎！吾道一以贯之。"曾子曰："唯。"

　　子出，门人问曰："何谓也？"曾子曰："夫子之道，忠恕而已矣。"

【直译】

孔子说："参呀！我所说的道理可以用一个概念来贯穿它。"曾子说："是。"

孔子出去后，其他同学问道："什么意思呢？"曾子说："我们老师所说的道理，就是忠恕二字。"

【新绎】

此章记述曾子阐明夫子的仁道，就是忠恕。孔子常说仁道，尽人皆知，而曾子以忠恕释之，也一以贯之。《中庸》有言："忠恕，违道不远。施诸己而不愿，亦勿施于人。"意思就是说要尽己之心来待人接物，而且还要推己之心，己立立人，己达达人，万一遇见自己都不愿意的也要"己所不欲，勿施于人"。这就是忠恕，亦即仁道。

16. 子曰："君子喻①于义，小人喻于利。"

【校注】

①喻——知晓、懂得。定州简本作"踰"。踰、喻、愉等字，古可通用。《说文解字》《尔雅》无"喻"字。

【直译】

孔子说："君子懂得的是义理，小人懂得的是利益。"

【新绎】

此章仍然在辨别君子和小人的不同，和第十一章可以合看。君子关心公义，所以面对利益时他知道"临财毋苟得"；而小人关心私利，所以面对义利之辨时，他见利而忘义。

17. 子曰："见贤思齐焉，见不贤而内自省也。"

【直译】

孔子说："见到贤人，便想跟他一样好；见到不贤的人，便心里自己反省（有没有同样的毛病）。"

【新绎】

贤是指有品德才能的人。"见贤思齐"是一种正面的积极向上的力量，不是嫉妒，也不仅是羡慕，而是抱持着"尧舜人也，余亦人也"的信念。"见不贤而内自省"是一种消极的检点反省的功夫，不是责备别人，也不仅是反问自己，而是要确实做到"有则改之，无则加勉"。

18. 子曰:"事父母,几谏①,见志不从,又敬不违,劳②而不怨。"

【校注】

①几谏——轻声委婉劝告。几,音"机",微。定州简本"几"作"儆",通"警",机警之意。几、儆二字,音近义通。

②劳——忧虑、操心。

【直译】

孔子说:"侍奉父母,(如果父母有过失)要委婉地劝谏,看到他们的心意不听从,仍然恭敬不触犯他们,内心虽然忧虑却不怨恨。"

【新绎】

这是孔子教人劝谏父母的道理。孝顺父母天经地义,但并不是不顾理性、不分是非而一味盲从。因此父母有过错时,不能视而不见,仍应劝谏。但劝谏时要委婉,和颜低声,以免伤了亲情。"几谏"是讲外貌,"又敬不违"是讲内心。《礼记·内则篇》说:"父母有过,下气怡色,柔声以谏。谏若不入,起敬起孝。说(宏一按,同"悦"。下同。)则复谏;不说,与其得罪于乡党州闾,宁熟谏。"也就是这个道理。

19. 子曰:"父母在,不远游,游必有方①。"

【校注】

①方——地方、地点。一说:方即"常",常理、常道,指一定的道理。

【直译】

孔子说:"父母在世的时候,不到远方游历,即使远游也必须有确定的地点。"

【新绎】

这是孔子教人要善体父母亲情。古代交通不便,一出远门往往就失去了联络。即使能通音讯,也往往旷费时日。在家的父母会朝夕挂念儿女,出门的游子也会思念亲人,彼此都不安心。所以孔子说:"父母在,不远游。"即使不得已须出远门,也必须让父母知道自己所在的地点,这才是孝道。

现今时代改变了,很多人不得不因求学就业而离家远游,但孔子"游必有方"的话,仍然值得大家信守。

20. 子曰:"三年无改于父之道,可谓孝矣。"①

【校注】

①三年无改于父之道二句——已见《学而篇》第十一章。

【直译】

孔子说:"父死三年能不改变父亲所立的规矩,就可以说是孝顺了。"

【新绎】

此章已见于《学而篇》第十一章。应当是弟子记录时各有所本,或是原编者一时疏漏,以致重出。

21. 子曰:"父母之年,不可不知也。一则以喜,一则以惧。"

【直译】
孔子说:"父母的年龄,不可以不知道呀。一方面为他们的增寿而高兴,一方面为他们的衰老而忧虑。"

【新绎】
这是孔子教人孝顺父母要与年俱增,及时行孝。以上四章孔子分别从几方面讲孝顺父母之道。

22. 子曰:"古者,言之不出,耻躬之不逮也。"

【直译】
孔子说:"古代的人,话是不轻易出口的,担心自身不能做到它。"

【新绎】
这是孔子教人能言必须能行,如果说到而不能做到,那是可耻的行为。强调"古者"如此,言外之意当然是慨叹当时的人已多不能慎言力行了。

23. 子曰:"以约①失之者,鲜②矣!"

【校注】
①约——俭约、节制。有人释为约定、诺言。文气不接,恐非是。

②鲜——音"险",少。

【直译】

孔子说:"因为节制而犯了过失的人,很少的了。"

【新绎】

"博我以文,约我以礼",懂得以礼来约束自己的读书人,当然很少犯错。

孔子教人要节制,一则指生活的俭约,懂得俭约就不致奢侈过度;一则指行为的约束,知道约束就不致放纵惹事。"鲜矣",一则称许这种人难得,一则感叹这种人少有。

24. 子曰:"君子欲讷于言而敏于行。"

【直译】

孔子说:"君子希望说话时迟钝而做事时敏捷。"

【新绎】

此章和《学而篇》第十四章的"敏于事而慎于言",说的是同样的道理。句中的"欲",希望中有"宁可"之意。放言容易,所以宁可木讷;力行困难,所以宁可勤敏。千万不要误会孔子教人口才拙笨才好。

25. 子曰:"德不孤,必有邻。"

【直译】

孔子说:"有道德的人不会孤单,一定会有像邻居一样的伙伴。"

【新绎】

进德修业的人讲公义,辨是非,常会得罪人,但孔子相信"同声相应""方以类聚",这样的人必然会有志同道合的朋友来亲近他,就像邻居一般。所以说他是不会孤单的。

古人说"远亲不如近邻",在古人心目中,邻居守望相助,比远方的亲戚还要亲近。第一章说的"里仁为美",道理亦即在此。

26. 子游曰:"事君数①,斯②辱矣;朋友数,斯疏矣。"

【校注】

①数——音"促",急切、细密。一说音"硕",屡次、多次。
②斯——作连词用,则、这样就。

【直译】

子游说:"侍奉君上过于烦琐,就会招来侮辱;对待朋友过于烦琐,就会反被疏远了。"

【新绎】

这是说明事君交友之道。君臣朋友之间应该都是以道义相结合,因此合则来,不合则去,不必过于勉强。不管是侍奉君上或对待朋友，也不管是亲近或进谏，如果过于急切或频繁，都会自取其辱或反被疏远。

古人说"君子之交淡若水"，现代人说"保持距离，以策安全"，道理相同。

【五】 公冶长篇

本篇共二十八章，评古今人物，论处世之道。有人以为此篇系子贡的学生所记。何晏《论语集解》把第十章"子曰始吾于人也"以下另起一章，故题为二十九章。朱熹《论语集注》把第一、第二两章合为一章，故题为二十七章。

1. 子谓公冶长①："可妻②也。虽在缧绁③之中，非其罪也。"以其子妻之④。

【校注】

①公冶长——孔子的学生，后为孔子女婿。姓公冶，名长，字子长。齐国人，一说鲁国人。家贫，曾蒙冤入狱。
②妻——此当动词用，嫁与。
③缧绁——音"雷泄"，捆绑罪人的绳索。这里借指监狱。
④以其子妻之——把自己女儿嫁给他。子，古代男女通称。这里指女儿。

【直译】

孔子谈到公冶长，说："可以把女儿嫁给他。他虽然被关在监牢之中，却不是他的罪过。"于是把自己的女儿嫁给了他。

【新绎】

看一个人的好坏，在于他内心的善恶，而不在于他外在的荣辱。公冶长虽然坐过牢，但他是被诬告的，不是他该得的罪罚。所以孔子仍然相信他的人品，把女儿嫁给他。据皇侃《论语义疏》引文说：公冶长因懂得鸟语而被误会为杀人犯，故被囚禁六十日。不知是否属实。朱熹以为"此篇皆论古今人物贤否得失"，大致不差。

2. 子谓南容①："邦有道，不废；邦无道，免于刑戮。"以其兄之子②妻之。

【校注】

①南容——孔子的学生和侄女婿。据朱熹说：南容居南宫，名韬，又名括（一作"适"），字子容。简称南容。鲁国人。有人以为他就是孟僖子之子、孟懿子之兄弟公孙阅。

②其兄之子——这里指他哥哥的女儿。

【直译】

孔子谈到南容，说："国家上轨道，他不被废弃；国家不上轨道，他也不被杀害。"于是把自己哥哥的女儿嫁给了他。

【新绎】

南容在国家政治清明时能被任用，不被弃置，足见他的贤能；在国家政治昏暗时能够远罪避祸，免于刑戮，足见他的谨慎。这样的人，自有可取之处。

从孔子的谈话里，可以看出他所认可的择婚条件。朱熹把以上两章合为一章，也自有其道理。

3. 子谓子贱①："君子哉若人②！鲁无君子者，斯焉取斯③？"

【校注】

①子贱——孔子的学生。姓宓（一作"虙"），名不齐，字子贱。鲁国人。比孔子小三十岁，一说小四十九岁。以德行著称，曾任单父宰。

②若人——像这样的人。

③斯焉取斯——这种人从何处学到这样的品德。斯，指示词，此。上"斯"字指人，下"斯"字指德。焉，安、何。

【直译】

孔子谈到子贱，说："像这样的人真是个君子呀！假使鲁国没有君子的话，这种人又从哪里得到榜样？"

【新绎】

此章孔子称赞子贱能够亲仁近贤，向父兄师友学习，同时也说明了鲁国是礼义之邦。

4. 子贡问曰："赐也何如？"孔子说："女①，器也。"曰："何器也？"曰："瑚琏②也。"

【校注】

①女——同"汝"，你。指子贡。

②瑚琏——宗庙里盛小米高粱的礼器，贵重而华美，也叫"簠簋"。一说瑚琏就是胡辇，一种可以任重道远的大车。

【直译】

子贡问道："我这个人怎么样？"孔子说："你，像个器具。"子贡说："什么器具？"孔子说："像宗庙里盛放黍稷的瑚琏。"

【新绎】

子贡自己请问孔子对他的看法。孔子起先只说他像个"器"。这是什么意思呢？因为孔子曾经说过"君子不器"的话。"君子不器"既然可以解释为君子不要像器具一样有固定的形制和用处，那么孔子以"器"评子贡，真意何在？在子贡追问下，孔子进一步说明在他心目中子贡像宗庙里贵重华美的瑚琏。瑚琏就是簠簋，是用来盛黍稷的礼器。方形的叫簠，圆形的叫簋。也有人说瑚琏应同"胡辇"，指一种可以任重道远的大车子。不管哪一种说法，都是说明子贡是一个可以成大器的人。

今人（例如李泽厚《论语今读》）主张瑚琏应解作饭桶，孔子以此评子贡，既是贬，又是褒，又是开玩笑，由此可见孔子与学生之间谈话的亲切有趣。可备一说。

5. 或曰："雍①也，仁而不佞②。"子曰："焉用佞？御人以口给③，屡憎于人。不知其仁，焉用佞？"

【校注】

①雍——孔子的学生。姓冉，名雍，字仲弓。鲁国人。比孔子小二十九岁。曾任季氏宰。

②佞——巧言善辩。

③口给——口才便给。给，音"己"。

【直译】

有人说："雍这个人呀，有仁德却没有口才。"孔子说："何必要有口才？靠利口巧辩来应付人，常常被人讨厌。我不知道他的仁德怎么样，但何必要有口才？"

【新绎】

孔子常谈仁道，却不轻易以仁德称许学生。他说仲弓这个学生口才不好是不要紧的，至于仲弓是不是有仁德，他则不敢断定。这与《学而篇》第三章所说的"巧言令色，鲜矣仁"可以合看。孔子这样批评仲弓，可能是希望学生不可自得自满，尚须更求进境。

6. 子使漆雕开①仕。对曰："吾斯之未能信。"子说②。

【校注】

①漆雕开——孔子的学生。姓漆雕，名启，字子开。鲁国人，一说蔡国人。比孔子小十一岁，一说小孔子四十一岁。后收徒讲学，弟子众多，有所谓"漆雕氏之儒"。

②说——同"悦"，高兴。

【直译】

孔子叫漆雕开去做官。他答道："我对这个还不够自信。"孔子听了很高兴。

【新绎】

孔子叫漆雕开出去做官,那是表示漆雕开的品性才能已获肯定,而漆雕开说自己还没有自信,那体现出了他的谦虚逊让。这样的人志广道深,所以孔子听了自然高兴。

7.　子曰:"道不行,乘桴①浮于海。从我者,其由与?②"子路闻之喜。子曰:"由也,好勇过我,无所取材③。"

【校注】

①桴——音"浮",木筏。古通"枹"。定州简本作"泡",当为形近而误。

②从我者二句——从,跟随。其,表示测度的语气词。

③无所取材——材,指造筏木的材料。一说"材"同"哉",句意是说子路没有什么可取的了。

【直译】

孔子说:"理想不能实现,不如乘坐木筏漂到海外去。跟随我的人,大概是仲由吧?"子路听到这些话很高兴。孔子说:"仲由好勇的精神超过我,只是没有地方可以找到造筏的材料。"

【新绎】

孔子和学生的对话通常口气非常亲切,而问答也非常直接,但这一章却表现了孔子的幽默和子路的憨直。"道不行"原是孔子忧世伤时的感叹,而"从我者,其由与?"则应是一时的戏言。想不到子路竟信以为真,所以孔子又调侃他是有过人的勇气,却不能了解别人话里的含意。根据文中"乘桴浮于海"一语,可知孔子的时代鲁国已与海外有所来往，至于是否如清代阎若璩所言指由渤海往朝鲜则是另一回事。

8. 孟武伯问："子路仁乎？"子曰："不知也。"又问。子曰："由也，千乘之国，可使治其赋①也，不知其仁也。"

"求也何如？"子曰："求也，千室之邑，百乘之家，可使为之宰②也，不知其仁也。"

"赤③也何如？"子曰："赤也，束带立于朝④，可使与宾客言也，不知其仁也。"

【校注】

①赋——这里应指兵赋及军政工作。
②宰——这里应指家宰。家臣之长或县邑之长。
③赤——孔子的学生。姓公西，名赤，字子华。鲁国人。比孔子小四十二岁。长于应对，熟习礼仪。
④束带立于朝——在朝为官的意思。束带，穿上朝的礼服，腰间系上大带。

【直译】

孟武伯问："子路有仁德吗？"孔子说："不知道。"又问。孔子说："仲由这个人，拥有千辆兵车的国家，可以叫他管理它的军政，但不知道他的仁德怎么样。"

"冉求怎么样？"孔子说："冉求这个人，千户人家的地方，百辆兵车的封地，可以叫他当这些地方的总管，但不知道他的仁德怎么样。"

"公西赤又怎么样？"孔子说："赤这个人，穿上礼服系好衣带，站在朝廷上,可以叫他和外宾应对,但不知道他的仁德怎么样。"

【新绎】

　　此章借孔子与孟武伯的问答,比较了子路、冉求和公西赤三个学生不同的才能,但都不以仁德许之。可见仁是孔子心中道德修养的最高境界,不轻易用来称许学生。

　　子路有勇气,可以管理千乘之国的军赋;冉求有能力,可以当卿大夫之家的总管;公西赤有仪表,可以在朝廷上管外交礼仪。各有各的才能,这应是孔子对他们长期观察所作的分析和总结。

　　此章首句,今传《论语》都作"孟武伯问子路仁乎",但《史记·仲尼弟子列传》却作"季康子问仲由仁乎"。仲由就是子路,但提问的人究竟是孟武伯或季康子,则已无从查考。或许孔子的及门弟子各有才能,所以一些诸侯或卿大夫都曾来向孔子打听之故。

9.　子谓子贡曰:"女与回也孰愈①?"对曰:"赐也何敢望回?回也闻一以知十,赐也闻一以知二。"子曰:"弗如也。吾与女弗如也②。"

【校注】

　　①孰愈——孰,音"熟",谁、哪一位。愈,好、胜过。
　　②吾与女弗如也——我和你都不如他。与,和。这句也有人解释为:我同意你不如他。与,这里当同意讲。

【直译】

　　孔子对子贡说:"你和颜回谁比较好?"子贡答道:"我怎么敢奢望比颜回?颜回听到一事可以推知十事,赐听到一事只能推知两事。"

孔子说："是不如他。我和你都不如他。"

【新绎】

在孔子的学生中子贡已算杰出，他可以"闻一以知二"，但是比起颜回来他却自叹不如。说颜回"闻一以知十"那是拿来和"闻一以知二"比，一比之下用意极为明白。由此亦可见子贡为人谦逊和具有自知之明。至于孔子，是和子贡一样自叹不如颜回或者是赞同子贡的谦逊，都讲得通，但我比较赞成前者。因为那样更可看出孔子的伟大。老师赞许学生后来居上，那是一种可敬可贵的情操。

10. 宰予昼寝。子曰："朽木不可雕也，粪土之墙不可杇[①]也。于予与[②]何诛[③]？"

子曰："始吾于人也，听其言而信其行；今吾于人也，听其言而观其行。于予与改是。"

【校注】

①杇——音"污"，泥镘，一种涂抹土墙的器具。这里当动词用，粉刷、涂抹泥土。古代土墙容易剥落。

②于予与——对于宰予哪。予，指宰予。已见《八佾篇》。

③诛——责骂。

【直译】

宰予白天睡觉。孔子说："腐朽的木头不能雕刻，肮脏的土墙不能粉刷。对于宰予这种人我又何必责备？"

孔子说："起先我对于别人，听了他的话就相信他的行为；现在听了他的话却还要观察他的行为。是因为宰予才让我有了这种改变。"

【新绎】

古人日出而作，日入而息。因为黑夜不易见物，所以白天要好好利用时间来工作、学习。对于学生而言，更应该珍惜时间，发愤努力以求上进。因此宰予在白天偷懒睡觉，孔子便不客气地批评他。

"昼寝"一词，有人把"寝"读为"寝室之寝"，而且说"昼"当为"画"字，因此"昼寝"一词，说的是"绘画寝室"。如此一来，下文"朽木不可雕也，粪土之墙不可杇也"都与油漆粉刷寝室中的木头土墙有关。看起来似乎文从字顺，前后呼应，但历来讲《论语》的学者极少人采用它。

第二段文字，"始吾于人也"以下，是孔子责备宰予言行不一，道理会说，却不能身体力行。有人以为和第一段文字未必是孔子同时的谈话，只是同样是讥嘲宰予，所以编《论语》的人把它们编列在一起了。

11. 子曰："吾未见刚者。"或对曰："申枨①。"子曰："枨也欲，焉得刚？"

【校注】

①申枨——孔子的学生。姓申，名枨（音"成"），一名党，字周。鲁国人。

【直译】

孔子说："我没有见过刚直的人。"有人答道："申枨就是。"孔子说:"枨这个人贪心,哪里能够刚直?"

【新绎】
　　一般人所说的"刚"通常指外表的强壮、行事的果决而言,但孔子所说的"刚"不一样,它还包括内在的精神,指正直而无私欲。因为不正直,就容易与环境妥协;有了私欲,就容易为名利所惑,再也刚直不起来。俗言"无欲则刚",说的就是这个道理。

12. 子贡曰:"我不欲人之加诸我也,吾亦欲无加诸人。"子曰:"赐也,非尔所及也。"

【直译】
　　子贡说:"我不希望别人欺侮我,我也不愿欺侮别人。"孔子说:"赐呀,这不是你所能做到的。"

【新绎】
　　子贡所说的话其实就是"己所不欲,勿施于人"的意思。这里的"加"有欺侮、侵犯之意,而"欲"也只是心中的想法。一切都是假设,光是心中想怎样做,未必真能付诸行动。因此孔子告诉他要能言能行,及身而为。
　　孔子所说的仁道,忠恕而已。"己所不欲,勿施于人"正是恕道的具体表现。不是仁人,是不容易做得到的。

13. 子贡曰:"夫子之文章,可得而闻也;夫子之言性与天道，不可得而闻也。"

【直译】

子贡说："我们老师的学问文采，可以听得到；我们老师在人性和天道方面的见解，就听不到了。"

【新绎】

孔子平日以诗、书、礼、乐教导学生，他对古代文献的见解当然是学生可以接触得到的，孔子在教导这些学问时所表现出来的仪度文采，也是学生可以感受得到的。但是，子贡却说孔子罕言"性与天道"。这里的"性"，应指人与生俱来的天性，亦即《中庸》所说的"天命之谓性"；而"天道"应指非人力所能为的自然法则。这些都是一般人无法知晓的事理，所以孔子很少谈论。孔子之罕言性与天道，也表现了他治学的严谨与务实。

14. 子路有闻，未之能行，唯恐有①闻。

【校注】

①有——通"又"，与上文的"有"意义不同。

【直译】

子路听到一种道理，还没有能够去实行它，只怕又听到其他的道理了。

【新绎】

孔子的学生中子路最勇敢，他对于所学的道理也最勇于实践，即知即行。这跟其他学生之能言未必能行并不相同。所以编写《论语》的人特别把它标识出来。

本章应该也是记录孔子之语，文前省略了"子曰"或"子谓子路"一句。

15. 子贡问曰："孔文子①何以谓之'文'也？"子曰："敏而好学，不耻下问②，是以谓之为'文'也。"

【校注】

①孔文子——卫国大夫。名圉（音"雨"）。也称仲叔圉，"文"是谥号。

②下问——向不如自己的人请教。

【直译】

子贡问道："孔文子为什么谥号称他为'文'呢？"孔子说："他聪敏而且好学，不怕向不如他的人请教，因此称他为'文'。"

【新绎】

此章记孔子解释孔文子何以谥号为"文"的缘故。《逸周书·谥法解》说：取"文"为谥号的，歧义很多，"勤学好问"可以称之为"文"，"道德博厚"和"慈惠爱民"也都可以谥号为"文"。根据《左传·哀公十一年》的记载，孔文子有不当行为，所以子贡对他有所质疑。孔子则就孔文子的"敏而好学，不耻下问"来解释他谥号为"文"的原因，因为按谥法说"勤学好问曰文"，所以不成问题。至于勤学好问的人是不是也会犯错，那是另一个问题。

16.　子谓子产①："有君子之道四焉：其行己也恭，其事上也敬，其养民也惠，其使民也义②。"

【校注】

①子产——郑国大夫，郑穆公的孙子。名侨，字子产。也叫公孙侨。他与孔子同时而略早，在郑简公、郑定公时执政二十二年，是春秋时代郑国杰出的政治家。

②义——通"宜"，合宜。合理的行为，自然合乎道义。

【直译】

孔子谈到子产，说："有合乎君子之道的四种德行：他要求自己很谦恭，他侍奉君上很诚敬，他教养人民很慈爱，他差使人民很合理。"

【新绎】

郑国大夫子产是孔子尊敬的人。他在位执政时，不但使晋、楚等国不敢轻视郑国，而且重视教育，不毁乡校，所以他去世时孔子曾为之流泪。此章是按照孔子的意思赞美子产的四点君子之道，而不是直接记录孔子的谈话。子产的四种德行包括自我修养、事奉君上和养民、使民等方面，正是一个在上位的君子所应具备的条件。本章和《学而篇》第五章可以合读。

17.　子曰："晏平仲①善与人交，久而敬之②。"

【校注】

①晏平仲——齐国大夫。姓晏，名婴，字仲。"平"是谥号。夷维（今山

东省高密市）人。历仕灵、庄、景三公为卿相，与孔子同时，曾有交往。世传《晏子春秋》一书，虽然出于后人纂辑，但仍可观见他的生平事迹。

②久而敬之——日本林泰辅藏《论语集解》本作"久而人敬之"。

【直译】

孔子说："晏平仲善于和人交往，时间越久越会尊敬他。"

【新绎】

孔子称赞晏平仲很懂得交友之道，"久而敬之"就是具体的说明。这一句话可以分作两种解释：一是"之"指晏平仲自己，是说与晏平仲交往越久，朋友越会尊敬他。现今可见的《论语》古抄本，此句正作"久而人敬之"；另一种说法，"之"指交往的朋友，是说晏平仲对所交往的朋友时间越久越是尊敬。两种说法都讲得通，也都说明交友之道端在心存敬意。

18. 子曰："臧文仲①居蔡②，山节藻棁③，何如其知④也？"

【校注】

①臧文仲——鲁国大夫。臧孙氏，名辰，字仲。"文"是谥号。历仕鲁庄公、闵公、僖公、文公，当时有人说他是智者。

②居蔡——蔡，这里是指古代国君用来占卜的一种大龟甲。有人说，因该大龟产地在蔡，故称之为"蔡"。居，藏。这里是指藏有大龟甲的居处。

③山节藻棁——刻成山形的斗拱和画着藻纹的梁柱。节，通"楶"，即斗拱。棁，音"拙"，梁上的短柱。

④知——通"智"，聪明。

【直译】

孔子说:"臧文仲供藏大龟的大房子,有山形的斗拱、藻纹的梁柱,这哪里配得上他的智慧呢?"

【新绎】

古人认为乌龟是灵物,常用龟甲来占卜问吉凶,并认为龟越大越灵。"蔡",是大龟的名称。臧文仲是当时鲁国的大夫,迷信这种说法,因此把大龟供在大屋子里。而且这大屋子非常讲究,柱头有山形的斗拱,梁上有水藻的纹彩,这些都是天子祖庙才有的装饰。《礼记·明堂位》里说"山节,藻棁,复庙,重檐,……天子之庙饰也"可证。臧文仲这样迷信而又奢华越礼的行为竟然还有人称赞,所以孔子不客气地加以批评。

《左传·文公二年》记载孔子曾经批评臧文仲有"三不仁"和"三不知",其中"作虚器"一项,可与本章合看。

19. 子张问曰:"令尹子文①三仕为令尹,无喜色;三已②之,无愠色。旧令尹之政,必以告新令尹。何如?"子曰:"忠矣。"曰:"仁矣乎?"曰:"未知。焉得仁?"

"崔子弑齐君③。陈文子④有马十乘,弃而违之⑤。至于他邦,则曰:'犹吾大夫崔子也。'违之。之一邦,则又曰:'犹吾大夫崔子也。'违之。何如?"子曰:"清矣。"曰:"仁矣乎?"曰:"未知。焉得仁?"

【校注】

①令尹子文——令尹,楚国执政的长官,等于宰相。楚国令尹子文,姓

斗，名穀於菟，字子文。鲁庄公三十年（公元前六六四年）至鲁僖公二十三年（公元前六三七年）间，三次出任楚相，三次被免职。

②已——音"矣"，黜退、去职。

③崔子弑齐君——崔子，指齐国的大夫崔杼。齐君，指齐庄公。崔杼杀齐庄公的事，见《左传·襄公二十五年》。

④陈文子——齐国大夫。名须无。"文"是谥号。崔杼弑齐庄公时，曾离齐逃亡，后又回国为相。

⑤弃而违之——弃车马而离开了这个地方。

【直译】

子张问道："令尹子文数次担任令尹，都没有高兴的样子；数次丢官，也都没有怨恨的样子。以前当令尹时的政事，一定拿来告诉新上任的令尹。这种人怎么样？"孔子说："算忠心的了。"问："算不算仁者了呢？"答："还不知道。这哪里算得上仁者呢？"

子张又问："崔子弑杀了齐国国君。陈文子有马四十匹，舍弃不要了而离开齐国。到了别的国家，便说：'（这里的执政者）正像是我们的大夫崔子。'离开了它。到了另一个国家，便又说：'还是像我们的大夫崔子。'又离开了它。这种人怎么样？"孔子说："算清高的了。"问："算不算仁者了呢？"答："还不知道。这哪里算得上仁者呢？"

【新绎】

上文说过孔子不轻易以仁许人，此章是又一见证。楚国子文，姓斗，名穀於菟（音"垢乌徒"，楚语，乳虎之意），是斗伯的私生子，后来竟做了楚国执政的上卿。根据《左传》的记载，子文从鲁庄公三十年（公元前六六四年）开始做令尹，到鲁僖公二十三年（公元前六三七年）让位给子玉，共二十八年。楚成王非常尊重他，称为令尹子文而不名。子张说他"三仕""三已"，"三"未必正好是三次，所以译为数次。能够三仕而无喜色，三已而无愠色，而且公事公办，交代清楚，可以说是忠臣良相了。但孔子还是不许之为仁人。原因应该是子文之在楚，就像管仲之在齐，名位虽高，但仍然只是推行霸权，而非仁政。

陈文子是齐国大夫，崔杼弑齐庄公之后，子张说他就放弃权位离开齐国，乱邦不居，清高自持，非常难得。子张问这种人算不算仁人，孔子还是不赞成。这可能是因为陈文子只是趋吉避凶，有失正君讨贼之义的缘故。《左传》没有陈文子离开齐国的记载，反而写了他后来在齐国的许多事情，可见他后来还是回到了齐国。

20. 季文子①三思而后行。子闻之，曰："再，斯可矣。"

【校注】

①季文子——鲁国大夫。季孙氏，名行父。"文"是谥号。他历文、宣、成、襄四君，据说家无私积，可谓忠廉。死在鲁襄公五年，十七年后孔子才出生。

【直译】

季文子每件事都经过多次考虑然后才采取行动。孔子听到这件事，说："考虑两次，这样就够了。"

【新绎】

季文子为人非常谨慎，凡事深思熟虑。朱熹说："宣公篡立，文子乃不能讨，反为之使齐而纳赂焉。"可见季文子也缺乏正君讨贼的义气。因此孔子对于"季文子三思而后行"此一传闻，不以为然，认为考虑太多，是过犹不及。

21. 子曰:"甯武子①邦有道则知②,邦无道则愚。其知可及也,其愚不可及也。"

【校注】
　　①甯武子——卫国大夫。姓甯(音"佞"),名俞。"武"是谥号。曾仕卫文公、成公,辅政十余年。
　　②知——同"智"。下同。

【直译】
　　孔子说:"甯武子在国家上轨道时就聪明,在国家不上轨道时就愚笨。他的聪明别人可以赶得上,他的愚笨别人不能赶得上。"

【新绎】
　　甯武子是春秋卫成公时代的大夫。相传政治清明时他就表现才智,在政治昏暗时他就显得愚笨。他的愚笨是假装出来的,他为了避灾远祸所以装呆卖傻。这种愚笨是假愚笨,却是真聪明,多半出于天赋,所以孔子说别人学不来。

22. 子在陈①,曰:"归与②!归与!吾党之小子狂简③,斐然成章,不知所以裁④之。"

【校注】
　　①陈——春秋时国名,姓妫,舜的后裔。周武王封于陈,地当今河南东部、安徽北部。都城宛丘,即今河南省淮阳县。春秋末年为楚国所灭。孔子到陈国几次,分别是鲁定公元年、鲁哀公三年、六年间。
　　②与——同"欤",语气词。

③吾党之小子狂简——党，乡党、乡里。小子，青年，指弟子。狂，志向远大。简，个性爽朗。皇侃《论语义疏》本无"简"字。定州简本"简"作"间"，形近而误。

④裁——度量、修正。狂者进取，简者有所不为，孔子以为尚不得中道，须加裁正。

【直译】

孔子在陈国，说："归去吧！归去吧！我家乡的青年志向远大，个性爽快，文采斐然可观，我不知道要怎样去造就他们。"

【新绎】

孔子周游列国，原想行其道于天下，鲁哀公（公元前四九四至公元前四七七年）初年，孔子来到了陈国。陈国一向信巫鬼好淫祀，社会风气不好，因此孔子在感慨其道不行之余开始有了归鲁返乡之念，而且想到了要从事教育工作来培植故乡子弟。

23. 子曰："伯夷、叔齐①不念旧恶，怨是用希②。"

【校注】

①伯夷、叔齐——殷商时代孤竹国国君的两个儿子，父死，互相让位。周武王起兵讨伐商纣时，他们曾加劝阻。后来武王统一天下，他们不食周粟饿死在首阳山。事见《史记·伯夷列传》。

②怨是用希——怨，指上文"旧恶"。是用，是以、因此。希，同"稀"，少。

【直译】

孔子说:"伯夷、叔齐不记别人过去的缺点,怨恨因此很少。"

【新绎】

　　伯夷、叔齐是孤竹君的两个儿子。孤竹,在今河北省卢龙县南一带。这一对兄弟洁身自爱,不与恶人来往;父死,互相让国,不肯继位;坚持君臣之道,反对周武王起兵伐纣;武王统一天下之后,他们宁可不食周粟,饿死在首阳山。所以后人非常尊敬他们。

　　《述而篇》第十五章记孔子与子贡的对话,说孔子称许伯夷、叔齐是古之贤人,而且说他们:"求仁而得仁,又何怨?"可见孔子以为这一对兄弟是能行仁道的人。能行仁道的人,不但能忠,尽己之心,而且能恕,推己及人,己所不欲勿施于人。因而他们自己很少怨恨别人,别人也就很少怨恨他们了。

24.　子曰:"孰谓微生高①直?或乞醯②焉,乞诸其邻而与③之。"

【校注】

　　①微生高——姓微生,名高。鲁国人。以正直守信闻名。有人说就是《庄子·盗跖篇》《战国策·燕策》里和女子约会桥下水来不去抱柱而死的尾生高。
　　②醯——音"希",醋。
　　③与——同"予",给。

【直译】

　　孔子说:"谁说微生高正直?有人向他乞讨醋,他却向他的邻居乞讨来给这个人。"

【新绎】

　　正直的人，有就说有没有就说没有，是就说是非就说非，用不着拐弯抹角。有人向微生高乞讨醋，他没有就应该说没有，而不应向邻居讨来转赠，那是过度的热心，有邀誉讨好、掠人之美的嫌疑了。孔子批评他不正直，道理在此。

25.　子曰："巧言，令色，足恭①，左丘明②耻之，丘亦耻之。匿怨而友其人，左丘明耻之，丘亦耻之。"

【校注】

　　①足恭——过分的恭敬。足，不是足够而已，而是超过。钱穆说"足恭"是"从两足行动上悦人"。

　　②左丘明——鲁国的贤人。姓左丘，名明。相传他是《左传》《国语》二书的作者，不过，这种说法很多人表示异议。

【直译】

　　孔子说："动听的言论，伪善的面貌，过分的恭敬，左丘明瞧不起他，我孔丘也瞧不起他。隐藏着怨恨表面上却友善所怨恨的人，左丘明瞧不起他，我孔丘也瞧不起他。"

【新绎】

　　此章所说的左丘明和《国语》《左传》的作者是不是同一个人，历来颇有争议。从本章的文辞看，这个左丘明应该和孔子同时或稍前，所以孔子才会引以自喻。

　　"巧言""令色""足恭""匿怨而友其人"，分别从言辞、表情、态度和交友等四方面来说明一个人的虚伪真的令人厌恶。左丘明厌恶这种人的行为,也正表明了左丘明的贤明。

26. 颜渊、季路①侍。子曰:"盍②各言尔志?"

　　子路曰:"愿车马衣(轻)裘③与朋友共,敝之而无憾。"

　　颜渊曰:"愿无伐善,无施劳。④"

　　子路曰:"愿闻子之志。"

　　子曰:"老者安之,朋友信之,少者怀之。"

【校注】

　　①季路——就是子路。季是兄弟排行小辈的称号。

　　②盍——音"禾",何不。

　　③衣轻裘——据阮元《论语注疏校勘记》云:唐石经及早期注疏本皆无"轻"字,可从。"车马衣裘"是古书上常见的成语,"衣轻裘"则"衣"当动词用,"穿"的意思。否则"衣"与"轻裘"并列,意思还是"衣裘"。

　　④愿无伐善二句——伐善,夸大自己的才能。施劳,宣扬自己的功劳。一说把劳苦的事推给别人。

【直译】

　　颜渊、季路侍候在旁。孔子说:"何不各自说说你们的志向?"

　　子路说:"希望车马衣裘和朋友共享,用坏了它们也没有憾恨。"

　　颜渊说:"希望不夸张自己的好处,也不称扬自己的功劳。"

　　子路说:"希望听听先生的志愿。"

　　孔子说:"老年人安定他,朋友相信他,少年人慈爱他。"

【新绎】

从此章可以看到孔子师生之间平时谈学论道的情况，同时从中可以体会到圣贤的不同气象。

他们所谈的志愿都是行善利他而非自私的仁者情怀，但相比之下却有性质的不同和高下之分。子路说的是具体的生活事物，也是人道最基本的入门功夫，"衣裘"有的版本作"衣轻裘"，意思一样，不过是说衣服和轻裘，加重语气而已。颜渊说的是以仁道为依归的内省功夫。有人把"无施劳"解释为"不要把劳烦的事推到别人身上"，也很好，这和"无伐善"一样，都合乎推己及人的恕道。不过，他们所说的，和孔子的"老者安之"等三句希望使老者得到安养、朋友得到信任、少者得到关怀比较起来，真的有大小高下之别。子路所说只限于朋友之间，颜渊所说过于宽泛，都不如孔子所说博大而又具体。

27. 子曰："已矣乎[①]！吾未见能见其过而内自讼[②]者也。"

【校注】

①已矣乎——已，止、算。矣乎，表示感叹，加强语气的连用语助词。
②内自讼——在内心责备自己。

【直译】

孔子说："算了吧！我没有见过能够看到自己错误而在内心里责备自己的人。"

【新绎】

孔子感叹没有见过真正能自责的人，借此来激励弟子自省自讼。人通常自我感觉良好，即使偶尔发现自己有了过失，也会曲加解释原谅自己,而不会真正在心里责备自己,因此有了过失也不会改。这是人性的弱点。孔子这样说,一定有其特定的对象,只是已无从查考了。

28. 子曰:"十室之邑,必有忠信如丘者焉,不如丘之好学也。"

【直译】

孔子说:"就是在十户人家的小地方,也一定有忠实诚信像我孔丘一样的人,只是不像我孔丘这样好学吧。"

【新绎】

此章所记也是孔子勉励弟子的话,说明好学的重要。孔子认为任何地方即使小如十室之邑也必然有天性忠厚的人,但光是天性忠厚,不好好进德修业力求上进,毕竟不能成就完美的人生。据马国翰所辑的《论语古注》,有人主张"焉"字属下读,那么"必有忠信如丘者,焉不如丘之好学也"这两句,就要解释为"必有忠信如我者也,安不如我之好学也",比较言之,仍以前说为是。

《公冶长篇》,据朱熹说:"皆论古今人物贤否得失。"后面的这几章,或可视为孔子的夫子自道。

【六】 雍也篇

　　本篇依何晏《论语集解》共三十章，前半承接上篇，评论同时贤人及门下弟子，重在学识才艺和品德修养。后半泛论人生之道。
　　皇侃《论语义疏》说《古文论语》以此为全书的第三篇。《古文论语》西汉初年出孔府壁中，已佚。朱熹《论语集注》则把第一、第二两章合为一章，第四、第五两章合为一章，故题为二十八章。

1.　子曰："雍①也，可使南面②。"

【校注】

　　①雍——就是冉雍。已见前。
　　②南面——面向南方。古代的君主或卿大夫以上的尊长，听政的座位都面向南方。

【直译】

　　孔子说："冉雍这个人啊，可以叫他坐向南的位子。"

【新绎】

　　雍，就是冉雍，也就是仲弓。此章记述孔子以为冉雍为人宽宏疏略，有人君之度，让他居卿大夫以上的职位不成问题。

2.　仲弓问子桑伯子①。子曰："可也，简②。"

仲弓曰："居敬而行简，以临其民，不亦可乎？居简而行简，无乃大③简乎？"子曰："雍之言然④。"

【校注】

①子桑伯子——生平不详。有人以为是《庄子·大宗师篇》里的子桑户，或《山木篇》中的子桑雽；又有人因为秦穆公时公孙枝名子桑，就认定子桑伯子为秦国的大夫。这些说法都未必可靠。

②可也，简——邢昺《论语注疏》解作："孔子为仲弓述子桑伯子之德行也。"是说子桑伯子的为人直爽。有人认为"可"是子桑伯子的字，三字可以连读。

③大——同"太"。

④然——是、对。

【直译】

仲弓问子桑伯子这个人。孔子说："可以啦，他为人不啰唆。"

仲弓说："居心敬谨而做事爽快，来对待他的百姓，不是也可以吗？居心简慢而做事简单，不是就太随便了吗？"孔子说："雍的话是对的。"

【新绎】

此章据何晏的《论语集解》、皇侃的《论语义疏》，与上章各自独立，朱熹的《论语集注》则与上章合为一章，应该是因为两章都谈到冉雍的缘故。

简，就是简易、疏略。往好处说，就是爽快；往坏处说，就是随便。古人说：居上不宽，则不足观。意即在上位的人必须宽宏大量，不可斤斤计较过于烦琐，否则烹鱼烦则碎，治民烦则散，反而败事了。

孔子说子桑伯子这个人："可也，简。"冉雍进一步去解释"简"，说"简"是指行为，如果居心敬谨，那么自有法度可循，表现在行为上那就是爽快宽大，以此来面对人民，人民没有受到烦扰，自然接受教化。如果居心轻慢，已无法度可言，那么行为必然怠惰散漫，甚至放诞无礼，以此来治理政事，人民无法承受，必至纲纪废弛。冉雍阐释得好，所以孔子称赞他。这也就是教学相长的例证。

3. 哀公①问："弟子孰为好学？"孔子对曰："有颜回者好学，不迁怒，不贰过。不幸短命死矣。今也则亡②，未闻好学者也。"

【校注】

①哀公——指鲁哀公。已见前。
②亡——同"无"。俞樾以为此字是衍文，可以省略。

【直译】

鲁哀公问："你的学生谁最为好学？"孔子答道："有个叫颜回的人是好学的，他不迁怒别人，不重犯过错。可惜不幸短命死了。现在没有这样的人了，没有再听到有好学的啦。"

【新绎】

此章孔子称许颜回为"好学"，可以看出孔子所说的"学"不仅是指知识见闻，而且还特别重视道德实践。不迁怒他人，不重犯过失，这些都是难得的克己功夫。

至于孔子哀叹颜回短命而死，究竟死于何时，则有不同说法。

如依《史记·仲尼弟子列传》的说法，颜回比孔子小三十岁，则其生年为鲁昭公二十一年（公元前五二一年），卒年为鲁哀公十四年（公元前四八一年），死时年四十一；如依《孔子家语》等书说法，则颜回死时仅三十岁左右。采用前说者较多，但既说"短命"，则后说亦不可废。

4. 子华①使于齐，冉子②为其母请粟。子曰："与之釜。"请益。曰："与之庾。"冉子与之粟五秉③。

子曰："赤之适④齐也，乘肥马，衣⑤轻裘。吾闻之也：君子周急，不继富。"

【校注】

①子华——就是公西赤。已见前。

②冉子——就是冉有。已见前。有人根据此称"冉子"，推测本章乃冉有门人所记。

③秉——与上文的"釜""庾"，都是古代计算粮食容量的名称。一釜，六斗四升。一庾，二斗四升。一秉，十六斛；一斛，十斗。五秉，就是八百斗。

④适——往、到。

⑤衣——穿。

【直译】

子华出使到齐国去，冉子替他母亲请求配给米。孔子说："给他六斗四升。"

请求增加一些。孔子说："再给他二斗四升。"冉子却给他小米八百斗。

孔子说:"赤到齐国去的时候,坐着肥马拉的车子,穿着轻暖的皮袍。我听过这样的话:君子只周济别人的急难,却不增加别人的财富。"

【新绎】

子华,就是公西赤。此章说他"使于齐",应该是指孔子做鲁国司寇时代行相国之事,派他出使到齐国去。

公西赤既然是出公差,他原本就有俸禄,他的母亲应该没有衣食之虞,即使贫穷需要多些补助,也不宜给太多。因此冉有为公西赤母亲申请那么多的小米配给时,孔子就告诉他"周急不继富"的道理。在别人急难时周济他是对的,但给人额外好处增加别人财富就不对了。也因此,孔子起先只多给一釜一庾。

5. 原思为之宰①,与之粟九百②。辞。子曰:"毋!③以与尔邻里乡党乎!"

【校注】

①原思为之宰——原思,孔子的学生。姓原,名宪,字子思。鲁国人,一说宋国人。比孔子小三十六岁。孔子当鲁司寇时,以原宪为家邑宰。孔子死后,他隐居在卫国穷巷之中。

②九百——何晏引孔安国注,以为是九百斗。斗是当时量斗的计算单位。

③毋——上文说原思"辞",所以这里是"不必辞"的意思。

【直译】

原思当孔子家的总管,孔子给了他小米九百(斗)。原思辞谢。孔子说:"不要推辞!有多余就分送给你的邻里乡党吧!"

【新绎】

此章与上章皆谈给粟之事，何晏《论语集解》本分为两章，而朱熹则合为一章。孔子给原思"粟九百"，究竟是九百斗或九百斛不得而知，但核对上章，似以九百斗为是。原思的辞让，说明孔子待人不刻薄，但也不是要"继富"他人。孔子还说如果有多余的话，可以在邻里乡党有急难时周济他们。

古代五家为邻，二十五家为里，五百家为党，一万二千五百家为乡。因为邻里乡党之间有互相周济之义，要相互照顾，所以孔子对原思所说的话也是合乎情理的。

6. 子谓仲弓曰："犁牛之子骍且角①，虽欲勿用，山川其舍诸②？"

【校注】

①犁牛之子句——耕牛却生出纯赤色而且头角端正的牲牛。犁牛，毛色驳杂的耕牛。骍，音"星"，纯赤色。周人尚赤，祭祀用的牲口也用纯赤色的牛。

②舍诸——诸，"之乎""之于"二字的合音。指犁牛之子。

【直译】

孔子谈到仲弓，说："毛色黄黑的耕牛所生的小犊却毛色纯赤而且头角端正，虽然不想用来作牺牲祭品，但是山川的神灵会舍弃它吗？"

【新绎】

孔子认为仲弓贤于其父，堪为大用。古人重视血统，而且往往认为一代不如一代，仲弓之贤于其父，犹如舜之贤于其父瞽叟、禹之贤于其父鲧，都是个异数。所以孔子特别标出。孔子在这里用毛色黄黑相间的耕牛来比喻仲弓的父亲，而用毛色纯赤、头角端正的祭牛来比喻仲弓，是因为周代尚赤，祭天、祭祖、祭山川时，所用的牺牲祭牛都用赤色的牛，而不用耕牛。本篇第一章说冉雍（即仲弓）"可使南面"，可与此章合看。

7. 子曰："回也，其心三月不违仁，其余则日月至焉而已矣。"

【直译】

孔子说："颜回这个人呀，他的内心长久地不违背仁道，其他的学生就只能一天或一个月达到这种境界而已。"

【新绎】

此章记述孔子赞美颜回能够长久不懈地实践仁道，借以勉励其他学生。"三月"言其久，不必呆看文字，以为恰恰只是三个月。不过，由此亦可见行仁的困难。

8. 季康子①问："仲由可使从政也与②？"子曰："由也果，于从政乎何有③？"

曰："赐也可使从政也与？"曰："赐也达，于从政乎何有？"

曰："求也可使从政也与？"曰："求也艺，于从政乎何有？"

【校注】

①季康子——已见前。
②也与——表示推测的连用句末助词。与，同"欤"。下同。
③何有——何难之有。下同。

【直译】

季康子问："仲由可以让他从政了吗？"孔子说："由这个人果断，对从政来说何难之有？"

又问："赐这个人可以让他从政了吗？"孔子说："赐这个人通达，对从政来说何难之有？"

又问："求这个人可以让他从政了吗？"孔子说："求这个人多才多艺，对于从政来说何难之有？"

【新绎】

此章记载孔子和季康子的问答，说明三位学生各自具有的长处。季康子是鲁国正卿，他向孔子打听子路、子贡和有子三人，应是有意提拔他们从政，而孔子的回答也确实指出他们分别具有果断勇敢、通达事理、多才多艺的优点，都各有所长，也都适合从政做官。

从《先进篇》看，子路、有子长于军赋、政事，都做过季氏的家臣，而子贡长于言语做过外交官，可以说后来果然都从了政。

9. 季氏使闵子骞①为费②宰。闵子骞曰："善为我辞焉。如有复我③者，则吾必在汶上④矣。"

【校注】

①闵子骞——孔子的学生。姓闵，名损，字子骞。鲁国人。比孔子小十五岁。以德行著称。

②费——古音"必"，故城在今山东省费县西北，当时是季氏的私邑。费宰，就是费邑的行政主管。

③复我——再来找我。

④汶上——汶，音"问"，水名。汶上，就是汶水之北，当时借指齐国之地。

【直译】

季氏叫人请闵子骞做费邑的总管。闵子骞说："好好地替我推辞吧。如果有人再来找我的话，那么我一定逃到汶水北岸（的齐国）去了。"

【新绎】

此章记述孔子学生闵子骞的贤明。因为季氏当时在鲁国执政，僭越礼法，目无鲁君，为他做邑宰无异于助桀为虐，所以闵子骞不肯答应。根据《史记·仲尼弟子列传》说，闵子骞"不仕大夫，不食污君之禄"，或许就是指此而言。在孔子的学生中他和颜回一样都以德行见称，不肯随便出仕。

10. 伯牛①有疾，子问之，自牖②执其手，曰："亡③之，命矣夫④！斯人也而有斯疾也！斯人也而有斯疾也！"

【校注】

①伯牛——孔子的学生。姓冉，名耕，字伯牛。鲁国人。比孔子小七岁。

以德行著称。

②牖——音"友",窗户。

③亡——通"无",表示没有这个道理。定州简本作"末","末"古通"蔑""无",或可解作"没办法了"。

④命矣夫——命运如此。矣夫,表示感叹又有揣测语气的连用助词。

【直译】

伯牛有病,孔子去慰问他,从窗口握着他的手,说:"没这个道理,是命中注定的吧!这样的人却有这样的病啊!这样的人却有这样的病啊!"

【新绎】

《淮南子·精神训》说:"子夏失明,冉伯牛为厉。"厉,借用为"癞"。癞是严重的皮肤病,像麻风之类。《先进篇》说孔子学生以德行见称的有颜渊、闵子骞、冉伯牛和仲弓四人。可见冉伯牛是个行仁修德之人,这样的人会患癞疾,孔子深为他痛惜,以为一定是由于天命,而非出于他个人的行为不检。

伯牛家人不让孔子进房探病,应该是怕恶疾会传染。而孔子仍然隔窗执其手,是表示他对学生的疼惜之情。

从行文语气看,冉伯牛当时应已病危,所以有人以为"亡之"的"亡"指丧亡而言。这样讲也讲得通,但似不如作"无"字解好。

11.　子曰:"贤哉回也!一箪①食,一瓢②饮,在陋巷,人不堪其忧,回也不改其乐。贤哉回也!"

【校注】

①箪——音"单",古代盛饭用的竹筒。

②瓢——把葫芦(瓠瓜)剖成两半用来舀水的器具。

【直译】

孔子说:"颜回真是贤明!一竹筒饭,一瓜瓢水,住在窄小的巷子里,别人不能忍受这种忧苦,颜回却不改变他生活的快乐。颜回真是贤明!"

【新绎】

此章记述孔子赞美颜回能够安贫乐道。"一箪食,一瓢饮"指的是饮食,"在陋巷"指的是居处,借此来说明颜回生活的贫穷。别人处此环境恐怕就以此为耻而无心向道了,可是颜回却专心进德修业,不改其乐,所以孔子称他为贤。"一箪食,一瓢饮"二句有人以为应该解释为:用一个竹筒来盛饭吃,用一个瓜瓢子来喝水。因为饭即使不能多吃,但水多喝几杯是不该有问题的。这样讲解也很有参考的价值。

12. 冉求曰:"非不说①子之道,力不足也。"子曰:"力不足者,中道而废②。今女画③。"

【校注】

①说——通"悦",喜欢的意思。

②中道而废——中途就停止下来。这里有"顶多半途倒下"的意思。中道,中途。废,停止、倒下。

③画——同"划",画地自限。

【直译】

冉求说:"不是不喜欢老师的道理,只是能力不够呀。"孔子说:"能力不够的人,也要走到中途才停止下来。现在你竟然画地自限。"

【新绎】

此章表面上看是孔子责备冉求画地自限不肯上进,事实上是孔子劝勉学生求学不可半途而废。所谓"力不足者"不是由于懒惰就是由于畏惧,都是畏难怕苦的借口,《里仁篇》第六章说过:"有能一日用其力于仁矣乎?我未见力不足者。"可以与本章所说的道理互相印证。

13. 子谓子夏曰:"女为君子儒,无为小人儒。"

【直译】

孔子对子夏说:"你要做君子一类的儒者,不要做小人一类的儒者。"

【新绎】

儒,原指有道术的士。道术,兼指学识与技能而言。士,介乎卿大夫与平民之间。在孔子的时代,士要接受文武合一的教育,然后为国家做事,以六艺来教导人民。孔子的教育理想,是希望他所教导的弟子不但要博求才艺学识,而且要修养品德。如此则上可为君子,下亦不至于为小人。君子和小人的不同,不仅在于阶级的高低,同时也在于道德的有无。如果居上位而无品德,则与小人无异。

孔子所教的学生泛称为儒，所学各有所长，子夏以文学著称，在文献学问方面成就很高，因此孔子希望他在道德实践方面多下功夫，如此才能成为一位品学兼优的君子。

14. 子游①为武城②宰。子曰："女得人焉尔乎③？"曰："有澹台灭明④者，行不由径⑤；非公事，未尝至于偃之室也。"

【校注】

①子游——就是孔子的学生言偃。已见前。

②武城——鲁国城邑名，在今山东省费县西南。

③女得人焉尔乎——女，同"汝"，你。焉，指示代词，指武城。尔乎，同"矣乎"，表示疑问的连用语助词。

④澹台灭明——孔子的学生。姓澹台，名灭明，字子羽。鲁国人。比孔子小三十九岁。从本章的语气看来，当时尚未向孔子受业。

⑤行不由径——走路不抄小径。表示为人行事正大光明，不会投机取巧。

【直译】

子游做武城的总管。孔子说："你在这里发现了人才了吗？"子游说："有一个叫澹台灭明的人，走路不抄小径；要不是为了公事，从来不到偃的房里来。"

【新绎】

偃，即子游。已见《为政篇》。

从此章可以看出孔子对发掘人才的重视，也可以从子游的观察里看到澹台灭明的为人。"行不由径"，走路不抄小径，是说走正道，不躁进。"非公事，未尝至于偃之室"，是说有节操，不徇私。

能够这样，当然是可造之材了。所以后来孔子也收他为弟子。

15.　子曰："孟之反①不伐②。奔而殿，将入门，策其马，曰：'非敢后也，马不进也。'"

【校注】

①孟之反——鲁国的大夫。一作孟之侧。有一次鲁国与齐国发生战事，鲁国兵败奔逃，孟之侧殿后抵抗敌人，却说是马不肯前进。事见《左传·哀公十一年》。

②不伐——不夸耀。

【直译】

孔子说："孟之反不夸耀自己的长处。打败仗逃亡他殿后，将要逃进城门的时候，他鞭策着所骑的马，说：'不是我敢在后面抵抗敌人，是马不肯前进。'"

【新绎】

此章孔子称赞孟之反一向不自夸、不居功的美德。孟之反战败时策马殿后的事，见《左传·哀公十一年》。不自夸居功，就不会引起别人的反感因而产生竞争或嫉恨。

16.　子曰："不有祝鲍①之佞，而有宋朝②之美，难乎免于今之世矣。"

【校注】

①祝鲍——卫国大夫。字子鱼。《左传·定公四年》曾记载他灵巧的外交辞令。鲍，音"驼"。

②宋朝——宋国公子，名朝。《左传》昭公二十年和定公十四年，都曾记载他因美貌而惹出乱子的事。

【直译】

孔子说："如果没有祝鲍的口才，却有宋朝的美貌，在今天的社会里恐怕难以避免祸害。"

【新绎】

这是孔子反对巧言令色的另一个例证。祝鲍的"祝"，是说明鲍的职位。祝，是管宗庙的官，这种人在古代通常口才很好才能佞近于人。佞，有巧言令色讨好人之意。定州简本"佞"作"仁"，应是形近而讹。《左传·定公四年》曾有祝鲍因善于外交辞令而得宠于卫君的记载。宋公子朝是美男子，《左传》昭公二十年、定公十四年曾记载他先后和卫襄公夫人宣姜、灵公夫人南子私通的故事。孔子慨叹当时的社会风气不好，必须口才美貌兼而有之才会受到欢迎。如果仅有美貌而无口才，那就容易受到诱惑，而终无以避灾远祸。至于没有美貌又没有辩才的人，那下场就更不用说了。

有人把"不有""而有"解释为"不但有""而且有"，说孔子感叹当时卫国不仅有"祝鲍之佞"，而且有"宋朝之美"，这两人都足以败坏社会风气。这种新解尚有待商榷。

17. 子曰："谁能出不由户？何莫①由斯道也？"

【校注】

①何莫——何不、为何无人。

【直译】

孔子说："谁能够出入不经过门户？为什么不肯经由这条大道呢？"

【新绎】

古代单扇的门叫户。房门通常是单扇的，厅堂大道的门才双扇。这里的"户"，泛指门户。进出房子，都必须经过门户，有一定遵循的道路。孔子说这些话，是拿门户道路比喻他所讲的人生大道。

大家必须遵守正道，"行不由径"，不躁进，才是正道。

18. 子曰："质胜文则野，文胜质则史。文质彬彬①，然后君子。"

【校注】

①文质彬彬——文（形式）质（内容）并重兼备而有光彩的样子。

【直译】

孔子说："朴实超过文采就会显得粗野，文采超过朴实就会显得浮夸。文采与朴实兼备配合得当，然后才算是君子。"

【新绎】

此章孔子教人做君子必须文质并重。文指外饰，如礼仪等等；

质指内在，如仁义等等。文质并重，内外双修，品行才能彬彬称盛。否则，光是重视外饰文采，就会显得诚意不足，像史、祝一样往往虚有其表；光是重视内在修养，就会显得质木无文，像村夫一样往往粗鄙无礼。二者都过犹不及，各有所偏。文质必须兼备，然后可称君子。

19. 子曰："人之生也，直；罔之生也，幸而免。"

【直译】

孔子说："人的存在，是由于正直；不正直的人的存在，是由于侥幸才免于祸害。"

【新绎】

此章孔子教人正直无邪，生命才有价值。一个人直道而行，即使会得罪他人，终究会赢得别人的尊敬；否则，诬罔邪曲，不依正道，迟早会自己招祸取辱。古人说"多行不义必自毙"，就是这个道理。一说"罔"通"无"，指没有上述正直的德性，也讲得通。

20. 子曰："知之者，不如好之者；好之者，不如乐之者。"

【直译】

孔子说："知道它的人，不如喜爱它的人；喜爱它的人，不如陶醉它的人。"

【新绎】

　　此章的"之"固然都是名词,但它代表什么则不得而知,应该泛指一切事物道理。孔子说"知之""好之""乐之"是不同的层级,由浅而深后来居上,是一种高明审美的观察与分析。例如就好听的音乐而言,知道它的人真的不如喜爱它的人,而喜爱它的人在程度上也真的不如陶醉其中的人。

21. 子曰:"中人以上,可以语上也;中人以下,不可以语上也。"

【直译】

　　孔子说:"中等资质以上的人,才可以告诉他高深的道理;中等资质以下的人,不可以告诉他高深的道理。"

【新绎】

　　孔子用三分法把人的资质分为上、中、下三等。上为智者,下为愚夫,中是居大多数的一般人。中等以上的人可以告诉他们高深的道理,而通过教育、引导也还可以让中等的人进入上等。但对于下等的人,就无法教他们高深的道理了。《阳货篇》所说的"唯上知与下愚不移",也就是这个道理。以上是就资质的教学来说的,可见孔子在教学上很重视因材施教。

22. 樊迟问知[①]。子曰:"务民之义[②],敬鬼神而远之,可谓知矣。"

问仁。曰:"仁者先难而后获,可谓仁矣。"

【校注】

①樊迟问知——樊迟,孔子的学生。已见前。知,通"智"。

②务民之义——专心致力于人伦的道理。民之义就是人之义。《礼记·礼运篇》有云:"何谓人义?父慈、子孝、兄良、弟悌、夫义、妇聪、长惠、幼顺、君仁、臣忠。十者谓之人义。"

【直译】

樊迟请教怎样才叫有智慧。孔子说:"专心致力于人民认为合理的事情,尊敬鬼神却远离它们,就可以说是有智慧了。"

又请教怎样才是有仁德。孔子说:"有仁德的人先去做别人认为艰难的事情却最后享受成功的乐趣,就可以说是有仁德了。"

【新绎】

此章孔子阐释智慧与仁德的含义,都是从为政者的角度去说的。有智慧的从政者讲求伦理,顺从民意,但必须合理,不会迷信鬼神。有仁德的君子懂得克己,先天下之忧而忧,后天下之乐而乐。

23. 子曰:"知者乐①水,仁者乐山。知者动,仁者静。知者乐②,仁者寿。"

【校注】

①乐——音"耀",作动词用,爱好、欣赏。下句同。

②乐——音"勒",快乐。

【直译】

孔子说:"智者欣赏水,仁者欣赏山。智者爱动,仁者安静。智者快乐,仁者长寿。"

【新绎】

此章承上章之后比较"知者"和"仁者"的不同。有智慧的人识见通达,心思灵活,形象如水,左右逢源,故常快乐;有仁德的人安于义理,坚定不移,形象如山,性情沉静,故常长寿。孔子分别从形象、动作、效用三方面比较智者仁者的不同,再次展现了他客观分析和审美的能力。

24. 子曰:"齐一变,至于鲁①;鲁一变,至于道②。"

【校注】

①齐一变二句——齐,周武王灭殷之后所封的诸侯国,姜姓。始封吕尚,都丰丘(后称临淄,今山东省淄博市)。春秋初期,齐桓公用管仲为相,称霸诸侯。后君权为田氏所夺,公室逐渐衰微。鲁昭公二十六年(公元前五一六年),孔子至齐,闻《韶》而三月不知肉味。齐景公亦尝问政于孔子。故孔子有是言。

②鲁一变二句——周武王封周公于鲁,因周公辅成王,故由长子伯禽代封,建都曲阜。周公制礼作乐,鲁国亦以礼义之邦著称于世。晋国韩宣子至鲁国,曾赞叹曰:"周礼尽在鲁矣。吾乃今知周公之德,与周之所以王也。"吴公子季礼亦曾至鲁观乐。

【直译】

孔子说:"齐国一改革,可以赶上鲁国;鲁国一改革,可以合于大道。"

【新绎】

　　齐、鲁是周初所封的诸侯国，都在今山东省，齐在北、鲁在南。齐为姜姓国太公之后，从齐桓公称霸诸侯以后政治风气渐趋于功利，推行的是霸政；鲁为姬姓国周公之后，虽然兵力较弱，但仍保有周公崇礼尚义的余风。所以孔子认为要改革政教，鲁国比齐国更容易到达仁政王道的境地。进言之，齐一变，可由霸道而臻于王道；鲁一变，可由王道而臻于大道。大道者，天下为公也。

25.　子曰："觚不觚①，觚哉？觚哉？"

【校注】

　　①觚不觚——觚，音"沽"，古代一种上圆下方、腹部足部有棱角的酒器。觚不觚，是说孔子所看到的觚没有棱角，不像个觚。

【直译】

　　孔子说："觚不像个觚，还算是觚吗？还算是觚吗？"

【新绎】

　　觚是古代一种喝酒的礼器。容量一升的叫爵，容量二、三升的叫觚。它音同孤，原寓有劝人少饮之意。它的形状上圆而下方，有四个棱角，便于立足。孔子说这段话的本意应有所指，今已无从得知。后人或从觚的声音同孤，或从形状少棱角去推测，认为孔子可能是慨叹当时的人饮酒无节或不守古制。

26. 宰我问曰:"仁者,虽告之曰'井有仁①焉',其从之也?"

子曰:"何为其然也?君子可逝也,不可陷也;可欺也,不可罔也。②"

【校注】

①井有仁——井中有仁人。仁,通"人"。一说仁指仁道,假设之辞。

②君子可逝也四句——是说君子虽有仁心,却不会轻易受骗。逝,往、过去看。陷,溺、跳入井中。欺,骗。罔,蒙瞒。逝,定州简本作"选",择取之意。也有人解"逝""陷"二句为可以叫仁者去死,却不可以陷害他。

【直译】

宰我问道:"一个有仁德的人,虽然告诉他说'井里有个仁人',他会跟着下去吗?"

孔子说:"为什么要那样做呢?一个君子他可以过去看,不可以跳下去;可以合理地欺骗他,不可以用不合情理的事蒙蔽他。"

【新绎】

此章孔子阐明仁者虽有爱心却非愚人的道理。仁者自然有爱心,不会见死不救,但是仁者自有智慧,有判断力,不容易被欺瞒。你骗他井中有人待救,他当然会跑过去救人,但他不会不探虚实就盲目地跳入井中救。否则不但不智,而且不仁了。《孟子·万章篇上》说:"君子可欺以其方,难罔以非其道。"即是此意。

27. 子曰:"君子博学于文,约之以礼,亦可以弗畔矣夫①!"

【校注】

①弗畔矣夫——弗畔，不违背。畔，通"叛"，违反礼义的意思。矣夫，表示感叹兼有推测意味的句末助词。

【直译】

孔子说："君子广泛地追求学问，并且用礼节来约束自己，也就可以不违背大道了！"

【新绎】

此章孔子教人要知行并重，品学兼修，才不致离经叛道。博学于文，指广博研读文化典籍，重在知识的追求；约之以礼，指用礼节来规范行为，重在道德的实践。二者得兼，然后为君子。

28. 子见南子①，子路不说②。夫子矢之③曰："予所否者④，天厌之！天厌之！"

【校注】

①南子——卫灵公夫人，掌握卫国的政权，却行为不检点，名声不好。关于"子见南子"这件事，《史记·孔子世家》里有生动的描述。
②说——同"悦"，高兴。
③矢之——为此发誓。矢，古"誓"字。
④予所否者——古代誓词的用语，有假设的口气，意思是"假使我不……的话"。

【直译】

孔子见了南子，子路不高兴。我们老师为此发誓说："假使我有不对的地方,上天厌弃它!上天厌弃它!"

【新绎】

　　孔子在卫灵公三十九年(公元前四九六年)由蒲城回到卫国时卫灵公夫人南子派人通知孔子想见他。孔子基于礼貌,不得已去与她见面。子路为人正直,认为南子淫名在外,孔子不该去见她,所以不高兴。也因此,孔子在子路面前发誓。也有人以为孔子去见南子是想借此机会游说卫灵公采行自己的政治理想。不过即使如此,子路也一样会不高兴。

　　"夫子矢之"的"矢",有人以为不必解作"发誓",释为"直陈"即可。"所否者",指不合乎礼的行为。而所谓"天厌之"者,是说上天厌弃孔子,才会让他不得已去见南子。这种解释似可商榷。

29.　子曰:"中庸之为德也,其至矣乎①!民鲜②久矣。"

【校注】

①至矣乎——至,至善。矣乎,表示赞叹的连用语助词。
②鲜——少。

【直译】

　　孔子说:"作为一种道德,中庸应该是最高的了!人们缺少它已经很久了。"

【新绎】

　　中庸是中正恒常的道理。中即正,不偏私;庸即常,不变易。

是一种看似平常却最难达到的境界。孔子所以发此忧世之言，一定是看到当时之人缺乏平常心，喜欢新奇以邀时誉，因此为人处事常常过犹不及。《中庸》引述此章作："子曰：'中庸，其至矣乎！民鲜能久矣。'"多一"能"字，说明实践的重要，似乎更好。

30. 子贡曰："如有博施于民而能济众，何如？可谓仁乎？"

子曰："何事于仁①！必也圣乎！尧舜其犹病诸②！夫仁者，己欲立而立人，己欲达而达人。能近取譬③，可谓仁之方也已④。"

【校注】

①何事于仁——何止是仁人，岂只合乎仁道。表示极为难得。

②其犹病诸——尚且担心做不到它。病，担心。诸，"之乎"二字的合音。

③能近取譬——能从自己身边找到例子来做比喻。

④仁之方也已——仁道的实践方法。也已，表示肯定的连用语助词。

【直译】

子贡说："假使有人广泛地施恩给人民而且能够救助大众，这种人怎么样？可以说是仁人了吗？"

孔子说："何止是仁人！简直是圣人啦！尧、舜他们恐怕都还做不到这种地步呢！一个仁人，自己想要树立同时也要树立别人，自己想要完成同时也要成就别人。能从近身来做例子取得譬喻推想到别人，就可以说是仁道的实践方法了。"

【新绎】

从此章孔子回答子贡的话中可以看出两件事：一是行仁的方法，重点在于"己欲立而立人，己欲达而达人"，这也是忠恕之道的另一番正面的说明，而且孔子还强调方法是"能近取譬"，不必求之过深，好高骛远，一切可自身边日常生活中求得。另外一件事是孔子以为"圣"在"仁"之上，"博施于民而能济众"，那已是仁者的极致，到达真正"兼济天下"的圣人境界了。

【七】 述而篇

本篇共三十八章，记叙孔子生平言行事迹。唐代陆德明《经典释文》说旧本三十九章，不知何据。朱熹把第九、第十两章合为一章，故为三十七章。

1. 子曰："述而不作①，信而好古，窃比于我老彭②。"

【校注】

①述而不作——只是传述前人旧说，自己却不新变创作。

②窃比于我老彭——一作"窃比我于老彭"。老彭，人名。有人（郑玄、王弼）说是老聃和彭祖两人，有人（包咸、朱熹）说是殷商时代的贤大夫彭咸。清代王夫之、宋翔凤、梁章钜等学者则多以为老彭系指老聃一人。盖"老聃亦曰太史儋。聃、儋、彭音盖相近""后人传闻，随以字加之，则老彭即问礼之老子矣"。又因为孔子曾问礼于老子，"有亲炙之义"，故称"我老彭"。其他还有不同的说法涉及神怪之说，不赘引。"我老彭"是亲切的称呼，见下文。

【直译】

孔子说："传述却不创作，相信而且喜爱古人，这些地方我私下自比于我家的老彭。"

【新绎】

　　此章所记是孔子对自己教学的谦辞。他所教的只是传述古圣的经典，而非出于自己的创作。述，只是传旧；作，才是创始。孔子删诗书，定礼乐，赞周易，修春秋，都是在前人既有的基础上做校订整理的工作，而不是他自己凭空创造出来的。他学的是古代的文化常识，包括一切文物制度，他相信它们值得阐扬，所以学不厌、教不倦。"窃比于我老彭"虽是自谦之辞，但称"老彭"则是亲切的口气。"老彭"究竟是指周朝守藏史老子或唐尧的臣子彭祖，或是指商代的贤人彭咸，不可确考，但据《礼记·檀弓篇》孔子曾经自称"殷人"，那么，说"老彭"指的是殷商时代的贤大夫彭咸似乎比较合理。彭祖是传说中人物，年代太遥远；老子是孔子亲炙敬佩的前辈，既然敬佩，大概就不会称为"我老彭"；唯有殷朝的贤大夫彭咸比较有被孔子称为"我老彭"的可能。孔子的远祖是宋国的贵族，宋国人是殷王室的后裔。《礼记·檀弓篇》记载孔子自称："丘也，殷人也。"他确实有称彭咸为"我老彭"的可能。有人因为这一句不好讲解，主张把它改为"窃比我于老彭"，似可不必。

2.　子曰："默而识①之，学而不厌，诲人不倦，何有于我②哉？"

【校注】

①识——通"志"，记。

②何有于我——等于"于我何有"。

【直译】

　　孔子说："默默记住所见所闻或所学的道理，学习时能不厌烦，教诲别人时不疲倦,这些事情有哪些我做到了呢?"

【新绎】

　　此章是孔子反省自己在教学上是否已经尽了力。"默而识之"是前一章"述而不作"的另一种谦辞。对于所学的不但要默记在心,而且还要不断地温习、验证、实践。学不厌,是求己立己达,是智者的表现;教不倦,是想立人达人,是仁者的情怀。"何有于我哉?"这既是自省之辞,同时也是自勉之辞。

3.　子曰:"德之不修,学之不讲,闻义不能徙①,不善不能改,是吾忧也。"

【校注】

　　①闻义不能徙——听到合乎道义的事情不能改过向善。《周易·益卦》有云:"见善则迁。"徙,即迁善之意。

【直译】

　　孔子说:"品德不进修,学问不讲习,听到合理的事情不能跟进,有不好的地方不能改正,这些都是我所忧虑的。"

【新绎】

　　此章也是孔子自励勉人之辞。他强调修德、励学、行义、改过这四项是为学做人的大要。

4. 子之燕居，申申如也，夭夭如也。

【直译】

孔子闲居的时候，端端正正的样子，和和乐乐的样子。

【新绎】

此章记叙孔子闲居时的情形。"申"字的本义是腰伸直，"夭"字的本义是头偏垂。"如"同"然"，指的是样子或神色。闲居时当然可以要求舒适，伸展自如，但孔子却申申其敬，可见他虽然端正却不严肃；夭夭其和，可见他虽求舒适却不放肆。申申讲的是体貌，夭夭讲的是神色。

5. 子曰："甚矣吾衰也！久矣吾不复梦见周公①！"

【校注】

①周公——孔子心目中最敬佩的一个古代圣人。姓姬，名旦。周文王的儿子，武王的弟弟，成王的叔父，鲁国的始祖。初以采邑在周（今陕西省岐山县之北），故称周公。辅助武王伐纣灭殷，摄政成王，安定天下。制礼作乐，敬天保民，对后世影响深远。

【直译】

孔子说："我衰老得太厉害了！我很久没有梦见周公了！"

【新绎】

从此章可以看出孔子在盛年以前是常梦见周公的。周公在周武王死后辅助成王，东征管叔、蔡叔等人，平定乱事，奠定了周朝一统的基础。又制礼作乐,开创了一代立国的规模。这些都是孔子最为推崇的。所谓梦见周公,自是说明自己以周公为楷模,但言下也有自伤老大、吾道不行之意。

6. 子曰:"志于道,据于德,依于仁,游于艺。"

【直译】

孔子说:"立志向道,根据在德,依从仁义,涵泳六艺。"

【新绎】

此章记孔子的为学做人之道在于道、德、仁、艺四方面。志于道,所以安心,立定志向;据于德,所以励行,力求实践;依于仁,所以顺性,不违天理;游于艺,所以适情,发挥才艺。这是完整的人格教育,孔子的教育主张要点在此。

7. 子曰:"自行束脩①以上,吾未尝无诲焉。"

【校注】

①束脩——十脡一束的干肉。脡,音"挺",干的肉条。古代学生拜见老师的见面礼。一说年纪在十五岁以上能行束带修饰之礼。十六岁是古代学童入学的年纪。

【直译】

孔子说:"十五岁以上能够自己修饰具礼求见的人,我没有不教诲的。"

【新绎】

　　古代礼俗，与人初相见一定要送礼物为见面礼，表示诚心与敬意。送给君长通常是雁，送给老师通常是束脩，束脩即成束的干肉。这都是见面礼中最微薄的礼物。孔子的意思是学生只要有诚意求学，他都愿意收为弟子。这也是孔子诲人不倦、有教无类的具体体现。有人根据《礼记》《后汉书》等相关资料，把"束脩以上"解释为十五岁以上能自行束带修饰之礼，也很合理，但如果只看文字说孔子计较见面礼的轻重贵贱，那就不妥当了。

8.　子曰："不愤①不启，不悱②不发。举一隅不以三隅反，则不复也。"

【校注】

　　①愤——这里是奋发的意思。
　　②悱——音"匪"，郁积、心里有意见却说不出来。

【直译】

　　孔子说："不发愤就不开导，不累积就不启发。指示他一个方向，他不能推知另外三个方向，就不再教导他了。"

【新绎】

　　这是记述孔子教导学生的方法。学生必须先肯自己诚心向学，发愤用功，有了问题老师才去告诉他如何寻找答案或解决的方法；告诉他以后还要看他是否能自得自发，加以实证推衍。这跟现代人所说的启发式教学法非常相似。

9. 子食于有丧者之侧，未尝饱也。

【直译】

孔子在有丧事的人旁边吃饭，从来没有吃饱过。

【新绎】

此章记载孔子深有同情心，在丧家吃饭时从来没有吃饱过。有人把"侧"解为"侧室"，古人到丧家吊丧吃饭时通常在侧室。这样讲也通。

《礼记·檀弓篇》说："食于有丧者之侧，未尝饱也。"和本章所记完全一样。可见儒家对此非常重视。所谓仁道，应该就是由此恻隐之心发展出来的。

10. 子于是日哭，则不歌。

【直译】

孔子在这一天哭过，就不再唱歌了。

【新绎】

朱熹把此章与上章合为一章，看起来前后相承，自有其道理。例如《礼记·檀弓篇》就曾说："吊于人，是日不乐。"不过，古本既分为二章，"哭"也不必尽为丧事，所以仍宜分列。是日哭过,余哀犹存,自然没有唱歌的心情。如果还有心情唱歌,那就表示他的悲伤不是出于真心。

11. 子谓颜渊曰:"用之则行,舍①之则藏。唯我与尔有是夫②!"

子路曰:"子行三军,则谁与?"

子曰:"暴虎冯河③、死而无悔者,吾不与④也。必也临事而惧、好谋而成者也。"

【校注】

①舍——舍弃不用。

②唯我与尔有是夫——只有我和你有这个想法吧。尔,你。是,此,指"用之则行,舍之则藏"。

③暴虎冯河——暴虎,不拿武器徒手搏虎。冯,同"凭"。冯河,没有搭船赤脚涉水渡河。语俱出《诗经》。

④不与——不偕同。呼应上文"则谁与",但也同时有表示不称许的意思。

【直译】

孔子对颜渊说:"有人用我就出来做官实现理想,没人用我就隐居藏身在野。只有我和你有这样的志趣吧!"

子路说:"要是您率领三军,那么谁跟您在一起呢?"

孔子说:"赤手空拳打虎徒步涉水渡河、死了也不后悔的人,我不跟他在一起。一定要遇事能够小心谨慎、善用计谋而能成事的人才行。"

【新绎】

　　孔子与颜渊、子路的这段对话非常有趣。颜渊的沉静好学和子路的勇敢憨直跃然纸上。

　　"用之则行，舍之则藏"，易言之，就是"达则兼济天下，穷则独善其身"，这是孔子的政治理想。他以此来期许颜渊，那是表示他对这位学生德业各方面的肯定。颜渊还没来得及回答，子路就抢先问：如果率领诸侯三军去打仗，老师将与谁同行。子路这样问当然有突显自己勇力过人之意。有趣的是孔子却利用这一机会告诫他不能有勇无谋。孔子对子路不是训斥，而是微言善讽。

12.　子曰："富而①可求也，虽执鞭之士②，吾亦为之；如不可求，从吾所好。"

【校注】

　　①而——这里通"如"，假设的连词。《史记·伯夷列传》引文作"富贵如可求"。

　　②执鞭之士——古代手拿马鞭在君王车驾前开道，或在闹市中维持次序的贱役。

【直译】

　　孔子说："富（贵）如果值得追求，就是执鞭的职位，我也肯做它；如果不值得追求，就依照我喜欢的去做。"

【新绎】

　　此章记述孔子不强求富贵（首句"富"字下疑脱"贵"字），说只要有为国家社会做事的适当机会，哪怕是像拿起鞭子为人驾车开道的贱役工作，他也愿意做。有更高的职位、更好的工作，那就更不用说了。但如果违背了自己服务人群的理想，那么他宁可放弃。可见孔子从事的虽是平民教育，但他教导学生的目的仍然是希望学生接受文武合一的完整教育，出来做事，服务社会。

13. 子之所慎：齐[①]、战、疾。

【校注】
　　①齐——借为"斋"，斋戒的意思。在祭祀前洁净身心，表示对神明的虔诚敬意。

【直译】
　　孔子所慎重的事情是：斋戒、战争、疾病。

【新绎】
　　此章记述孔子特别慎重小心的三件事情：斋戒、战争、疾病。斋戒是在祭祀之前清洁身心，表示对鬼神的诚敬。战争是生死存亡的决斗，关系着国家的安危，慎重其事是表示爱惜百姓。疾病人所难免，尤其是流行性的疾病更须慎重小心，那是表示尊重生命。从敬事鬼神、爱惜百姓，到尊重生命，可以看出孔子所慎重的涵盖面包括天地、社会、个人，相当周全。

14. 子在齐闻《韶》[①]，三月不知肉味，曰："不图为乐之至于斯也。"

【校注】

①《韶》——虞舜时乐曲名。古人以为《韶》乐能绍继帝尧之道,尽善尽美。

【直译】

孔子在齐国听了《韶》乐,很长时间吃不出来肉的滋味,说:"想不到音乐之美可以达到这样的境界。"

【新绎】

据《史记·孔子世家》的记载,孔子三十五岁那一年因鲁国发生内乱他到了齐国,还与齐国掌管音乐的太师谈论音乐方面的问题。齐桓公消灭虞舜后裔的遂国之后,竟然把舜时的《韶》乐保存下来。因此孔子在齐国期间听了虞舜时代的《韶》乐之后,非常陶醉,还学了很长时间,当时连吃肉时都忘了肉的滋味了。可见孔子对于古乐是多么的热爱。

15. 冉有曰:"夫子为卫君①乎?"子贡曰:"诺②,吾将问之。"

入,曰:"伯夷、叔齐何人也?"曰:"古之贤人也。"曰:"怨乎?"曰:"求仁而得仁,又何怨?"

出,曰:"夫子不为也。"

【校注】

①为卫君——卫君指卫出公,名辄,卫灵公的孙子,蒯聩的儿子。蒯聩得罪了卫灵公夫人南子,逃到晋国去。灵公死,卫人立辄为君,晋国却要把蒯聩送回借以侵略卫国。卫人抗拒晋兵自然也反对蒯聩回国,因而演变成了

父子争国的局面。事见《左传》定公四年及哀公二年、三年。这时孔子正好在卫国,所以冉有等人有此疑问。伯夷、叔齐兄弟互相让国,和卫出公父子争国的情形正好相反,因此子贡以此设问。为卫君的"为",帮助的意思。

②诺——好、是。表示同意的语气。

【直译】

冉有说:"我们老师会帮助卫君吗?"子贡说:"是,我正要问问他。"

子贡进去见孔子,说:"伯夷、叔齐是什么样的人呢?"孔子说:"古代的贤人。"子贡又问:"他们有怨恨吗?"孔子答:"他们求仁德也得到了仁德,又有什么怨恨呢?"

子贡出来,(对冉有)说:"老师不会帮助卫君的。"

【新绎】

孔子师生当时在卫国,对于卫国的内乱,卫出公与蒯聩的父子争位,按礼实在不便评论。可是冉有、子贡等弟子对于孔子的态度究竟如何很感兴趣,所以由子贡做代表去请教。以互相让位逊国的伯夷、叔齐为言,是借此言彼,微言相感。孔子既然认为伯夷、叔齐是古之贤人,那么他对卫国的父子争位看法如何,也就不言而喻了。

16. 子曰:"饭疏食①饮水,曲肱而枕之②,乐亦在其中矣。不义而富且贵,于我如浮云。"

【校注】

①饭疏食——饭,吃的意思。疏食,粗糙的食物。

②曲肱而枕之——肱，音"工"，手臂从肘到腕的部位。枕，作动词用。

【直译】

孔子说："吃粗饭喝冷水，弯着胳膊来当枕头睡，乐趣也自在其中了。做不正当的事即使得到财富和官位，对我来说就像空中的浮云一样。"

【新绎】

此章记述孔子安贫乐道的襟怀。所乐在道，追求的是精神上的满足，而不是物质上的享受，所以，即使疏食淡水居处简陋也甘之如饴。

"不义而富且贵"二句，重点在"不义"二字，如合乎义，富贵仍然可以追求。第十二章说的："富而可求也，虽执鞭之士，吾亦为之；如不可求，从吾所好。"可以拿来和本章合读。

17. 子曰："加我数年，五十以学《易》，可以无大过矣。"

【直译】

孔子说："多给我几年，到了五十岁左右来学习《易经》，就可以没有大过错了。"

【新绎】

这一段话，是说孔子自言到五十岁时就可以学《易经》了，但《史记·孔子世家》作："假我数年，若是，我于《易》，则彬彬矣。""加"作"假"，用字更正确；尤可注意者，是没有"五十以学"等字眼。如此，孔子之学《易》，不必等到五十岁时。有人把这段话读作:"加我数年,五、十以学,亦可以无大过矣。"意思是孔子说晚年能多活个五年或十年,这样从事学问就不会有什么大过错了。虽然也讲得通,但改字解经,毕竟易起争议。

宋代邢昺《论语注疏》根据此章认定孔子学《易》是四十七岁,但清代刘宝楠《论语正义》以来颇有些人主张"加我数年"是假设之辞,孔子说此话是悔恨学《易》太晚,如果他能从五十岁就开始学,就不会有大的过错了。这样解释可与《史记》说孔子"晚而喜《易》"的说法相印证。

18. 子所雅言①,《诗》、《书》、执礼,皆雅言也。

【校注】

①雅言——当时通行的标准语言,也就是周朝的官话。相当于今天的国语,而与方言相对。

【直译】

孔子有用雅言的时候,读《诗经》、《尚书》、执行礼仪,都用雅言。

【新绎】

雅言与方言相对。孔子教学生读《诗》、《书》和执行礼仪时都用雅言的原因,应该是因为当时语言不统一,而《诗》《书》乃当时诸侯各国共同研习的古籍非鲁国所独有,而且各国使者在交往时也常常会引用它们,因此采用周朝当时普及通行的官话以便交流。外交场合执行礼仪,当然也一样。

19.　叶公①问孔子于子路，子路不对。

子曰："女奚不②曰：其为人也，发愤忘食，乐以忘忧，不知老之将至云尔③。"

【校注】

①叶公——楚国的大夫。姓沈，名诸梁，字子高。当时他是叶这地方的县令。叶，今河南省叶县，当时属楚。

②奚不——何不。

③云尔——如此而已。

【直译】

叶公向子路打听孔子，子路不知如何回答。

孔子说："你为什么不这样说：他的为人呀，用功便忘记了吃饭，快乐便忘记了忧愁，不知道衰老就要来到如此而已。"

【新绎】

此章记述孔子自言好学乐道。因为好学，才会忘食；因为乐道，才会忘忧。叶县的县令称叶公的原因，是因为叶当时属楚，按楚国的习惯，国君称王，县尹（即县令）称公，所以称之为叶公。有人说叶公是僭称，那是用诸夏的制度来评论，当然也没错。

20.　子曰："我非生而知之者，好古、敏以求之者也。"

【直译】

孔子说："我不是生下来就懂得学识道理的人，是爱好古代文化、勤勉来追求学问的人。"

【新绎】

　　此章记述孔子勉励学生用心求学。可能有人以为孔子生而知之，不学而能，因此孔子强调自己只是好古敏求的人而已，最重要的还是后天的努力。上文"述而不作，信而好古""学而不厌，诲人不倦"等等，都可与本章互相参证。

21.　**子不语怪、力、乱、神。**

【直译】

　　孔子不谈论怪异、勇力、悖乱、鬼神。

【新绎】

　　怪、力、乱、神之事，人们喜欢谈，也喜欢听，孔子则以为这些都无益于现实人生，所以极少谈论。神、怪之事，虚无荒诞，不足为凭，这跟孔子教人"多闻阙疑，慎言其余"是相违背的，而勇力、悖乱也与孔子讲仁道讲礼节的主张互相抵触，所以孔子避而不谈。

22.　子曰："**三人行，必有我师焉**。择其善者而从之，其不善者而改之。"

【直译】

　　孔子说："三人在路上一起走，一定有我可以效法的人在里头。选择他的优点来学习它，他不好的地方就改正它。"

【新绎】

孔子以为学无常师，随时随地都有学习的机会。三人走在一起，彼此可以互相观摩学习。见贤思齐，见不贤而内自省。能够如此，那么无论善恶贤愚，总有可供借鉴的地方。

23. 子曰："天生德于予①，桓魋②其如予何③？"

【校注】

①予——我。孔子自称。

②桓魋——宋国的司马向魋（音"颓"），因为是宋桓公的后代，所以又叫桓魋。孔子在宋国时和弟子习礼于大树下，桓魋想杀孔子曾拔倒大树。孔子于是说了这两句话。

③其如予何——其奈我何，能对我怎么样。

【直译】

孔子说："上天赐不忧不惧的德性给我，桓魋他能对我怎么样？"

【新绎】

据《史记·孔子世家》的记载，鲁哀公二年（公元前四九三年），孔子离开曹国到了宋国。有一天在大树下与学生习礼，桓魋因不满孔子批评他，竟然拔掉大树想要杀死孔子。学生叫孔子快跑，于是孔子说了这两句话。

孔子一直深信"仁者不忧"的道理。仁德之人死守善道，有什么可害怕的？

24. 子曰:"二三子①以我为隐②乎?吾无隐乎尔③。吾无行而不与二三子者,是丘也。"

【校注】
①二三子——孔子称跟从他的几位学生。
②隐——隐瞒。
③乎尔——句末语助词,表示感叹。

【直译】
孔子说:"你们几位以为我有所隐瞒吗?我没有隐瞒什么的啊。我没有什么行动不告诉你们几位的,这就是我孔丘的为人。"

【新绎】
此章孔子自言言行合一,对学生不曾隐瞒什么。"吾无行而不与二三子者",正表示他所知道的已完全表现在行动举止上了。

25. 子以四教:文、行、忠、信。

【直译】
孔子用四件事来教导学生:文献、德行、忠诚、信实。

【新绎】
孔子教导学生的四件事,文指古代流传下来的文献资料,包括诗书礼乐等等;行指道德的实践,把以上所学的道理付诸实行,就是所谓身体力行;忠指尽己之心,道德的实践必须出乎内心的真诚,而不是为沽名钓誉;信指言行一致诚实不欺,而要取信于人,必先忠于自己。仔细想，这四者之间彼此是有因果关系的。

26. 子曰："圣人，吾不得而见之矣；得见君子者，斯可矣。"

子曰："善人，吾不得而见之矣；得见有恒者，斯可矣。亡①而为有，虚而为盈，约而为泰，难乎有恒矣。"

【校注】

①亡——同"无"。

【直译】

孔子说："圣人，我不能够看见他了；能够看见君子一类的人，这样也就可以了。"

孔子说："善人，我不能够看见他了；能够看见有一定操守的人，这样也就可以了。没有却装成有，空虚却装成充实，穷困却装成富裕，这样的人就很难有一定的操守了。"

【新绎】

在孔子的观念中，圣人和君子是有差别的。从《雍也篇》看，圣人必须"博施于民而能济众"，能够造福人群，而君子则才德兼备即可。圣人和善人也是有差别的，善人大概等于仁人，能够孝悌守道，修己爱仁，就可称仁人。仁人一定是君子，君子只要本身才德兼备即可，未必能泛爱众而成为仁人。当然君子还是比一般肯求学修德的人好，孔子即称这些人为"有恒者"。

孔子慨叹世风日下，圣人与善人都已不可得而见了，降而求其次，能够见到君子与有恒者即已差强人意。至于那些虚伪不实的人，对己不忠，待人无信，没有固定不移的操守，那就更等而下之了。

本章两段孔子的谈话，有人以为后面的"子曰"可以删去；也有人主张宜分为二章。附记于此，供读者参考。

27.　子钓而不纲①，弋不射宿②。

【校注】

①纲——捕捞鱼的大网。这里作动词用。

②弋不射宿——是说不射在巢中栖息的鸟。弋，音"亦"，以箭射鸟。宿，指鸟栖息在巢。

【直译】

孔子钓鱼不用大网拦水捕鱼，射鸟不射栖息在窠巢中的鸟。

【新绎】

此章记述孔子的仁爱之心。渔猎之事原为先民的生活手段，但后来社会进步了，钓鱼和射鸟变成了古人一种"游于艺"的活动。孔子钓鱼不用大绳连网拦水捕鱼，不会一网打尽；射鸟不射在窠巢中栖息的鸟，绝不赶尽杀绝。这些都是仁者不忍心的表现。言外之意，读者可以自己体会得之。

28.　子曰："盖有不知而作之者①，我无是也。多闻，择其善者而从之；多见而识之；知之次也②。"

【校注】

①盖有不知而作之者——盖，大概、可能。作，创造，有凭空创作的意思。

②知之次也——《季氏篇》第九章："生而知之者，上也；学而知之者，次也。"本篇第二十章也说："我非生而知之者，好古、敏以求之者也。"可知孔子以为"生而知之者"为上等，"学而知之者"为次等。

【直译】

孔子说："大概有不知事理就妄自创作的人，我没有这种毛病。多听，选择那些好的地方来学习它；多看（选择那些好的地方）来记住它，这是求知的次序。"

【新绎】

此章孔子教人求知的方法。对于"生而知之者"他认为可以不谈，但他反对那些自作聪明的人。他要谈的是"学而知之"，要学而知之，当然要多听多看，择善而从。

生而知之者毕竟很少，孔子也说他自己只是"述而不作"，并且说："我非生而知之者，好古、敏以求之者也。"所以他勉励学生不要自以为是，应该多闻多见，迁善改过，增进学识。这也是求知的必然过程。

29. 互乡①难与言，童子见，门人惑。

子曰："与②其进也，不与其退也。唯何甚③！人洁己以进，与其洁也，不保④其往也。"

【校注】

①互乡——地名,不详所在。
②与——赞许、希望。
③唯何甚——唯,语首助词。何甚,何必太过分。
④保——守、保持。

【直译】

互乡的人很难跟他们谈话交流,却有个童子被孔子接见了,学生们都感到奇怪。

孔子说:"我希望他进步,不希望他退步。何必做得太过分!人家修洁自己来请见求进步,就希望他真的能修洁,不要管他以前的种种。"

【新绎】

从此章可以看出孔子的教学态度是不咎既往、与人为善。互乡这地方的人再怎么不好,也不应该因此迁怒于这地方的小孩子身上。小孩子是无辜的,只要他肯洁身自爱、虚心受教,孔子以为没有不接见的道理。孔子的宽大为怀、有教无类,于此见之。

《述而篇》第七章孔子说:"自行束脩以上,吾未尝无诲焉。"自行束脩以上可以解释为:到了十五岁以上可以入学的年纪,如果能修洁自己的仪容、具体求教,孔子没有不接受的。结合本章来看,这个互乡的童子应该已满十五六岁。

30. 子曰:"仁远乎哉?我欲仁,斯仁至矣。"

【直译】

孔子说:"仁遥远吗?我要仁,仁就来到了。"

【新绎】

孔子以为仁本来就是人人心中具有的德性,所以没有"有无"的问题,也没有"远近"的问题。问题的真正关键在于肯不肯行,肯不肯发挥而已。所谓尽己之心的"忠",推己及人的"恕",也都须先求诸己。自己愿意以诚敬之心来尽己待人,仁道也就在这里面了。

31. 陈司败①问:"昭公②知礼乎?"孔子曰:"知礼。"

孔子退,揖巫马期③而进之,曰:"吾闻君子不党,君子亦党乎?君取于吴,为同姓,④谓之吴孟子⑤。君而知礼,孰不知礼?"

巫马期以告。子曰:"丘也幸!苟有过,人必知之。"

【校注】

①陈司败——人名。陈,国名。司败,陈国官名,就是司寇,掌管刑法。齐国人,一说陈国人。

②昭公——鲁国国君,鲁襄公的儿子。"昭"是谥号。

③巫马期——孔子的学生。姓巫马,名施,字子期。陈国人。比孔子小三十岁。曾为单父宰。

④君取于吴二句——君,指鲁昭公。取,同"娶"。吴,国名,是太伯的后代,姬姓。地在今江、浙地区。鲁国是周公的后代,也是姬姓,所以说"为同姓"。

⑤吴孟子——春秋时代诸侯国夫人的称号一般是她所生长的国名加上她

的本姓，所以鲁昭公所娶的吴国女子应称"吴姬"。但是周朝有"同姓不婚"的礼法，昭公娶同姓国的女子原来就是违反礼制的，因此昭公夫人不称吴姬，而改称"吴孟子"。吴孟子，犹言吴国大公主。

【直译】

陈司败问："昭公懂得礼节吗？"孔子说："懂得礼节。"

孔子退出后，陈司败向巫马期作揖请他进来，说："我听说君子不偏私，难道（像孔子这样的）君子也偏私吗？鲁国国君娶了吴国的女子，鲁、吴是同姓的国家，于是改称她做吴孟子。鲁君假使懂得礼节，那还有谁不懂得礼节？"

巫马期把这些话转告孔子。孔子说："我孔丘真幸运！只要有过错，人家一定知道它。"

【新绎】

根据《左传·昭公五年》和《公羊传·昭公二十五年》的记载，鲁昭公是个知礼的人，但他娶了同姓国的吴孟子，却是违礼的事。陈司败在孔子周游列国来到陈国时，向他问及此事。陈司败只问鲁昭公知不知礼，不谈具体的事例，而孔子是鲁国人，昭公又是鲁国的先君，按古礼是必须为君讳不可对外人来批评的。因此孔子回答陈司败不言先君之失，是合乎礼的，而在别人指出鲁昭公娶吴孟子的个例时，孔子并不否认也不巧辩，坦然承认，这又是合乎礼的反应。

从文中也可以看出巫马期是陪同孔子见陈司败的人，而孔子说自己"苟有过，人必知之"，也正反映了孔子在当时人们心中的地位。

32. 子与人歌而善，必使反之，而后和之。

【直译】

孔子跟别人唱歌，如果唱得好，一定请他再唱一遍，然后和着他唱。

【新绎】

此章记叙孔子爱好音乐，喜欢和人一起唱歌，而且善于取人之长与人同乐。本篇第十章说："子于是日哭，则不歌。"第十四章说："子在齐闻《韶》，三月不知肉味。"可以看出他常唱歌，也非常喜爱雅乐。《史记》记载他曾向师襄学琴，并与苌弘讨论过音乐，难怪他晚年自卫返鲁之后能够校理《诗经》的配乐，从而使"雅颂各得其所"。请参阅《子罕篇》。

33. 子曰："文，莫①吾犹人也；躬行君子②，则吾未之有得。"

【校注】

①莫——约莫、或许。一说语首助词，无义。定州简本作"幕"，则句读为："文幕，吾犹人也。"

②躬行君子——亲身实践君子之道。

【直译】

孔子说："在书本的学问上，大约我还比得上别人；但在身体力行君子之道上，那我还没有做到它。"

【新绎】

　　此章孔子自谦他在实践功夫上尚有不足,隐然有知易行难之意。我们常说读书是为了明白做人的道理,但做人的道理记载在书本里的属于认知的范围,还比较容易理解,一旦要躬行实践,则因种种限制,颇为困难。

　　另外,此章首句有人(见清人毛奇龄《论语稽求篇》)断作"文莫,吾犹人也",说"文莫"是当时燕、齐的用语,意即读书"勉强"。定州简本正作"文幕",此或可备一说。

34.　子曰:"若圣与仁,则吾岂敢?抑为之不厌,诲人不倦,则可谓云尔已矣。"

　　公西华曰:"正唯弟子不能学也。"

【直译】

　　孔子说:"如果说是圣人和仁人,那我怎么敢当?不过是学习时不厌烦,教人时不倦怠,只可以说是这样罢了。"

　　公西华说:"这正是我们弟子不能学得到的。"

【新绎】

　　此章记述孔子不敢以圣人仁者自居,这当然是孔子的自谦之辞。不过,他既自许"为之不厌,诲人不倦",则其以仁圣为目标殆无可疑。《孟子·公孙丑篇上》记载子贡对此事的看法:"学不厌,智也;教不倦,仁也。仁且智,夫子既圣矣。"可见在学生公西华、子贡等人心目中孔子早已是圣人仁者了。

35. 子疾病①，子路请祷。子曰："有诸②？"

　　子路曰："有之。诔曰：'祷尔于上下神祇。'③"

　　子曰："丘之祷久矣。"

【校注】

①疾病——疾，也是病，指病重。疾病连用，表示病情很重。

②诸——"之乎"的合音。

③诔曰句——诔，音"累"，祈祷的意思。这里指哀悼之文。祷尔，为你祈祷。上下神祇（音"祈"），指天神地祇。

【直译】

孔子病得很重，子路请求祈祷。孔子说："有这样的事吗？"

子路答道："有的。礼书上的诔词说：'替你向天神地祇祈祷。'"

孔子说："我孔丘已经祈祷很久了。"

【新绎】

孔子罕言怪、力、乱、神，对于鬼神之事，以为应该"多闻阙疑"。不过，礼书（例如《士丧礼》）既有"疾病行祷五祀"的说法，可见按照古礼真的有为病人祷告的这个仪式。子路为人正直，虽然知道孔子对鬼神存疑，但他仍然直言不讳。孔子的回答"丘之祷久矣"，则暗示祷告起不了什么作用，再次表明了他的婉谢之意。

36. 子曰："奢则不孙①，俭则固②。与其不孙也，宁固。"

【校注】

①孙——同"逊",谦逊。

②固——固陋、鄙吝。

【直译】

孔子说:"奢侈就会不谦逊,俭省就会固陋。与其不谦逊,宁可固陋。"

【新绎】

此章孔子比较奢侈与俭省的缺点,认为二者都过犹不及,有失中庸之道。但比较起来,宁可俭省而不可奢侈。因为俭省虽显得寒促,伤害的往往只是自己,而奢侈者不知谦逊,常常伤害到别人的自尊心或应得的部分。

孔子的这些话,应是针对个人的修养而言。

37. 子曰:"君子坦荡荡,小人长戚戚。"

【直译】

孔子说:"君子心胸平坦宽广,小人心里老是忧惧不安。"

【新绎】

此章从精神和物欲两方面去比较君子和小人的不同。君子守道循理,追求精神上的满足,因此心胸坦荡广阔;小人贪求富贵,患得患失,追求物质上的奢华,所以总是心神不安。孔子的这些话应是针对品德而言,而非讲身份职位的高低。

38. 子温而厉,威而不猛,恭而安。

【直译】

孔子温和却严肃,威严却不凶猛,恭谨却安详。

【新绎】

此章记叙孔子平日的神色态度合乎中和之道。温和的人容易显得柔弱,但孔子却温和中带着严肃。以下类推。句中的"而"都是转折词而非连词,都是"却是"而非"而且"的意思。

《子张篇》第九章:"即之也温,听其言也厉。"《尧曰篇》第二章:"泰而不骄,威而不猛。"都可以和本章合看。

【八】 泰伯篇

本篇共二十一章，记述古代仁人君子守孝尽礼的德行，以及孔子师生讨论如何治学处世之事。前篇论孔子之行，此篇则前后载圣贤之德。有人以为篇中记载不少曾子的言行，推测此为曾子的弟子所记。

1. 子曰："泰伯①，其可谓至德也已矣。三以天下让②，民无得而称焉。"

【校注】

①泰伯——也写作"太伯"，周太王的长子。他看出周太王有意传位给他弟弟季历的后代昌（就是后来的周文王），便逃到南方去，建立了吴国，成为周朝的诸侯。事见《左传·僖公五年》及《史记》中的《周本纪》《吴太伯世家》。

②三以天下让——相传吴太伯本来是可以继位为王的，但他三次让国，终于完成他父亲的心愿传位给幼弟季历及其后代姬昌。

【直译】

孔子说："泰伯，他应该可以说是有最崇高德行的了。三次把天下让给别人，人民不知道怎样来称颂他。"

【新绎】

　　此乃孔子盛赞吴太伯至高无上的德行。吴太伯能够体会父亲周太王（名古公亶父，原为殷商诸侯。太王是后来周成王所追谥）的心意，可说是孝；又能敬爱贤明的弟弟季历，可说是悌；为国忘私，不贪权位，可说是仁；谦逊而隐，不欲人知，可说是让。这样的人非常难得，因此孔子盛赞他有"至德"。

2.　子曰："恭而无礼则劳，慎而无礼则葸①，勇而无礼则乱，直而无礼则绞②。"

　　"君子笃于亲，则民兴于仁；故旧不遗，则民不偷③。"

【校注】

①葸——音"喜"，害怕、胆怯。
②绞——音"皎"，两条绳子交互扭紧，形容迫切、偏激。
③偷——苟且、浇薄。

【直译】

　　孔子说："恭敬却没有礼节就会劳顿，谨慎却没有礼节就会胆怯，勇敢却没有礼节就会悖乱，率直却没有礼节就会急躁。"

　　"在上位的人能厚待亲人，那么人民就会纷纷倾向仁道；故交旧僚能不遗忘，那么人民就不会刻薄无情。"

【新绎】

　　这一章说明礼节的重要性。从"君子笃于亲"以下，有人以为应另立一章，因为重点已在君子应该以身作则上面，与礼节没有直接的关系。

前段四句，是说恭敬、谨慎、勇敢、率直虽然都是良好的德行，但表现在行为上如果不以礼节之，那么过犹不及，就会显得劳顿、胆怯、悖乱、急躁。可见仅有诚心还不够，必须有礼仪来配合才好。

同样的道理，一个在上位的君子如果能以身作则，以礼节情，不过于自私，对待亲人和朋友不刻薄寡恩，那么人民就会顺从，社会风气就会改善。

3. 曾子有疾，召门弟子曰："启①予足！启予手！《诗》云：'战战兢兢，如临深渊，如履薄冰。'②而今而后，吾知免夫③！小子！④"

【校注】

①启——开启。这里是叫弟子打开衾被来看的意思。

②战战兢兢三句——语见《诗经·小雅·小旻》。意思是：戒惧小心地，好像面临着深深的渊谷，好像脚踩着薄薄的冰层。

③免夫——是说自己小心保全，免于毁伤。夫，音"扶"，句尾助词。

④小子——古代老师对学生的昵称，犹如今天所谓"小朋友"。

【直译】

曾子生了病，召集他门下的学生来，说："看看我的脚！看看我的手都好好的！《诗经》上说：'战战兢兢，如临深渊，如履薄冰。'从今以后，我知道身体可以免于毁伤了！同学们！"

【新绎】

《孝经·开宗明义章》说："身体发肤，受之父母，不敢毁伤，孝之始也。"《大戴礼记·曾子大孝篇》也说："父母全而生之，子全而归之，可谓孝矣。不亏其体，可谓全矣。"可见古人多么重视孝道，而曾子是著名的孝子，于此当然更为留意。他引用《诗经》的"战战兢兢"等句，正是要说明他戒慎恐惧的心情。

"启予足，启予手"的"启"，历来有人解为"晵"的通用字。晵，就是省视的意思。这样讲自是不错，但"启"的原义是"开启"，在这里指曾子生了病躺在床上，按理盖了衾被之类的东西，所以把"启予足"二句解释为打开被子看看我的脚、我的手，意思已经很清楚，似乎不必拐弯抹角去求新解。至于现代有人把"启"解作"抬抬""动动"，或者解作"摆正"，恐怕都没有切合"启"字在训诂上的意义。

4. 曾子有疾，孟敬子①问之。

曾子言曰："鸟之将死，其鸣也哀；人之将死，其言也善。君子所贵乎道者三：动容貌，斯远暴慢矣；正颜色，斯近信矣；出辞气，斯远鄙倍矣。笾豆②之事，则有司③存。"

【校注】

①孟敬子——鲁国的大夫，孟武伯的儿子。姓仲孙，名捷。"敬"是谥号，"子"是尊称。

②笾豆——都是古时礼器。笾，音"边"，竹器，口圆有脚，盛瓜果用。豆，木器，有盖无脚，盛汤浆用。

③有司——专职官吏。

【直译】

曾子生了病，孟敬子来慰问他。

曾子说道:"鸟将死的时候,它叫的声音是悲哀的;人将死的时候,他说的话是善意的。在上位的人所重视的道理有三项:慎重仪态,这样就能避免粗暴放肆了;端正脸色,这样就能亲近信实的人了;注意语气,这样就能避免鄙陋错误了。至于笾豆这些礼器应该摆在哪里的仪节,自有主管的官员负责。"

【新绎】

此章记述曾子劝告孟敬子为人要注意容色辞气。"鸟之将死"四句,是曾子在劝告之前先说明他的善意。最后"笾豆之事"二句是说明宴飨祭祀时笾豆等礼器如何摆设的事情也自有负责的官吏管理,像孟敬子这样的大夫用不着去过问。孟敬子要做的只有三件事:动容貌、正颜色、出辞气。动作、表情、语气这三件事,其实都与个人的修养有关。从这些话中不难想见孟敬子平日的为人一定在这三方面有问题,所以曾子才如此规劝。

5. 曾子曰:"以能问于不能,以多问于寡;有若无,实若虚,犯而不校①。昔者吾友②尝从事于斯矣。"

【校注】

①犯而不校——被人冒犯却不计较。校,通"较"。
②昔者吾友——从前我的朋友。邢昺《论语注疏》引马融云:"友,谓颜渊。"

【直译】

曾子说:"以能的向不能的请教,以多的向少的请教;有却像没有,充实却像空虚,被冒犯却不计较。从前我的朋友曾经达到这种境界了。"

【新绎】

　　自己能力高却向能力低的人请教，自己见闻多却向见闻少的人请教，这些都是谦虚的表现。"有若无，实若虚"，也一样。只有谦虚才会更求精进，不会伐善施劳。"犯而不校"，别人来侵犯也不会计较，这几乎已到达"以德报怨"的境界了。曾子说他曾经有这样的朋友，言下之意非常佩服而且想念他。历来都以为这个人应该是指颜回而言。

6.　曾子曰："可以托六尺之孤①，可以寄百里之命，临大节而不可夺也；君子人与②？君子人也！"

【校注】

　　①六尺之孤——死了父亲的年幼孤儿，指幼主而言。中国历史上常有托付老臣照顾幼小国君的故事。古人以为六尺以下、十五岁以下都还算孩童。
　　②君子人与——算是君子一类的人吗？与，同"欤"。

【直译】

　　曾子说："可以寄托他幼小的孤儿，可以交给他百里地方的政权，遇到紧要的关头也不会改变操守；这样的人是个君子吗？是个君子啊！"

【新绎】

　　此章记述曾子以为君子必须才能与节操兼具。"托六尺之孤"，指辅佐未成年的君王而言。古时尺短，七尺以上才算成年。"寄百里之命"，指执掌国家政权。古时，在孔子以前，拥有百里地方的国家已算是诸侯大国了。"临大节而不可夺"，所谓"临大节"，面临重要的关节,指国家危急存亡的关键时刻。以上所说都不仅需要过人的才能,而且更需要坚贞的节操。这样的人当然是才德兼备的君子人物。

7. 曾子曰:"士不可以不弘毅,任重而道远。仁以为己任,不亦重乎?死而后已,不亦远乎?"

【直译】

曾子说:"士人不可以不宽宏坚强而有毅力,因为他所负的责任重大而且要走的路途遥远。把发扬仁道当作自己的责任,负担不是也很重大吗?死了以后才停止前进,路途不是也很遥远吗?"

【新绎】

曾子秉承孔子的教训,以为士要为国家来领导平民,必须才干与品德兼修,而且要有毅力和决心。有品德,才会以仁为己任;有才干,才会不怕艰难。"弘毅"二字正是行德办事时必要的志气和毅力。弘,弓声,拉弓则大,发箭则劲,所以它兼有宏、强二义,在这里兼指志向宽大和毅力坚强。

8. 子曰:"兴①于诗,立②于礼,成③于乐。"

【校注】

①兴——心中感发。指读《诗经》而言。《季氏篇》:"不学《诗》,无以言。"
②立——立身。指学礼而言。《季氏篇》:"不学礼,无以立。"

③成——完成、调和。指学乐而言。乐主中正平和,最能陶冶性情。

【直译】

孔子说:"在诗篇中鼓舞意志,在礼节中端正行为,在音乐中陶冶性情。"

【新绎】

诗歌和礼乐是孔子教导学生的重要科目,它们在古代原是密不可分的。孔子整理过的《诗经》本来就是乐章,都可以配乐歌唱,而且在行礼奏乐时有时还配合着舞蹈,因此孔子常常把《诗》和礼、乐连而言之。至于这三者学习时是否有先后次序,则说法不一。

《礼记·内则篇》说:十岁学幼仪,十三岁学诵诗,二十而后学礼。在"学诵诗"之前已先"学幼仪",幼仪固然是礼的入门初学,但毕竟也是礼仪之一。所以"兴于诗""立于礼""成于乐"这三项究竟在次序上是并列关系或先后关系,很难断定。

9. 子曰:"民可使由之,不可使知之。"①

【校注】

①民可使由之二句——有人读成:"民可,使由之;不可,使知之。"意思是:人民赞成的,让他们照着它做;不赞成的,让他们了解它。之,指宗教、法律、道德之类的事情。

【直译】

孔子说:"一般人民可以使他们照着道理做,却不可使他们知道为什么这样做。"

【新绎】

　　古时士以下的人民奴隶本来没有机会接受教育，所以在上位者统治人民通常是教他们照着规定做，至于为什么要这样做，不必告诉他们。一直到后来，像《吕氏春秋·乐成篇》都还这么说："民不可与虑化始，而可以乐成功。"所以前人把此章断作"民，可使由之，不可使知之"是符合古代史实的。现今有人把此章读为："民可，使由之；不可，使知之。"虽然切合现代人对民主的要求，但以今律古，未必可信。

10.　子曰："好勇疾①贫，乱也。人而②不仁，疾之已甚③，乱也。"

【校注】

　　①疾——痛恨。
　　②而——如果。
　　③已甚——太过。

【直译】

　　孔子说："喜爱勇力而又厌恶贫困，会出乱子。一个人假使不仁德，而对他的厌恶又太过分，也会出乱子。"

【新绎】

　　孔子说明社会的两种乱源：一是好勇力却怕穷苦的人，这样的人容易依恃暴力来攫取财富，所以是乱源；一是嫉恶如仇的人，逼得恶人无路可走，恶人势必铤而走险，奋力反抗，如此也会出乱子。孔子说这两段话的用意，前者是教人固穷，安贫乐道；后者是教人悲悯，宽大为怀。

11. 子曰："如有周公之才之美，使①骄且吝，其余不足观也已②。"

【校注】
①使——和上句的"如"一样，都是假设的语气。
②也已——表示肯定的连用句末助词。

【直译】
孔子说："如果有了周公优秀的才能，但他的为人骄傲而又吝啬的话，其余的也就不值得再观察了。"

【新绎】
此章说明骄傲和吝啬的为害之大。周公辅助成王安邦定国、制礼作乐，才干之美善自无可疑，但孔子以此为喻，说才干即使美如周公但只要为人骄吝也就很难有所成就了。骄，高傲；吝，小气。二者都是过犹不及，这是孔子再三告诫的。

12. 子曰："三年学，不至于谷①，不易得也。"

【校注】

①谷——古代官吏的俸禄，主要是米谷。借指官职禄位。

【直译】

孔子说："读书三年，不想到禄位上去的，这种人不容易找得到。"

【新绎】

孔子慨叹当时的学生求学的目的多是为了俸禄名位。连子张这样的及门弟子都还曾以干禄为问，其他可想而知。

13. 子曰："笃信好学，守死善道。危邦不入，乱邦不居。天下有道则见①，无道则隐。邦有道，贫且贱焉，耻也；邦无道，富且贵焉，耻也。"

【校注】

①见——同"现"，出仕。

【直译】

孔子说："坚定信心爱好学问，笃守至死发扬正道。有危险的国家不进去，有变乱的国家不居住。天下上了轨道就出来做事，不上轨道就隐居不出。国家上了轨道，自己却贫穷而且低贱，是耻辱；国家不上轨道，自己却有钱而且有势，也是耻辱。"

【新绎】

此章孔子教人安身立命之道。"好学""善道"是讲学问和品德要兼顾。但求学是为了明道，所以"守死善道"更是一个人安身立命的最高原则，下文要阐述的道理皆与此有关。

14. 子曰："不在其位，不谋其政。"

【直译】

孔子说："不在那个职位上，就不去筹划那个职位的事务。"

【新绎】

孔子教人各安其分、各尽其能就好，不要侵犯别人的职权。这两句话又见《宪问篇》第二十六章，应该是从行政的观点来说的，而且指的是某些专门筹划管理的业务。

15. 子曰："师挚之始①，《关雎》之乱②，洋洋乎盈耳哉！"

【校注】

①师挚之始——师挚，鲁国的太师，名挚。太师，乐官之长。古代奏乐由太师开始演奏，叫作"升歌"。始，这里指乐曲的开端。
②《关雎》之乱——《关雎》，《诗经·国风·周南》的第一篇诗。已见前。乱，这里指乐曲的结尾，也就是"合乐"，等于今天的合唱。

【直译】

孔子说："师挚的升歌，《关雎》的合乐，声音滔滔不绝充满在耳中！"

【新绎】

孔子爱好音乐,也重视音乐教育。他曾经告诉鲁国的太师说:"吾自卫反鲁,然后乐正,雅颂各得其所。"可见他曾经对《诗经》的配乐做过整理的工作。他所处的时代周室衰微,礼崩乐坏,所以听到太师挚等人演奏的乐歌时特别高兴。

16. 子曰:"狂而不直,侗而不愿①,悾悾②而不信,吾不知之矣。"

【校注】

①侗而不愿——侗,通"童",幼稚愚昧。定州简本"侗"作"俑"。俑,古时殉葬用的木偶,音义近"侗"。愿,忠厚。

②悾——音"空",纯而蠢的样子。

【直译】

孔子说:"狂放却不直爽,幼稚却不朴实,无能却不守信,我不了解这种人。"

【新绎】

狂放的人通常比较直率,幼稚的人通常比较诚实,无能的人通常比较本分,这些都是常态常情。如果违背了常态常情,狂放者易流于胆大妄为,幼稚者易流于愚笨粗鲁,无能者易流于昏庸自私,那些不当的行为都可说是小人行径了。

17. 子曰:"学如不及,犹恐失之。"

【直译】

孔子说:"求学要像怕来不及的样子,学了以后还怕忘记它。"

【新绎】

此章孔子教人求学的方法。学习时,唯恐不及,既怕学得迟赶不上别人,又怕学不好赶不上进度,这是表示勤勉。学习了以后,还怕自己学得不好,记得不牢,因此要常常温习。上文"学而时习之""温故而知新"说的都是相同的道理。

18. 子曰:"巍巍乎!舜、禹①之有天下也,而不与②焉。"

【校注】

①舜禹——孔子推崇的古代帝王。舜,姚姓,有虞氏,名重华,史称虞舜。以孝闻名,因四岳推举代尧摄政登位,都于蒲坂(今山西省永济市)。后以禹治水有功禅位于禹。禹,姒姓,号高密。治水十余年,三过家门而不入。后继舜为帝。

②不与——与,音"预",参与。一说不与为不怡悦。

【直译】

孔子说:"崇高呀!舜、禹得到天下的时候,都好像与他们个人不相关一样。"

【新绎】

传说虞舜和夏禹都是因禅让而即帝位的,他们在位时也不把天下视为私有，这与春秋时代诸侯各国的互相侵伐、争权夺利大不相同。因此孔子不由发思古之幽情。

19. 子曰："大哉！尧①之为君也。巍巍乎！唯天为大，唯尧则之②。荡荡乎！民无能名焉。巍巍乎！其有成功也。焕乎！其有文章。"

【校注】

①尧——孔子推崇的古代帝王。帝喾之子，祁姓，名放勋，原封于唐，史称唐尧。都平阳（今山西省临汾市西南）。后以四岳荐举虞舜，遂禅位于舜。

②则之——以天为准则。之，指上文"天"而言。则，作动词用。

【直译】

孔子说："伟大啊！尧做君王时的功德。崇高啊！只有天是最伟大的，只有尧能效法它。广博啊！人民没法用言语来称颂他。崇高啊！他所成就的功业。灿烂啊！他所拥有的礼乐制度。"

【新绎】

此章记述孔子对唐尧的极赞之辞。前章盛赞舜、禹，此章更进而歌颂帝尧的崇高伟大，简直无以复加。"大哉""巍巍乎""荡荡乎""焕乎"这些赞颂之辞都冠于句首，使读者在诵读时觉得气势盛而韵味足，起到了一种往复回应的作用。

20. 舜有臣五人而天下治。武王曰:"予有乱臣[①]十人。"

孔子曰:"才难,不其然乎?唐、虞之际,于斯为盛。有妇人焉,九人而已;三分天下有其二,以服侍殷;周之德,其可谓至德也已矣[②]。"

【校注】

①乱臣——乱,古时可以反训为"治"。有人主张应解为"敢向前朝造反作乱的臣子"。

②也已矣——连用表示肯定的句末助词,加强语气。

【直译】

虞舜有贤臣五个人,然后天下太平。周武王说过:"我有能治理天下的贤臣十个人。"

孔子说:"人才难得,不就是那样吗?唐尧、虞舜交替之时,在(人才)这方面是最盛的。(周朝的贤臣)有一个妇人在里面,其实只有九人而已;而且把天下分成三份,周朝尽管占有其中的两份,却还以臣的身份事奉殷商;周(武王)的德行,也应该可以说是最崇高的德行了。"

【新绎】

前两章盛推尧、舜的至德,此章又拿周武王来和舜比较。直接称述"孔子",前人以为是因为"上系武王君臣之际",记述者比较小心的缘故。舜承尧位,有贤臣五人辅佐,天下太平,所以说"于斯为盛"。周武王承文王之后,说有能臣十人,其中有一位是妇女亲属,所以说只有九人;而且文王、武王皆曾守君臣之义,以大事小服侍殷商,具有谦逊的美德,所以孔子称赞周之德可以比美尧舜,亦可谓至德了。

前人说舜的贤臣是：禹、稷、契、皋陶、伯益；周武王的贤臣是：周公旦、召公奭、太公望、毕公、荣公、犬颠、闳夭、散宜生、南宫适、文母（即太姒、文王妃）。这些说法可以参考，但未必可信。

21. 子曰："禹，吾无间然①矣。菲饮食而致孝乎鬼神，恶衣服而致美乎黻冕②，卑宫室而尽力乎沟洫。禹，吾无间然矣。"

【校注】

①间然——指责、批评。间，间隙、漏洞。
②黻冕——古代官员上朝或参加祭祀时所穿戴的礼服礼帽。黻，音"服"，绣有青黑花纹的礼服。冕，音"免"，上朝或祭祀时所戴的礼帽。

【直译】

孔子说："禹，我对他没有什么可批评的了。他自己的饮食菲薄却对鬼神的祭品办得丰盛，自己的衣服粗劣却把祭礼用的衣帽做得华美，自己的宫室低陋却对田间的水道尽力修治。禹，我对他是没有什么可批评的了。"

【新绎】

此章赞美大禹公而忘私的美德。"菲饮食""恶衣服""卑宫室"，是说自奉甚俭，生活简朴；"致孝乎鬼神""致美乎黻冕""尽力乎沟洫"，则是说敬事天地鬼神，尽心人民之事。这也就是上文第十八章所说的："舜、禹之有天下也，而不与焉。"

【九】 子罕篇

本篇依何晏《论语集解》共三十一章，多记孔子的德行志趣。皇侃《论语义疏》和朱熹《论语集注》把第六、第七两章合为一章，所以题作三十章。

1. 子罕言利与命与仁①。

【校注】

①子罕言利与命与仁——罕，稀少的意思。孔子很少谈到利、命、仁。"与"作连词用，"和"的意思。有人读为："子罕言利，与命，与仁。""与"当"称许"讲。也有人把"罕"解释为"明显"。

【直译】

孔子很少主动谈论利益、命运和仁德。

【新绎】

此章字句不多，但历来的解释，歧义却很多。《论语》一书有人统计过，言及"利"的只有六处，言及"命"的也不超过十次，所以说孔子罕言"利"与"命"是不成问题的，但谈到"仁"的地方则非常多，可谓不胜枚举，因此说孔子罕言之，就易起争议了。

也因此,有人把句中的"与"解为"称许",也有人干脆把"罕"解为"明显"。然而如此曲解,似乎治丝益棼了。因为孔子少谈"利"是事实,而《公冶长篇》第十三章也说:"夫子之言性与天道,不可得而闻也。"这是子贡说的话,当亦可信。所以孔子罕言"命"也可以成立。唯一的问题是孔子是不是罕言"仁"。事实上,上文已经说过孔子非常推崇仁道,既不敢以仁者自居,也很少以仁许人,他认为那是一种非常崇高的道德,非常人所可企及,所以他很少主动提到仁是可以理解的。

2. 达巷党人①曰:"大哉孔子!博学而无所成名②。"

子闻之,谓门弟子曰:"吾何执③?执御乎?执射乎?吾执御矣。"

【校注】

①达巷党人——《史记》引作"达巷党人童子"。古代以五百家为一党。达巷,党名,在孔子住处附近。一说"巷党"就是"里巷"的意思。

②无所成名——没有足以成名的专门技艺。

③何执——有什么专长。执,作动词用,意即擅长。

【直译】

达巷党的人说:"伟大啊孔子!他有渊博的学识却没有什么成名的专长。"

孔子听到这些话,对门下的学生说:"我擅长什么呢?擅长驾车吗?擅长射箭吗?我擅长驾车好了。"

【新绎】

　　一般人以为读书求学不外是为了求得什么学识或技艺，所谓一技之长，从而成为专家。孔子以六艺教导学生，正表示他所追求的是广博的学识，而非以一技一艺为贵。射、御各为六艺之一，孔子及其弟子当然都具备这些才能，所以当党人说孔子"博学而无所成名"时，他自谦地说做个御者好了。射者表现自己，御者服务别人，这或许是孔子宁可选择专长为御者的原因。

3.　　子曰："麻冕①，礼也；今也纯②，俭，吾从众。拜下③，礼也；今拜乎上，泰④也。虽违众，吾从下。"

【校注】

　　①麻冕——古时卿大夫所戴的礼帽，叫玄冕，也叫缁布冠。
　　②纯——生丝。这里的意思是用生丝织成。
　　③拜下——拜谢在堂下。
　　④泰——这里是骄傲、怠慢的意思。

【直译】

　　孔子说："用麻料做的礼帽，合乎古礼；现在用丝料做，比较省工，我赞同大家的做法。臣子在堂下拜谢，这是古礼；现在却在堂上拜谢，这是倨傲的表现。虽然违反大家的意见，我还是赞同在堂下拜谢的做法。"

【新绎】

　　麻冕是古代大夫以上参加宗庙典礼时所戴的礼帽，原用黑色细麻布制成。它的制作过程极为烦劳，所以后来改用纯丝做原料，就省工得多。戴礼帽是表示敬意，与帽的原料用麻用丝无关，所以为了节省民力，孔子说可以接受改麻为丝。

拜下，是古代臣下拜见君上时的一种礼仪。君上赐酒，臣下即须到堂下拜谢，等到君上示意后再到堂上行礼。后来上下之礼不讲究了，臣下只在堂上拜谢，不到堂下。这种改变，是臣下之人怕麻烦，实在有违示敬的本意了，所以孔子反对。

4.　子绝①四：毋意②，毋必，毋固，毋我。

【校注】

①绝——杜绝、戒除。

②毋意——毋，同"无"，即"勿"，不可。下同。意，通"亿"，即"臆"的古字，臆测。

【直译】

孔子戒绝四种毛病：不猜疑，不武断，不固执，不主观。

【新绎】

此章所记不是记录孔子的谈话，而是归纳孔子平日的言行所得。"毋"通"无"，即"勿"，不可、不要、禁止的意思。也就是说孔子没有猜疑、武断、固执、主观这四种毛病，足供弟子学习。

5.　子畏于匡①，曰："文王既没，文不在兹乎②？天之将丧斯文也，后死者不得与于斯文也；天之未丧斯文也，匡人其如予何③？"

【校注】

①子畏于匡——孔子离开卫国到陈国去，途中经过匡地。匡地在今河南省长垣县西南。匡人因为鲁国季氏的家臣阳虎曾经焚掠当地，而孔子的相貌又像阳虎，所以起了误会把孔子囚禁了五天。事见《史记·孔子世家》。畏，惧怕的意思。值得注意的是，《史记》云："弟子畏于匡。"惧怕的是弟子，不是孔子。一说"畏"本作"围"，以音误作"畏"。

②文不在兹乎——周文王以来的文化传统不是在这里吗？兹，此，指孔子自己。

③其如予何——其奈我何，又能对我怎么样？

【直译】

孔子被困在匡这地方，说："文王已经死了，典章文物不都在我这里吗？上天假使要毁灭这些典章文物，那我这个后死的人就不会接触到这些典章文物啦；上天假使不要毁灭这些典章文物，匡人又其奈我何？"

【新绎】

阳虎曾经为害匡邑的百姓，而孔子的相貌很像阳虎，因此孔子师生经过该地时被困了好几天。孔子的学生非常担心，也因此孔子说了这些话来安慰他们，同时自我安慰负有传承周朝文化的责任，相信匡邑的人不会对他太过分。

6. 太宰①问于子贡曰："夫子圣者与？何其多能也？"子贡曰："固天纵之将圣②，又多能也。"

子闻之，曰："太宰知我乎！吾少也贱③，故多能鄙事。君子多乎哉？不多也。"

【校注】

①太宰——这里指一位当太宰的官员。太，一作"大"。太宰，官名，百官之长。有人以为这位太宰是指吴太宰嚭（音"匹"）。

②将圣——可能成为圣人。

③少也贱——小时候出身贫贱。相对于"太宰"与"君子"的贵族而言。

【直译】

太宰向子贡问道："你们先生是个圣人吧？为什么他那样多才多艺呢？"子贡说："本来就可能是上天要纵放他成为圣人，又多才多艺的。"

孔子听到了这些话，说："太宰了解我！我小时候出身贫贱，所以学会很多粗鄙的技艺。君子需要很多技艺吗？不必多的。"

【新绎】

从此章的记叙中可以看出孔子除了有广博的学识，也确实会不少一般人所说的粗俗技能，而且他非常谦虚，所以能赢得他人与学生的尊敬。

有人以为太宰是指吴国太宰嚭。根据是《左传》哀公七年及十二年，有三次吴太宰嚭与子贡谈话的记载，而且后来刘向的《说苑·善说篇》也说太宰嚭曾向子贡问"孔子何如"。

7. 牢①曰："子云：'吾不试②，故艺。'"

【校注】

①牢——人名。有人说他是孔子的学生，姓琴，名牢，字子开。卫国人。
②不试——不被当权者任用。官府用人，通常要经过考试或荐举。

【直译】

牢说："孔子说过：'我不被任用，所以学些技艺。'"

【新绎】

此章说孔子多才艺，与上章可以合看，所以朱熹将二者合为一章。牢是不是孔子的学生，有人存疑。因为《史记·仲尼弟子列传》不见他的名字。

8. 子曰："吾有知乎哉？无知也。有鄙夫①问于我，空空如也。我叩其两端而竭焉。"

【校注】

①鄙夫——乡野村夫，鄙陋无知的人。

【直译】

孔子说："我有知识吗？我没有知识呀。有鄙陋的人向我提问，我对他的问题一无所知。我只是反问他事情的本末两端，竭尽所知告诉他而已。"

【新绎】

此章孔子自谦所知有限，但会尽力教导别人。"空空如也"是指他自叹肚子里空空没有学问，而"叩其两端而竭焉"的意思是他不能正确回答,只能问问事情的始末,竭尽所知去告诉他。这也是一种实事求是的态度。

9. 子曰:"凤鸟不至①,河不出图②,吾已矣夫!"

【校注】

①凤鸟不至——《尚书·益稷篇》记载舜帝时有神鸟凤凰出现。《国语·周语》也说周文王时有凤凰鸣于岐山。

②河不出图——相传伏羲看见龙马从黄河中负图而出,伏羲据而画成八卦。这和凤凰来仪一样,都是圣王受命的吉兆。

【直译】

孔子说:"凤凰不飞来了,黄河不出图了,我已经完了吧!"

【新绎】

相传虞舜和周文王的时代凤凰曾经降临人间,而在伏羲时黄河中更曾经出现龙马负图而出的盛况,这些都是灵异的现象、文明的象征。孔子自叹没有见到这些祥瑞之象,可能也没有机会见到天下太平了。

10. 子见齐衰者、冕衣裳者与瞽者①,见之,虽少,必作②;过之,必趋③。

【校注】

①子见齐衰者句——齐衰(音"资催")者,指居丧穿孝服的人。冕衣

裳者，指戴礼帽、穿礼服的卿大夫。瞽（音"鼓"）者，盲人。

②作——起立。

③趋——小步快走。

【直译】

孔子看见穿孝服的人、戴礼帽穿礼服的官员和瞎眼的人，见到他们时，虽然年纪轻，也一定站起来；经过他们面前时，一定快步走。

【新绎】

古代丧服通常用麻布制成，缝边的叫齐衰。齐，义同"缉"。衰，借用为"缞"，这里是丧服的泛称。冕是大夫以上的礼帽，衣是上服，裳是下服，这里也是在上位者的泛称。瞽者，本义是瞎眼的人。古代有些官员像乐师之类常常是瞽者。上述的三种人都值得尊重，所以孔子不管是否在丧祭场合见到他们，也都要起立或快步示敬。

11. 颜渊喟然①叹曰："仰之弥高，钻之弥坚；瞻之在前，忽焉在后。夫子循循然善诱人，博我以文，约我以礼，欲罢不能。既竭吾才，如有所立卓尔；虽欲从之，末由②也已。"

【校注】

①喟然——叹气的样子。喟，音"愧"，叹息声。

②末由——无从、没有办法。

【直译】

颜渊喟然感叹说:"仰望他觉得更崇高,钻研他觉得更坚实;看他好像在前面,忽然又到了后面。我们老师有顺序地引导着别人,用学问来扩大我的知识,用礼节来约束我的行为,我想要停止学习都不可能。已经竭尽我的才力了,但它在面前仍高高地耸立着;我即使想跟上他,却还真是没有办法。"

【新绎】

此章颜渊赞叹孔子的崇高伟大。"仰之弥高"四句形容学生景仰老师的道德文章,虽欲从之,却没办法。

"博我以文,约我以礼",这是孔子循循善诱弟子、也是颜渊等人竭才以学的项目。"博我以文"讲的是格物致知的学问,使我知古今、达事变;"约我以礼"讲的是克己复礼的功夫,使我尊所闻、行所知。二者是学问与品德兼顾,学生虽然肯尽力学习,也觉得有所成就,但比起老师来仍然遥不可及。

12. 子疾病,子路使门人为臣①。

病间②,曰:"久矣哉,由之行诈也!无臣而为③有臣。吾谁欺?欺天乎?且予与其死于臣之手也,无宁④死于二三子之手乎!且予纵不得大葬,予死于道路乎?"

【校注】

①使门人为臣——让同学做治丧的家臣。古代习俗:大夫死时,由家臣料理丧事。孔子曾任鲁国司寇,这时已去职,没有家臣,但子路为了尊崇孔子,以大夫之礼对待孔子,所以请同学充当家臣。

②间——音"渐",病渐好转。

③为——同"伪",伪装。

④无宁——宁可。

【直译】

孔子病得很重,子路叫同学当家臣准备丧事。

孔子的病情好转以后,说:"很久了吧,仲由做这种欺骗的事情!我现在没有家臣却装成有家臣的样子。我欺骗谁呢?欺骗天吗?况且我与其死在家臣的手上,还不如死在你们学生的手上!而且我纵使不能用大夫的葬礼,难道我就会死在道路上没人葬吗?"

【新绎】

古时按礼制:大夫病危时,家臣在他死前就可以开始料理丧事。此章记子路有一次见孔子病危,也就让同学用家臣的名义预备治丧。此在子路自是好意,可是从孔子自己看来,他已不是大夫了,岂可还用大夫之礼葬他,所以他训斥了子路一番。训斥归训斥,从"且予与其死于臣之手也"以下几句看,孔子师生间的情感却是温馨感人的。

13. 子贡曰:"有美玉于斯,韫椟而藏诸①?求善贾而沽诸②?"
子曰:"沽之哉!沽之哉!我待贾者也。"

【校注】

①韫椟而藏诸——韫,音"蕴",藏。椟,音"独",柜子。诸,"之乎"的合音。

②求善贾而沽诸——贾,同"价"。一说贾音"古",指商人。沽,音"姑",卖。

【直译】

子贡说:"假设有块美玉在这儿,是收在柜子里藏起它呢?还是找好的价钱来卖掉它呢?"

孔子说:"卖掉它吧!卖掉它吧!我等着识货的人哪。"

【新绎】

子贡觉得以老师的才能应该出来做官,为国家做事,而不应隐而不仕,所以他以美玉为喻来劝说孔子。在孔子弟子中子贡善于言语,口才最好,此章即为一证。孔子顺其言而言,也可以看出来孔子真的循循善诱。

14. 子欲居九夷①。或曰:"陋,如之何?"子曰:"君子居之,何陋之有?"

【校注】

①九夷——泛指在中国东方的外族。古人以为东方的夷有九种,故称"九夷",但各家说法不同,此不具引。

【直译】

孔子想搬到九夷住。有人说:"那地方简陋,你怎么办?"孔子说:"有君子住在那里了,还有什么简陋的呢?"

【新绎】

想搬到九夷住应是孔子的一时感慨之言。九夷泛指东方的不同民族,因文化程度较低,所以文中才有人说:"陋,如之何?"此章和上文《公冶长篇》第七章所说的"道不行,乘桴浮于海"可以合读。也有人据《战国策》的《秦策》《魏策》，其中有"楚包九夷""楚破南阳九夷"的记载，以为"九夷"是地名，仍在中国境内。甚至有人以为它就是古书中的淮夷。

15. 子曰："吾自卫反鲁①，然后乐正，雅颂②各得其所。"

【校注】

①反鲁——反，同"返"。孔子回到鲁国，据《左传》的记载，事在鲁哀公十一年冬。

②雅颂——《诗经》内容体制的两大类。这里指的应是乐曲分类的名称。

【直译】

孔子说："我从卫国回到鲁国，然后对乐曲作了整理订正，雅颂各自得到了它们适当的位置。"

【新绎】

孔子在鲁定公十三年（公元前四九七年）五十五岁时，离开鲁国去周游列国，到哀公十一年（公元前四八四年）六十八岁时，觉得道不能行才回到鲁国。他回国后从事教育工作，《诗经》是他教导学生的重要课材之一。"雅"为朝廷之乐，"颂"为宗庙乐舞，它们和民间歌谣的国风合而为《诗经》的全部。古代诗、歌、舞三者常相结合，这一章所谈应是就音乐而言。孔子周游列国，参考各国所保存的乐章，用来校订当时鲁国所留传的雅、颂，使它们各得其所。所谓"各得其所"，一是校正它们的次序，一是确定什么乐章适合在什么场合演奏。这一则说明了孔子对《诗经》曾经做过整理校订的工作，同时也说明了当时鲁国所保存的雅、颂乐章是有些杂乱的。

16. 子曰:"出则事公卿,入则事父兄,丧事不敢不勉,不为酒困,何有于我哉?"

【直译】

孔子说:"出门就服侍上级长官,回家就侍奉父母兄长,丧事不敢不尽力,不被酒沉迷,这些事我有哪些做到了呢?"

【新绎】

古代封建社会里,公卿等执政大臣往往世袭,所以平民出仕都必须服侍他们。孔子首先倡导平民教育,他当然希望学生能够有出仕的机会,所以拿敬上、孝亲、尽礼、戒酒四件事来和学生互相勉励。

17. 子在川上,曰:"逝者如斯夫!不舍昼夜。"

【直译】

孔子在河岸上,说:"逝去的时光就像这流水!昼夜不停地流去。"

【新绎】

此章记述孔子对河川流水一去不回的感叹,言下有劝人爱惜光阴之意。"逝者",古人解作"往也","往"字可作"过往"讲,也可以作"前往"讲,一般学者讲解这一章多从"过往"一义来解释,但如汉儒扬雄《法言·学行篇》说:"或问进,曰水。或曰:为其不舍昼夜与?"显然是就"前往"一义来讲的。《易经·乾卦》

说的"天行健，君子以自强不息"亦即此意。何者为优？读者可以自己抉择。

18. 子曰："吾未见好德如好色者也。"

【直译】

孔子说："我没有见过爱好道德像爱好美貌一样的人。"

【新绎】

此章又见于《卫灵公篇》第十三章。《史记·孔子世家》把这句话系于孔子在卫国与灵公夫人南子乘车过市之后。可见孔子的感叹原应有其特定的对象。

"好德""好色"的"好"，历来都解作"喜好"，作动词用，但近来也有学者主张读本音，作形容词用，"好德"即好的品德，"好色"即"好的容貌"。意思是感叹好的品德从来都不像好的容貌那样引人注意和喜爱，亦可备一说。

19. 子曰："譬如为山①，未成一篑②，止，吾止也。譬如平地③，虽覆一篑，进，吾往也。"

【校注】

① 为山——堆土成山。为，动词。

② 未成一篑——没有堆成山，指差一篑土而已。篑，音"溃"，盛土用的竹筐。

③平地——填平低洼的地面。平，这里当动词用。

【直译】

孔子说："就像堆土成山一样，只差一筐土就可堆成了，然而停止下来了，那是我自己要停止的。就像填平地面一样，虽然才倒了一筐土，但继续前进，那是我自己要前进的。"

【新绎】

此章孔子教人学贵有恒，学者要自强不息。堆土成山，填平地面，是古代农业社会里常见的劳动工作，所以孔子以此为喻。

20. 子曰："语之[①]而不惰者，其回也与[②]？"

【校注】

①语之——语，告诉。之，代词，指下文"不惰者"，即颜回。
②也与——表示疑问的连用语气词。与，同"欤"。

【直译】

孔子说："告诉他道理而能不懈怠的人，大概只有颜回了吧？"

【新绎】

此章孔子称赞颜回好学。"语之而不惰"句，一解：告诉他什么话他即能理解，所以讲者不会感到疲累；一解：告诉他什么道理他能够力行不倦。两种解释都讲得通，这里采用后者。

21. 子谓颜渊，曰："惜乎！吾见其进也，未见其止也。"

【直译】

孔子谈到颜渊，说："死得可惜啊！我只看到他不断进步，没有看到他停止过。"

【新绎】

此章所记一样是孔子称赞颜回好学，但揆其语气应已在颜回死后。"进"和"止"都指学习而言，包括学问与道德二者。第十九章以"为山"和"平地"为喻所说的"止"和"进"，对照此章，可见也是指学习而言。

22. 子曰："苗而不秀①者，有矣夫②！秀而不实者，有矣夫！"

【校注】

①苗而不秀——苗，稻谷初生的禾苗。秀，吐穗开花。

②有矣夫——有这样的吧！矣夫，连用语气助词，表示感叹，也有推测之意。

【直译】

孔子说："生了禾苗却不吐穗开花，有过这样的吧！开了花却不结果，有过这样的吧！"

【新绎】

孔子以草木的开花结果为喻，说明光有美好的开始还不够，最重要的是要有好的结果。有人以为这是孔子惋惜颜回的早死，也有人以为这是孔子在告诫学生学贵有恒才能获得最后的成功。

23. 子曰："后生可畏，焉知①来者之不如今也？四十、五十而无闻②焉，斯亦不足畏也已。"

【校注】
①焉知——安知、怎么知道。
②无闻——没有声名著称于世。

【直译】
孔子说："年轻人是可怕的，怎么知道他的将来不如他的现在呢？到了四十五十岁假使他还没有名声的话，这种人也就不值得惧怕了。"

【新绎】
此章仍然是孔子教人学贵有恒，要不断求进步。年轻人前途无限，只要他及时努力，将来的成就超过前人自可预期。但如果"少壮不努力"，到了四五十岁还没有成就，那也只有"老大徒伤悲"了。

24. 子曰："法语①之言，能无从乎？改之为贵。巽与②之言，能无说③乎？绎④之为贵。说而不绎，从而不改，吾末如之何也已矣⑤。"

【校注】

①法语——合乎法度的训诫。

②巽与——谦逊称许。巽,通"逊",柔顺谦和。与,赞许。

③说——同"悦"。

④绎——音"亦",推求、探究。

⑤末如之何也已矣——末,无可、没。如之何,奈他何、对他怎么样。已矣,表示肯定的连用句末助词。

【直译】

孔子说:"严令告诫的话,能不听从吗?改正错误才要紧。柔顺赞许的话,能不高兴吗?分析它才要紧。光是高兴却不加分析,光是听从却不加改正,这种人我也没有办法对他怎么样了。"

【新绎】

此章孔子教人对于合法正论要乐于听从,对于柔顺讨好的话要客观分析。绎即寻绎之意,对于事物能寻绪究底,仔细体会,才是真正的求学之道。

25. 子曰:"主忠信,毋友不如己者,过则勿惮改。"①

【校注】

①主忠信三句——已见《学而篇》第八章。毋,《学而篇》作"无",二字可通。

【直译】

孔子说:"重视忠诚信实,没有朋友不如自己的,有过错就不要怕改正。"

【新绎】

　　这三句话已见《学而篇》第八章。为什么会重复出现,前人推测或许是孔子一再强调这些道理,弟子尊重老师,所以又记录下来;也或许是记录的人不同,因而重出了。

26.　子曰:"三军①可夺帅也,匹夫②不可夺志也。"

【校注】

　　①三军——形容国家军队的人多势众。周朝制度:天子六军,诸侯大国三军。一军一万两千五百人。
　　②匹夫——一个平民。

【直译】

　　孔子说:"三军虽众可以夺取他们的主帅,匹夫虽小不可以夺取他的志向。"

【新绎】

　　孔子特别强调立志的重要。《述而篇》第六章说:"志于道。"第二十三章说:"天生德于予,桓魋其如予何?"第三十章说:"我欲仁,斯仁至矣。"这些话都说明了只要立志向道,决心求仁,谁也奈何不了。所以伯夷、叔齐求仁得仁,宁可饿死在首阳山上。连死都不怕,还有什么好怕的呢?三军是诸侯大国才具有的兵力,形容人数之多,势力之大。但如果志向不一,不是万众一心、坚定不移,不能祸福与共、同仇敌忾,那么他们的统帅也会被劫夺的。

27. 子曰:"衣敝缊袍①,与衣狐貉②者立,而不耻者,其由也与?'不忮不求,何用不臧?'③"子路终身诵之。子曰:"是道也,何足以臧?"

【校注】

①衣敝缊袍——衣,穿的意思。下同。敝缊袍,破旧的棉袍。缊,音"运",棉絮。

②衣狐貉——穿着狐皮、貉皮制成的皮裘。貉,音"何",一种像貍的动物,毛皮可做皮衣。

③不忮不求二句——见于《诗经·卫风·雄雉篇》。意思是:不嫉妒不贪求,怎么会不好呢?臧,音"脏",美善、夸耀。

【直译】

孔子说:"穿着破旧的棉袍,和穿着狐貉皮裘的人站在一起,却不羞愧的人,大概只有仲由吧?《诗经》上说:'不忮不求,何用不臧?'"子路老是朗诵这两句诗。孔子说:"这是做人的道理,哪里值得如此夸耀?"

【新绎】

《里仁篇》第九章孔子曾说:"士志于道,而耻恶衣恶食者,未足与议也。"这与此章孔子赞美子路的话可以合看并读。不过,当孔子看到子路因此自得自满常诵读《诗经》的"不忮不求,何用不臧"两句诗时,便又告诫他不忮不求还不够好,应该更求精进才对。孔子善讽子路,此章又是一个例证。

28. 子曰:"岁寒,然后知松柏之后彫①也。"

【校注】

①后彫——凋零在后。彫，通"凋"。

【直译】

孔子说："岁暮天寒，然后才知道松柏是最后凋零的树木。"

【新绎】

就字面上看，此章所记只是孔子赞美松树柏树的坚固，但孔子一定还有他的言外之意，所以后人纷纷推测，大致都同意这是用来比喻坚贞忠毅的君子。唐太宗诗："疾风知劲草，乱世识诚臣。"意同此章。

29. 子曰："知①者不惑，仁者不忧，勇者不惧。"

【校注】

①知——同"智"。

【直译】

孔子说："聪明的人不疑惑，仁德的人不忧虑，勇敢的人不畏惧。"

【新绎】

此章孔子教人进学达德的次序。智者明于事理，慎思审辨，所以不惑；仁者克己无私，乐天知命，所以不忧；勇者果敢力行，见义亡身，所以不惧。

这三句话，又见于后面的《宪问篇》。

30. 子曰:"可与共学,未可与适道;可与适道,未可与立;可与立,未可与权。"

【直译】

孔子说:"可以跟他一同学习,未必可以跟他一起趋向正道;可以跟他一起趋向正道,未必可以跟他一起坚定不移;可以跟他一起坚定不移,未必可以跟他共同权衡轻重。"

【新绎】

此章记孔子说明为学进德的几个不同阶段,所谓志同道合其实不简单。起先是入门求学立定志向,但立定志向后说不定会误入歧途;即使不误入歧途,也说不定会中途变卦不能坚定不移;即使能坚定不移不中途变卦,也说不定会顽固不化不知通权达变。因此,一同求学,最后的成就却不一样。

31. "唐棣之华,偏其反而。岂不尔思?室是远而。"① 子曰:"未之思也,夫何远之有?"②

【校注】

①唐棣之华四句——应是古代的逸诗。唐棣,树名。华,同"花"。偏,通"翩"。反,通"翻"。而,句末助词。下同。尔,你。

②未之思也二句——有人断为"未之思也夫,何远之有?"可备一说。

【直译】

"唐棣树的花朵,翩翩地摇动。哪里会不想你?只是住处远。"孔子说:"这是没有真的想念,住的地方哪里有什么远的呢?"

【新绎】

"唐棣之华"四句,不见于《诗经》,应是古代的逸诗。唐棣,也写成棠棣,一种蔷薇科的落叶树木。唐棣的花翩然摇动,是诗人借物起兴来写他对远方人儿的想念。这四句诗情意盎然,孔子的评语针对后面两句,说要是真的想念对方,即使对方住的地方很远也会设法前去。孔子这么说是不是想启发学生多加思考,或有什么言外之意,已经不得而知了。

何晏《论语集解》以为此章系解释上章"未可与权"的道理,故与上章合为一章。可供读者参考。

【十】 乡党篇

本篇原是一章，记录孔子在鲁国家乡的生活起居及执行礼仪的情形。相传《论语》最早的本子，从《学而篇》至此，只有这十篇而已，前人称为"上论语"。宋代赵普所说的"半部论语治天下"就是指此而言。从第十一篇《先进篇》以下十篇，称为"下论语"。"上论语"记弟子当面称孔子为"子"，对他人言及孔子，则称"夫子"，而"下论语"记弟子当面则称孔子为"夫子"，二者盖有不同。比较言之，"上论语"文字简约，著成时代较早；"下论语"则文字较长，或有俳句，著成的年代较晚，可能已入战国时期。朱熹《论语集注》分为十七章，今分为十八章。

1. 孔子于乡党①，恂恂如也②，似不能言者。其在宗庙朝廷，便便③言，唯谨尔。

【校注】

①乡党——乡里。古人以五家为比，五百家为党，五党为州，五州为乡，见《周礼·地官·大司徒》。

②恂恂如也——恂，通"逊"，恭顺的样子。如，然、样子。

③便便——便，音"骈"，说话流畅明快的样子。

【直译】

孔子在家乡，恭恭顺顺的样子，好像不善于说话的人一般。他在宗庙里和朝廷上，明白流畅地发言，只是态度谨慎而已。

【新绎】

《乡党篇》原不分章，大致都是记载孔子生平的行为。各种传世版本为了解析的需要，各自依类分为若干节。本书参考朱熹的做法，分为十八章。第一章记述孔子在乡党和宗庙朝廷时的容貌言语，二者有所不同。乡党是父兄宗族之所在，日常所居，亲情为重，所以必须恭顺谦逊以示孝敬；宗庙与朝廷则为礼法与政事之所出，言语必须明确，态度必须谨慎，这样才是认真从公。

2. 朝，与下大夫言，侃侃如也①；与上大夫言，訚訚②如也。君在，踧踖③如也，与与④如也。

【校注】

①侃侃如也——侃，音"砍"。侃侃，交谈和乐的样子。如，然、样子。下同。

②訚訚——訚，音"银"，语气平和却坚定的样子。

③踧踖——音"促及"，行动敬谨的样子。

④与与——仪态安详的样子。

【直译】

上朝时和下大夫说话，和和乐乐的样子；和上大夫说话，正正直直的样子。国君来到时，恭恭敬敬的样子，安安详详的样子。

【新绎】

　　此章记叙孔子在朝廷上见到国君和不同阶层的卿大夫时所表现的不同态度。卿的官阶在大夫之上，故称为上大夫，一般也称为相国。据《礼记·王制》，诸侯大国有三卿，小国有二卿。卿以下的大夫统称为下大夫，编制原则上是五人。上朝时，下大夫先到，然后上大夫到，最后才是君王临朝。孔子在鲁国做过小司空、司寇，是下大夫，所以上朝时必须先到。他和下大夫、上大夫和国君说话的时候，注意到应有适当而不同的态度。

3.　君召使摈①，色勃如也②，足躩如也③。揖所与立，左右手；衣前后，襜如也④。趋进，翼如也⑤。宾退，必复命曰："宾不顾⑥矣。"

【校注】

　　①使摈——派他接待宾客。摈，同"傧"，导引宾客的人。
　　②色勃如也——色，指脸色。勃如，勃然变得庄重的样子。
　　③足躩如也——脚步进退快速有节的样子。躩，音"绝"，盘旋恭敬地走路。
　　④衣前后二句——形容衣裳前后摆动，却还整齐的样子。襜，音"搀"，衣裳的底襟。
　　⑤趋进二句——是说快步前进时，动作像鸟张开翅膀一样。
　　⑥顾——回头。是说送客尽礼。

【直译】

　　国君召他接待宾客，脸色庄重的样子，脚步快捷的样子。对跟他一同站在两旁的人作揖，左边右边依次拱手；衣裳虽然前后摆动,却还是整齐的样子。快步向前行礼时,像鸟展开翅膀的样子。宾客走后,一定回来报告说:"客人不再回头答拜了。"

【新绎】

此章记孔子为国君接待外宾时的礼仪动作。摈,一作"傧"或"宾",都是做傧相出接外宾的意思。孔子接待外宾的过程中,神色是庄重的,动作却快捷而不迟缓。足之躩如、手之左右、衣之襜如、趋之翼如,都是形容动作敏捷、仪容端正的样子,这是表示敬君之命。最后外宾离开时还要向国君报告,表示已完成了使命。

此章记叙傧相的礼仪,包括对待外宾、同列和国君三个层次。"色勃如也"二句,指外宾。"揖所与立"等句,指同为傧相者,通常有几位,依次行礼。揖左边的人,则左边拱手;揖右边的人,则右边拱手。动作虽然敏捷,但仪态则须端整。最后外宾离去后,复命国君所说的"宾不顾矣",是因为拜送之礼,送者拜,去者不答拜。宾不顾,就是外宾已经不答拜走了。

4. 入公门①,鞠躬如也,如不容②。立不中门,行不履阈③。过位④,色勃如也,足躩如也,其言似不足者。摄齐⑤升堂,鞠躬如也,屏气似不息者。出,降一等,逞颜色,怡怡如也。没阶,趋进,翼如也。复其位,踧踖如也。

【校注】

①公门——公府大门,即朝廷宫门。
②如不容——好像地方太小容不下身一般。形容恭谨的样子。
③立不中门二句——不站在门中央,以免妨碍君主出入。行不履阈,进出不踏在门槛上。阈,音"玉",门槛。

④过位——经过君主的座位（在门与屏风之间）。

⑤摄齐——提起衣裳下摆，以防跌倒。齐，音"资"，衣裳的下端。

【直译】

走进朝廷大门，恭敬谨慎的样子，好像不能容身一般。站时不站在门的中央，走时不踩到门槛。经过国君的座位前，脸色庄重的样子，脚步快捷的样子，他说话好像力气不足的样子。提起衣裳的下摆走上堂去，恭敬谨慎的样子，屏声静气好像不呼吸的样子。出堂来，走下第一级台阶，放松了脸色，怡然自得的样子。下完了台阶，快步向前，像鸟展开翅膀的样子。回到他自己的位子，恭敬戒惧的样子。

【新绎】

此记上朝时的礼仪。所谓聘问的礼仪当亦如是。因为臣子见国君，无论是在本国或在他国，有很多礼仪的基本原则是相同的。

先从入公门说起。古时诸侯有三门，即库门、雉门、路门。不论是进入哪一个公门，都要恭恭敬敬。"如不容"是极恭敬的形容。经过公门时，不可站在门的中央位置，也不可踩到门槛；经过门屏之间为国君所设的座位，即使国君不在也都要恭恭敬敬。然后升阶上堂，提起衣裳下摆，以防跌倒。

堂上行礼之后，然后才下堂降阶回到原来的位置。在整个过程中，基本要求都是仪容端整、动作敏捷、言语谨慎。

5. 执圭，鞠躬如也，如不胜①。上如揖，下如授。勃如战色②，足蹜蹜如有循③。享礼④，有容色。私觌⑤，愉愉如也。

【校注】

①不胜——不堪、拿不动。胜,堪。
②勃如战色——脸上勃然露出战栗的神色。
③足蹜蹜如有循——脚步紧缩,好像有必须遵循的小路。蹜,同"缩"。
④享礼——就是飨礼。享,通"飨"。在宴饮之前举行的一些礼仪。
⑤私觌——正式公开的仪式完成后私下的宴饮。觌,音"敌",见面。

【直译】

拿着玉圭时,恭敬谨慎的样子,好像拿不动一般。拿得高就像在作揖,拿得低就像要交给别人。庄重的样子战战兢兢的神色;脚步细碎急促好像有一定要遵循的路线。呈献礼物时,有从容的神色。以私人身份和外国君臣相见时,愉愉快快的样子。

【新绎】

此记行聘问之礼时的礼仪。所记有三个层次:执圭、享礼和私觌。圭,是上圆下方的瑞玉。古时诸侯大夫聘问邻国都要携此以为信物,这有如现今所说的"国书"。使臣执圭、拿着圭上朝时,高度要适中。"上如揖,下如授",就是说手的高度,高不超过作揖时的及于胸,低不下于授物时的低于腹。这是为了便于交给对方的缘故。执圭行聘之后,举行飨(享)礼。聘是问候,代表君主请安,重在示敬,所以授圭以表至诚,言语举止都须谨慎小心;享,则是进献,把所带来的众多礼物一一罗列庭中,这时候,容色举止可以比较从容不迫了。等到正式公开的仪式完成了,私下和邻国君臣相见时,就可以放松和平时一样欢欢乐乐的了。

6. 君子不以绀緅饰①,红紫不以为亵服②。

当暑，袗绤绤③，必表而出之。

缁衣羔裘，素衣麑裘，黄衣狐裘④。亵裘长，短右袂⑤。

必有寝衣，长一身有半。狐貉之厚以居⑥。

去丧，无所不佩。非帷裳，必杀之。⑦羔裘玄冠不以吊。

吉月⑧，必朝服而朝。

【校注】

①不以绀緅饰——不用绀緅色彩的布料来做衣领衣袖的镶边。绀，深青透红。緅，音"邹"，青红近黑。饰，指镶边。

②亵服——家居所穿的贴身衣服。亵，音"屑"，贴身衣服。

③当暑二句——意思是夏天所穿的单衣是用细葛布或粗葛布做成的。袗，音"诊"，单衣。绤，音"痴"，细葛布。绤，音"系"，粗葛布。

④缁衣羔裘三句——指冬天穿皮裘要求颜色相配。缁，音"姿"，黑色。衣，这里指"裼"（音"锡"），即罩袍。羔，小羊。麑，音"倪"，小鹿。裘，皮衣。

⑤袂——衣袖。

⑥居——坐。这里指用来当坐垫用。

⑦非帷裳二句——古人上衣下裳，上衣短，下裳用整幅布做成，故称帷裳。类似今日围裙。杀，说如果不是做帷裳，就裁去多余的布料以便省工省料。

⑧吉月——正月初一，一说每月初一。

【直译】

君子不用绀色、緅色做衣领的镶边，红色、紫色不用来做家居的便服。

当热天时，可以穿着细葛布、粗葛布做成的单衣，但一定要穿在外面然后才出门。

黑衣配紫羔皮裘，白衣配白鹿皮裘，黄衣配黄狐皮裘。家居所穿的皮裘要长，右边的袖子要短些。

一定要有睡觉用的衣被，长度是全身又再加一半。狐貉的厚皮用来做坐垫。

脱下丧服后，没有东西不能佩带的。不是用整幅布做的裙子，一定要裁去一些布。紫羔皮裘和黑色礼帽不穿戴着去吊丧。

大年初一，一定穿着上朝的衣服去朝贺。

【新绎】

此记在上位者的衣服礼制。前人常说这里的"君子"指孔子而言。孔子曾仕于鲁，这样讲当然不算错，但观其内容应指在上位的君子而言，最起码是孔子理想的衣服之制。

古代玄黑色是祭祀等正式礼服的颜色，所以深青透红的绀色和青多红少的緅色颜色近乎玄黑，都不用来做衣饰的缘边。同样的，古人视大红的朱色为正色，所以与之相近的红、紫色也不作闲居便服之用。礼服正色只用之于正式的场合。

衣服也要注意季节的变换。夏天穿葛布单衣，冬天穿皮裘，但外面都要加上外衣或罩袍，而且还要注意颜色的配合，如此才不失礼。衣袍右袖要短，是为了工作方便；寝衣长度要长，是为了睡觉取暖。至于丧祭之服也有规定。紫羔裘、黑礼帽是吉服，不能穿戴来参加丧祭，礼服下裳要用整幅布来做，多余的布料摺叠起来，不能剪掉。如果不是礼服，就可以裁去多余的布料，以免浪费。

7. 齐①，必有明衣②，布。
   齐必变食，居必迁坐③。

【校注】

①齐——同"斋"。古人在祭祀之前必洁身示敬。

②明衣——沐浴后所穿的洁净内衣。

③居必迁坐——坐卧休息一定要改变地方。平时和妻子同睡"内寝"(一名"燕寝"),斋戒时要搬到"外寝",不与妻妾同房。

【直译】

斋戒的时候,一定要有浴衣,用布做的。

斋戒的时候一定要改变平常的饮食,坐卧休息时一定搬移位置。

【新绎】

此记斋戒时必须注意衣食之事。古人遇有大事,必须祭祀行礼,洁身示敬,就叫斋戒。洗澡后要穿布做的浴衣,用来干净身体。饮食方面要改变饮食习惯,不饮酒,不吃荤,就是今天所说的吃斋。而且"居必迁坐",起居坐息必须迁移原来的位置,意思就是不与妻子同寝,清心寡欲。

8. 食不厌精,脍不厌细①。

食饐而餲,鱼馁而肉败②,不食。色恶,不食。臭恶,不食。失饪③,不食。不时④,不食。割不正,不食。不得其酱,不食。肉虽多,不使胜食气⑤。唯酒无量,不及乱。

沽酒市脯⑥,不食。不撤姜食,不多食。

祭于公,不宿肉⑦。祭肉,不出三日;出三日,不食之矣。

食不语，寝不言。

虽疏食、菜羹，必祭，必齐如⑧也。

【校注】

①食不厌精二句——食，指米饭或粮食。脍，音"快"，细切的肉。不厌，不嫌。

②食饐而餲二句——饐，音"益"，熟烂。餲，音"厄"，馊了有气味。馁，鱼肉腐烂。

③饪——音"任"，煮得不熟或太烂。

④不时——不是饮食时间。

⑤肉虽多二句——指吃肉的量不能多过吃饭。气，同"饩"（音"细"）。食气，指米饭等主食。

⑥沽酒市脯——外面买来的酒和肉干。脯，音"甫"，肉干。沽、市，都是"买"的意思。

⑦不宿肉——不吃公家助祭分赐的隔夜的祭肉。这里的"宿"，有"久留"的意思。

⑧齐如——斋戒一般。

【直译】

米饭不嫌精白，鱼肉不嫌细致。

米饭熟烂而变得有气味，鱼腐了肉坏了，就不吃。颜色变了，不吃。味道变坏了，不吃。没有煮好，不吃。不是吃饭时间，不吃。肉割得不合法度，不吃。没有适合的酱料，不吃。肉虽然多，不要吃得超过饭量。只有酒不限量，但不可喝到酒醉乱性的地步。买来的酒买来的肉干，不吃。不用撤去姜料，但也不多吃。

在公家助祭所分得的祭肉，不留过夜。家祭的祭肉不超过三天。超过了三天，便不吃它了。

吃饭的时候不闲谈，就寝的时候不说话。

即使是粗饭、菜汤，也一定要祭一祭，而且也一定要庄严敬重像斋戒一样。

【新绎】

　　此记饮食之事的礼仪，重点在合乎卫生和知所节制。上文常说孔子不以恶衣恶食为耻，那是对学生励志而言，如果生活条件许可又不违礼那么精衣美食有何不可？食精脍细是说不粗制滥造，而非指山珍海味。饭变了味鱼肉腐坏了，当然不好吃而且有害健康。太烂或不熟，不定时或不适量，当然都过犹不及。吃的肉割好才放在俎上，割得不方正是失礼的；古人多自家宰牲酿酒，所以市上买来的酒和肉干不吃，怕不卫生。姜料可以去寒除湿，所以可以当点心吃。后面的"祭于公"以下五句讲的是卫生，"食不语"以下五句讲的是礼貌。"必祭"一作"瓜祭"，是说先取各种食品放在笾豆之间来祭祀古昔的造食者。现代人看起来奇怪，古人却行之如仪。

9. 席①不正，不坐。

【校注】

　　①席——古代没有椅子，只在地面上铺席子，人就坐在席子上。席子一般是用蒲苇、竹篾、蒯草、禾秆作质料。

【直译】

　　坐席摆不端正，不坐下。

【新绎】

　　古人席地而坐，席不正，就认为失礼。这和上文"割不正，不食"都是一样的道理。从这些地方可以看出孔子教导学生，以为内心的修养和外在的事物是息息相关的。

10. 乡人饮酒①，杖者出，斯出矣。
    乡人傩②，朝服而立于阼阶③。

【校注】

①乡人饮酒——指乡饮酒礼，古礼之一，是古代地方上一种尊老敬贤的酒会。

②傩——音"挪"，古代一种迎神驱邪的民俗。

③阼阶——即东阶，主人上下台阶的地方，宾客则从西阶上下。阼，音"作"。

【直译】

本地的人举行酒会时，要等到扶着拐杖的老人出去了，然后自己才出去。

本地的人迎神驱鬼时，要穿着朝服站在东边的台阶上。

【新绎】

此记参加乡党聚会时的礼仪。这里讲的是乡饮酒礼和傩祭。乡饮酒礼的举行通常是在三年一次的推荐贤才欢送会上，或者是地方上举办招饮贤者、教习乡射的时候。傩祭，则是地方上举行迎神驱鬼的仪式。据《礼记·王制篇》说"六十杖于乡，七十杖于国"，六十岁以上的老人，可以挟着拐杖出席酒会。这里记的，就是当这些长者出席时人们要礼敬他们，自居为主人，把他们当贵宾。

11.　问人于他邦，再拜而送之。

　　康子馈药①，拜而受之，曰："丘未达②，不敢尝。"

【校注】

①康子馈药——康子，鲁卿季康子。已见前。馈，赠送。
②达——通晓。

【直译】

派人到外国去问候朋友，连拜两次来送他。

季康子赠送药品，孔子拜而收下它，说："我孔丘还不懂用法，不敢吃。"

【新绎】

此记孔子与人交往酬赠的礼仪。请人到他国问候朋友或赠送朋友礼物，行再拜礼，是表示特别的谢意。有人说：一拜所托之人，二拜所问候之人。至于接受馈赠，则只拜一次，如果接受了却暂时不用，也要告诉对方，以免对方悬念。例如对方给你药物治病，你不用却不告诉他，他可能会作种种猜测。

12.　厩①焚。子退朝，曰："伤人乎？"不问马②。

【校注】

①厩——音"就"，马棚。
②伤人乎二句——有人断句为："伤人乎不？问马。"有待商榷。

【直译】

马棚失火。孔子从朝廷回来,说:"伤了人吗?"没有问到马。

【新绎】

古人贵人贱畜,以为人的生命重要,而牛马之类则是供人使用的畜牲,所以比较起来人比马重要得多。因此孔子听说马厩起火先问有没有人伤亡,是符合常情的。否则先问马而不问人,那就太奇怪了。有人为了表示孔子爱人也爱马,因而把后面二句断作:"伤人乎不?问马。"虽然讲得通,但似乎太矫情了,没有必要。

13. 君赐食,必正席先尝之。君赐腥,必熟而荐^①之。君赐生^②,必畜之。

  侍食于君,君祭,先饭。

  疾,君视之,东首^③,加朝服,拖绅^④。

  君命召,不俟驾,行矣。

【校注】

①荐——把煮熟的祭品进献给祖先。
②生——这里指尚未宰杀的牲口,牛羊豕之类。即活的意思。
③东首——头朝向东方。因为国君从东阶上,所以要脸朝东表示敬意。
④绅——束在腰间的大带子。

【直译】

国君赏赐烹熟的食物,一定摆正席位先尝尝它。国君赏赐生肉,一定煮熟了才把它进献给祖先。国君赏赐活的牲口,一定养着它。

在国君身边侍奉吃饭,国君致祭时,要(替国君)先尝几口饭。

生病时,国君来探问他,他便头朝东,身上盖着朝服,拖着大腰带。

国君命令召见,不等车马驾好,便出发了。

【新绎】

此章记事奉君上的礼仪。君上赐熟食,正席先尝;君上赐生肉,必熟而荐;君上赐活物,必畜而养之。这些固然都是为了表示敬意,但等次有不同:熟食先尝而后分给家人,是表示君恩先领了,但不用来进献祖先是因为怕这些熟食是君上祭后分享的剩物;生肉煮熟才用来献祭祖先,就是为了避免祖先吃别人祭后剩余的食物;活的动物必把它养着,是彰显君上的恩德。

君祭先饭的原因,是先试试食物味道如何、有没有毒。生病时,君上来探视,在床上头朝东的原因是因为君上从东阶上;加朝服、拖绅带的原因,是因为病卧在床时不能穿朝服,只好把朝服盖在被上,朝服的大腰带拖到床前也没关系了。至于君上平日召见,不等车驾即刻前往,是表示急君之事。

14. 入太庙,每事问。①

【校注】

①入太庙二句——已见《八佾篇》第十五章。太,一作"大"。

【直译】

孔子进入太庙,每件事情都要请教。

【新绎】

　　这句话已见于《八佾篇》第十五章。不同的是：前则记孔子与人一时的对答，此则记孔子平生之行事。

15.　朋友死，无所归①，曰："于我殡②。"
　　朋友之馈，虽车马，非祭肉，不拜。

【校注】

①无所归——灵魂没有归宿。表示没有亲人主持丧事。
②于我殡——在我的地方停棺，举行殡礼。

【直译】

　　朋友死了，没有亲族料理丧事，孔子说："由我来负责举行殡礼。"
　　朋友的馈赠，即使是车马，只要不是祭肉，就不行拜礼。

【新绎】

　　此记交友的礼仪。朋友之道，重在义气，所以朋友万一死后没有归宿，没有亲属为他料理丧事，做朋友的人自应负起料理后事的责任。古代礼制：人死后三日要举行殡礼，将尸体放入灵柩之中，停放大堂；三个月后，下土安葬。这里说朋友死无所归，所以孔子说先由他安排殡礼。如果三个月之后仍然没有亲族来料理死者丧事，当然也由孔子负责一切丧葬事务了。
　　另外，朋友之间有通财之义。所以朋友生前馈赠马车之类的礼物，不行拜礼；只有送来祭肉时，为了表示尊敬朋友的祖先，如同己亲，就不能不拜了。

16. 寝不尸,居不客①。

见齐衰者,虽狎,必变②。见冕者与瞽者,虽亵,必以貌。

凶服者式③之;式负版者④。

有盛馔,必变色而作⑤。

迅雷风烈,必变。

【校注】

①寝不尸二句——睡觉时不像尸体,闲坐时不像宾客。客,本作"容",打扮之意。据《经典释文》及《唐石经》改。

②虽狎必变——狎,音"狭",亲近。变,变色、露出同情的神色。

③式——同"轼",古代车厢前的横木。这里作动词用,在车上凭靠车前横木行礼致敬。

④负版者——背负着国家表征图籍的人。一说指版筑修城的工人,他虽是贱役,但所从事者是为了国家,所以在车上也要凭轼行礼。另外,也有人认为"负版"是丧服的一种,为服斩衰和齐衰者所用。

⑤作——起身示敬。

【直译】

睡觉时不像死人那样直躺着,闲坐时不像作客那样矜持。

看见穿丧服的人,虽然平日亲近也一定改变态度以示同情。看见戴礼帽和盲人,虽然常常相见也一定以礼貌相待。

看见穿孝服的人凭靠车轼向他敬礼;也凭靠车轼向背着国家图籍的人敬礼。

有丰盛的食物,一定整肃仪容站起身来致谢。

遇有疾雷狂风,一定改变脸色以示敬畏。

【新绎】

　　此章记仪容应随外在环境的不同而有所变化。"寝不尸，居不客"，是说即使平时在家，生活起居从容自在即可，否则就过犹不及了。睡觉时伸展四肢，自然放松即可，不应直挺挺的像死人那样僵硬；居，古人称坐也叫居，这里的居，指在家闲坐时。不客，是说不要像做客人或见客人时那样拘谨。"不客"，一作"不容"，意思是闲居时不必特别注意面容神色。

　　见到穿丧服的人、戴官帽的人和盲人乐工之流，即使平日熟识，也要露出哀矜或尊敬的表情，这是一种礼貌。《子罕篇》第十章所述可与这几句话合看。

　　乘车时遇见穿丧服的人或为国家背负图籍的人，都要凭靠着车前横木上身微俯，行礼示敬，表示同情或尊敬。

　　另外，遇见丰盛的酒筵和迅雷狂风，也都要露出不同的表情。前者表示喜出望外，后者表示对上天的警告有敬畏之意。因为古人生活一向朴实，而且相信狂风迅雷是上天对人间行政不满的一种信号。

17.　升车，必正立，执绥①。

　　车中，不内顾②，不疾言，不亲③指。

【校注】

　　①绥——用来攀引上车的绳索。

　　②不内顾——《鲁论语》无"不"字。见江声《论语竢质》。内顾，是说不外顾。

　　③亲——此字不可解，有人以为是"妄"的误字。《礼记·曲礼》就说："车上不妄指。"

【直译】

上车时，一定端正地站着，拉着扶手的绳子。

在车里，不回头后顾，不快速说话，不随便指点。

【新绎】

此记上车及车上的礼仪。上车时要拉好上车的绳索才站得稳。在车上时，不回头看，以免忽略了车前需要注意的事物，例如上文所说的"凶服者""负版者"等等；也不说话太快，以免别人听不清楚，或分心发生危险；更不随便指指点点。跟上面所说的道理一样，这些都是自己失态而且干扰别人的行为。"不亲指"有人以为照字面讲也通，意思是有话或有事可请别人代传，不必亲自指点。

18. 色，斯举矣，翔而后集。曰："山梁雌雉，时哉时哉！"子路共①之，三嗅②而作。

【校注】

① 共——同"拱"，拱手示敬。
② 嗅——当作"狊"（音"局"），形容鸟张开两翅的样子。

【直译】

人的脸色一动，它们就飞起来了，在空中翱翔着然后集合在一起。孔子说："山梁上的雌野鸡，识时务呀！识时务呀！"子路向它们拱手行礼，它们拍了几次翅膀又飞起来了。

【新绎】

　　此记孔子师生山行见雌雉的故事，借以说明人应识时务，见机而作。孔子的话有暗喻自己不得时之叹，而子路对雌雉的拱手示敬则显露出他一向的憨直。

　　有人以为这段文字是后人所加，或有阙文。

【十一】 先进篇

本篇共二十六章，多论弟子及贤人之言行。朱熹《论语集注》把第二、第三两章合为一章，故题二十五章。刘宝楠《论语正义》依何晏、皇侃等，把第十八、第十九两章，第二十、第二十一两章各合为一章，故题二十四章。

有人以为篇中记闵子骞直称"闵子"，推测此篇应为闵子骞弟子后来所记。篇末弟子各言其志一章，文字长而有兴味，亦与前十篇文字之简约颇不相同。

1. 子曰："先进于礼乐，野人也；后进于礼乐，君子也。如用之，则吾从先进。"

【直译】

孔子说："先学习礼乐而后做官的，是来自乡野的平民；先做官而后学习礼乐的，是在上位的世袭贵族。如果要任用他们，那么我选用先学习礼乐的人。"

【新绎】

此记孔子对学习礼乐的看法。孔子以为读书和做事都同样重要。如果出来做事当了官，做得好，仍然要多读书；如果读书读得不错，也应该出来做官，服务社会。所以他主张："仕而优则学，学而优则仕。"（见《子张篇》）

当时的卿大夫子弟可能因世袭制度而生来就有其特殊地位，不学礼乐即已做官，所以治理国家政事常出问题；平民出身的学生虽多来自乡野，但天性质朴，学了礼乐以后，学而优则仕，反而做得中规中矩。因此孔子才会说"吾从先进"。

2. 子曰："从我于陈、蔡①者，皆不及门②也。"

【校注】

①陈、蔡——孔子中晚年游历的两个国家。时在鲁哀公初年，孔子六十出头。当时，吴国攻打陈国，楚国派兵救援陈国。听说孔子在陈、蔡之间，楚国便派人来聘请他。孔子正想前往答谢，陈、蔡两国当权的大夫怕孔子被用后对他们不利，商议决定派人围困孔子在旷野中。孔子走不成，粮食也断绝了，跟从的学生也都病得站不起来。后来楚王发动军队来迎接孔子，才得免。事见《史记·孔子世家》。

②不及门——不在门下。

【直译】

孔子说："跟从我在陈国、蔡国共患难的学生，现在都不在门下了。"

【新绎】

此记孔子晚年感叹昔日从游陈、蔡的学生都已不在身边了。陈、蔡二国都在今河南省境内。孔子师生周游列国时，经过二国，都曾经遭遇二国大臣排斥,陷于困境。晚年他谈起这段往事,对昔日共患难的学生表现了怀念之意。那时候,他昔日的学生出仕的出仕,离开的离开,都已不在身边了。

3. **德行:颜渊、闵子骞、冉伯牛、仲弓。言语:宰我、子贡。政事:冉有、季路。文学:子游、子夏。**

【直译】

德行好的学生:颜渊、闵子骞、冉伯牛、仲弓。辞令好的学生:宰我、子贡。擅长政事的学生:冉有、季路。擅长文学的学生:子游、子夏。

【新绎】

《先进篇》多记孔子对及门弟子的评语,其中记闵子骞的有四次,而且称之为闵子,所以后人常据此而疑《论语》为闵子骞门人所记。

孔子弟子相传有三千人,身通六艺者七十二人。此章所列的十个人更是个中翘楚。分为德行、言语、政事、文学四门,正可看出孔子的教学重点。为何只列出这十个学生而不及于曾子等人,后人如朱熹疑此与上章从游陈、蔡的记述有关。朱熹以为这十人即昔曾从游陈、蔡者,所以将二章合为一章。不过,根据《左传》的记载,那时冉有正做季氏家臣,在鲁,另外根据《史记·仲尼弟子列传》那时子游、子夏都不过十六七岁,不太可能随行。所以本章与上章不必视为同时之作。

4. 子曰:"回也,非助我者也,于吾言无所不说①。"

【校注】

①说——同"悦"。

【直译】

孔子说:"颜回呀,他不是能帮助我的人,但对我说的话没有不喜欢的。"

【新绎】

此章记孔子称许颜回好学。好学者重在问道辨疑、奉行不渝,而不在于肆口则言、随心而发。因此孔子说颜回虽然不能启发他什么,但对他所传授的道理都能领会了解,却也不容易。

5. 子曰:"孝哉闵子骞!人不间于其父母昆弟之言①。"

【校注】

①人不间于句——间,音"建",隔阂、空隙。不间,不批评。昆弟,即兄弟。

【直译】

孔子说:"孝顺呀闵子骞!别人对于他父母昆弟赞美他的话都没有异议。"

【新绎】

根据刘向《说苑》的记载，相传闵子骞少时丧母，父亲再娶，又生二子，继母偏爱自己所生二子，虐待闵子骞。父亲知道后，要驱逐继母。闵子骞反而劝阻说："母在一子单，母去三子寒。"因而父母昆弟等等无不感动。

闵子骞因为孝顺父母，友爱兄弟，不但父母兄弟称赞他，别人也同样称赞他。可见他是一个表里如一、孝行纯笃的人。因此孔子特别标榜他的孝行。

6. 南容三复"白圭"①，孔子以其兄之子妻之②。

【校注】

①南容三复白圭——南容，就是孔子的学生南宫适。已见前。白圭，见《诗经·大雅·抑篇》："白圭之玷，尚可磨也；斯言之玷，不可为也。"意思是：白圭上的污点，还可以磨掉；这些话里的污点，是不能去掉的。

②孔子以其兄句——子，古代男子女子的通称，这里指女儿。妻之，嫁他为妻。

【直译】

南容再三诵读"白圭"的诗句，于是孔子把自己哥哥的女儿嫁给了他。

【新绎】

南容，已见《公冶长篇》第二章，孔子称许他："邦有道，不废；邦无道，免于刑戮。"可见是个谨言慎行的人。此章说他喜欢吟《诗经》中"白圭"那首诗，更可确定他说话非常小心。这可能就是孔子"以其兄之子妻之"的原因。

7.　季康子问："弟子孰为好学？"

　　孔子对曰："有颜回者好学，不幸短命死矣，今也则亡。"①

【校注】

①季康子问六句——鲁哀公和孔子也有同样的问答。见《雍也篇》第三章。

【直译】

　　季康子问："学生中谁是好学的？"

　　孔子答道："有一个叫颜回的学生是好学的，可惜不幸短命死了，现在就找不到了。"

【新绎】

　　此章记孔子评颜回为好学，与《雍也篇》第三章所记大致相同。但《雍也篇》记的是鲁哀公问，此章记的是季康子问。孔子回答鲁哀公的话除了说颜回好学、"不幸短命死矣"之外，还多了"不迁怒，不贰过"两句赞美之辞，是不是同一件事，是不是回答国君必须详尽一些，现在都已无从查考了。

8.　颜渊死。颜路①请子之车以为之椁②。

　　子曰："才不才，亦各言其子也。鲤③也死，有棺而无椁。吾不徒行以为之椁。以吾从大夫之后④，不可徒行也。"

【校注】

①颜路——颜回的父亲，也是孔子的学生。名无繇，字路。比孔子小六岁。

②椁——音"果"。古代棺木有两层，内层称棺，外层称椁。

③鲤——孔子的儿子。名鲤，字伯鱼。卒年五十岁，那时孔子七十岁。

④从大夫之后——这是"我也是大夫"的谦逊说法。孔子做过鲁国的司寇，是大夫的职位。

【直译】

颜渊死了。颜路请求孔子卖掉车子为颜渊做出殡时的椁。

孔子说："有才没有才，说来也总是各人自己的儿子。鲤死的时候，只有内棺而没有外椁。我不可以徒步走路把车子卖了为他置椁。因为我跟从在大夫的行列后面，是不可以徒步走路的。"

【新绎】

此章记孔子行礼，直道而行，不容假借。孔子七十岁时儿子鲤死了，出殡时只有内棺没有外椁。古人厚葬，棺木有两层，内棺之外还有外棺，外棺就叫椁。有人爱面子，甚至会卖掉车子来买外椁，或自己没车却向别人借车来充数。孔子认为按礼大夫耆老不徒行，而且车子乃国君所赐不可借人或卖掉，因此儿子死时，视家里之有无，并没有为儿子准备外椁。也因此，颜回死时颜回父亲提出相同请求时，孔子没有答应。这跟《公冶长篇》第二十四章说孔子批评微生高代人借醋乃不正直的行为是一样的道理。

9. 颜渊死。子曰:"噫!天丧予!天丧予!"

【直译】
颜渊死了。孔子说:"唉!天要亡我了!天要亡我了!"

【新绎】
此章记孔子对颜回之死的痛惜。为什么孔子会悲伤到说"天丧予",历来都认为孔子以天下圣道为己任,而且视颜回为传人,因而有此慨叹。

10. 颜渊死,子哭之恸。
从者曰:"子恸矣!"曰:"有恸乎?非夫人①之为恸而谁为?"

【校注】
①夫人——这个人。夫,指示形容词。

【直译】
颜渊死了,孔子为他哭得非常伤心。
跟从的学生说:"您太伤心了!"孔子说:"真有太伤心吗?不为这样的人伤心还为谁呢?"

【新绎】
此章记孔子为颜回之死极感悲恸,连其他的人都感觉到孔子的过度伤心了,所以提醒孔子。孔子的回答却是说他没有过度,只是真情的流露而已。

11. 颜渊死，门人欲厚葬之。子曰："不可。"门人厚葬之。

　　子曰："回也视予犹父也，予不得视犹子也。非我也，夫二三子也。"

【直译】

　　颜渊死了，同学们想要厚葬他。孔子说："不可以。"同学们还是厚葬了他。

　　孔子说："颜回啊待我就像父亲，我却不能够看待他像儿子。不是我要厚葬的，是那几位同学呀。"

【新绎】

　　《礼记·檀弓篇》说丧具要"称家之有亡（同"无"）"，因此家贫如颜回者，按礼是不宜厚葬的。同学们顾念私情，仍然厚葬了颜回。之后孔子表明了他的立场。他虽然视颜回如子，但认为行礼仍应直道而行。他自己的儿子孔鲤死时也没有厚葬，所以他说："予不得视犹子也。"

12. 季路问事鬼神。子曰："未能事人，焉能事鬼？"
　　曰："敢问死。"曰："未知生，焉知死？"

【直译】

　　季路请教服侍鬼神的方法。孔子说："还不能服侍活人，怎么能够服侍鬼神？"

　　季路说："大胆请教死的道理。"孔子说："还不知道生的道理,怎么能知道死的道理?"

【新绎】

季路请教鬼神和死亡有关的道理,孔子的回答,好像都有些避开了正题,事实上不然。因为事鬼神如事人,首在敬畏,如果没有敬畏之心,对人对鬼神都难免有轻慢的行为;如果现实世界可以接触到的人事都不知道如何对待,那么又如何去对待非现实世界的鬼神?同样的道理,生死之事有实有虚,现实中的人生比较容易理解,而生之前、死之后的事情,则比较难以捉摸。

13. 闵子侍侧,訚訚如也①;子路,行行②如也;冉有、子贡,侃侃③如也。

子乐。"若由也,不得其死然。"

【校注】

①訚訚如也——訚,音"银"。已见《乡党篇》。
②行行——刚强的样子。
③侃侃——和乐的样子。一说刚直的样子。

【直译】

闵子侍立在孔子身旁,正正直直的样子;子路,刚刚强强的样子;冉有、子贡,和和乐乐的样子。

孔子很高兴。"像仲由呀,想不到他死的样子。"

【新绎】

此章记孔子四位贤弟子的容貌神态。因为各人禀性不同,所以表现出来的容貌神态也就因人而异。称闵子骞为闵子,和孔子特别提到子路的刚强,都值得注意。说子路"不得其死然",固然是称许,也可能是告诫。

14. 鲁人为长府①。闵子骞曰:"仍旧贯,如之何?何必改作?"

子曰:"夫人②不言,言必有中③。"

【校注】

①长府——储藏财货的库房。犹今言"国库"。

②夫人——这个人。

③中——音"仲",合乎道理。

【直译】

鲁国官员改建长府。闵子骞说:"还是依照往例,怎么样?何必改建?"

孔子说:"这个人不大说话,一说话就必定有切合道理的地方。"

【新绎】

上文说孔子称许闵子骞的德性,此章表面上看似是称许闵子骞言语口才好,但实际上仍在闵子骞的德性上。鲁国有人要改建长府,闵子骞说一仍旧贯即可,何必翻新改造,否则岂不劳民伤财。可见出发点仍是在于德性,所以孔子才说他言不妄发,发必有中。

15. 子曰:"由之瑟,奚为于丘之门?"门人不敬子路。
    子曰:"由也升堂矣,未入于室也。"

【直译】

孔子说:"仲由弹的这种瑟调,哪里是出于我孔丘的门下呢?"因此同学们不尊敬子路。

孔子说:"仲由已经升堂了,只是还没有入室而已。"

【新绎】

子路好勇使气,所以他弹瑟时发出来的音调也有杀伐之声。孔子批评他不够中和谐调,是希望他还能更求精进,而不是认为他一无是处。古人居室建筑,先入门升阶,然后再登堂入室。登堂表示已经到位了、合格了,只是还没有进入内室、到达极致而已。音乐的造诣是难以形容的,孔子用居室建筑来做比喻,予人具体的印象。

16. 子贡问:"师与商①也孰贤?"子曰:"师也过,商也不及。"
    曰:"然则师愈与②?"子曰:"过犹不及。"

【校注】

①师与商——就是颛孙师(子张)和卜商(子夏),都是孔子的学生。已见前。

②愈与——愈,较好、略胜。与,同"欤"。

【直译】

子贡问:"师和商哪一个贤明?"孔子说:"师过分了,商还不够。"

子贡问:"那么是师好一些吗?"孔子说:"过分了就等于不够。"

【新绎】

孔子一向强调中庸之道,认为恰到好处、不偏不倚最好。因此做任何事情,太超过和赶不上这两种弊病,其失相等。

17. 季氏富于周公①,而求也为之聚敛②而附益之。

子曰:"非吾徒也。小子鸣鼓而攻之,可也。"

【校注】

①周公——一说指周公旦,一说泛指在周天子左右做卿士的人,如周公阅之类。

②为之聚敛——替他搜刮财富。敛,音"脸",聚集、收藏(财富)。

【直译】

季氏比周公有钱,但冉求却还替他搜括来增加他的财富。

孔子说:"冉求不再是我的门徒了。你们这些学生大张旗鼓去声讨他,是应该的。"

【新绎】

季康子是诸侯国鲁君的卿相,可是他的财富却比鲁国的始祖要多得多,这本来就易遭受物议了,而冉求做他的家臣却还要帮他继续搜括增加赋税,所以孔子对这位学生非常不满,叫其他同学可以公开批评他。

有人以为周公旦是开朝元老,曾佐武王、相成王,不应该说他有财富,所以认为此章周公另有其人。事实上,官阶地位高的人俸禄相对高,累积一些财富是自然而然之事。

18. 柴①也愚,参也鲁②,师也辟③,由也喭④。

【校注】

①柴——孔子的学生。姓高,名柴,字子羔。卫国人,又说是齐、郑、魏人。比孔子小三十岁。

②鲁——愚钝。

③辟——通"僻",偏激的意思。

④喭——音"彦",粗鲁。定州简本作"献",不知何义。

【直译】

高柴愚笨,曾参迟钝,颛孙师偏激,仲由鲁莽。

【新绎】

此章孔子比较子羔、曾子、子张、子路四位学生的不同性情以及各自的缺点。奇怪的是文前没有"子曰"二字,因此有人以为它脱漏了,也有人以为此章应与下章合为一章,下一章的"子曰"盖统摄上文而言。不过,下一章所谈到的颜回、子贡未必谈的是性情,所以这里仍然分为两章。

19. 子曰:"回也其庶乎!屡空。①赐不受命,而货殖焉,亿则屡中。②"

【校注】

①回也二句——是说颜回有希望，却生活贫困。庶，庶几，有希望的意思。空，匮乏。

②赐不受命三句——是说子贡不听话，却会做生意。货殖，经商营利。殖，通"植"，将本求利。亿，通"臆"，猜测。中，合、准。

【直译】

孔子说："颜回应该是有希望的吧，却常常穷困。端木赐不接受教导，去投资经商，猜测市场行情竟常常猜中。"

【新绎】

此章记孔子比较颜回与端木赐的为人不同。颜回乐天知命，一心向道，可是在现实生活中非常贫穷，箪食瓢饮，居于陋巷；端木赐不安分，不肯听天由命，可是却有生意头脑，善于理财，因而结驷连骑，聘享诸侯。

有人把"不受命"解释为"不做官"，这是不对的。《史记·货殖列传》就曾说子贡："既学于仲尼，退而仕于卫，废著鬻财于曹、鲁之间。"可见子贡离开孔子以后，"废著鬻财"，不再读书而去学做生意了。因而说"不受命"是孔子感叹子贡不受教导，或者说是子贡没有得到官方允许去做生意（古之经商者皆受命于官），都还讲得通，比解释为"不做官"要好。

20. 子张问善人之道。子曰："不践迹①，亦不入于室②。"

【校注】

①践迹——踩踏前人的脚印。

②不入于室——不能登堂入室。

【直译】

子张请教好人的道理。孔子说:"不重踏着古代善人的脚印走,也就不能(登堂)入室。"

【新绎】

古人的居室建筑有其一定的规制,如何才能登堂入室也有一定的走法。进了门道,主人由阼(东)阶上,客人由西阶上,如何走,如何行礼,都有明确的规定。所以孔子以此为喻,说明求学与做人,都应该学习古人正确的走法,才有可能登堂入室。这不是"墨守成规",而是"择善而固执之"。历来颇有些人解释此章说是善人不与人同流合污,但也不能达到圣人仁者的境界。离开字面去发挥,未必正确。

21. 子曰:"论笃是与①,君子者乎?色庄者乎?"

【校注】

①与——称许。

【直译】

孔子说:"言论笃实是被赞美的,但他究竟是君子一类的人呢?或者只是外表庄重的人呢?"

【新绎】

此章孔子教人不可以貌取人。这个"貌"包括口才和外表。有的人说起话来老老实实的样子，也有的人外表装得很端庄慎重，但其实是个伪君子。孔子一向重视言行一致、表里一致，所以他教我们要从实际的行为去辨别君子和小人。

22.　子路问："闻斯行诸①？"子曰："有父兄在，如之何② 其闻斯行之？"

冉有问："闻斯行诸？"子曰："闻斯行之。"

公西华曰："由也问'闻斯行诸'，子曰'有父兄在'；求也问'闻斯行诸'，子曰'闻斯行之'。赤也惑，敢问。"

子曰："求也退，故进之；由也兼人，故退之。"

【校注】

①闻斯行诸——等于问"闻斯行之乎"，即：听到这个道理就去实践它吗？

②如之何——怎么样、怎么能。

【直译】

子路问："听到了道理就去实践它吗？"孔子说："有父亲兄长在做主，怎么可以听到了就去实践它？"

冉有问："听到了道理就去实践它吗？"孔子说："听到了就去实践它。"

公西华说："仲由问'听到了就去实践它吗'，您说'有父亲兄长在做主'；冉求问'听到了就去实践它吗'，您说'听到了就去实践它'。赤有些疑惑，大胆来请教。"

孔子说："冉求为人退缩，所以我勉励他进取；仲由为人具有两个人的胆量，所以我压抑他要他退让。"

【新绎】

　　此章所记是孔子因材施教的实例。冉求为人胆怯，所以孔子要他勇敢一些；子路为人过于劲直，所以孔子要他小心一些。易言之，孔子期望学生合乎中庸之道，没有过与不及的毛病。

23.　　子畏于匡①，颜渊后。子曰："吾以女②为死矣。"曰："子在，回何敢死？"

【校注】

　　①子畏于匡——已见《子罕篇》第五章。
　　②女——同"汝"，你。指颜渊。

【直译】

　　孔子被围困在匡地，颜渊因失散最后才到。孔子说："我以为你死了。"颜渊说："您还在世，我怎么敢死？"

【新绎】

　　上文《子罕篇》说过，仁者无忧。孔子被围困在匡的时候，他担心的不是自己的处境，而是学生们的安危。因此当颜回失散、晚了五天才赶来相会时，他担心颜回是否命遭不测。颜回的回答也显露了他对待孔子如自己父亲的感情。因为《曲礼》上说过："父母在，不许友以死。"对待老师如父母，当然不敢言死了。

24.　　季子然①问："仲由、冉求可谓大臣与②？"

子曰："吾以子为异之问③，曾由与求之问④。所谓大臣者，以道事君，不可则止。今由与求也，可谓具臣⑤矣。"

曰："然则从之者与？"

子曰："弑父与君，亦不从也。"

【校注】

①季子然——季氏的子弟。季平子之子，季桓子之兄。参阅《史记·仲尼弟子列传》。

②与——同"欤"。

③为异之问——是为别的事情来问。

④曾由与求之问——竟然问的是仲由和冉求。曾，音"增"，乃、竟然。

⑤具臣——充数不称职的臣子。

【直译】

季子然问："仲由、冉求可以说是大臣吗？"

孔子说："我以为你是问别的事情，竟然只是问仲由和冉求的事。所谓大臣，用正道来服侍君上，不能做到就辞职不干。如今仲由和冉求这两个人，只可以说是充数的臣子罢了。"

季子然说："那么他们是听从命令的人吗？"

孔子说："弑父弑君的事，他们也是不会听从的。"

【新绎】

季子然是季氏子弟，《史记·仲尼弟子列传》作"季孙"。他向孔子请教仲出和冉求这两位孔门弟子称不称得上是大臣。孔子对这两位学生，一向肯定他们的行政能力，却不肯定他们的道德实践。上文《公冶长篇》记孟武伯之问、《八佾篇》之记冉有不能谏止季氏违礼祭泰山、本篇第十七章记冉有之为季氏聚敛，都足以为证。

因此在孔子心目中，这两位做为季氏家臣的学生都不能称为以道事君的大臣。不过，他们虽非大臣之资，却也并非完全听命之辈，像弑君父这一类大逆不道之事他们也确定不会做的，也因此孔子认为他们是聊可充数的大臣。

25. 子路使子羔为费宰①。子曰："贼夫人之子②。"

子路曰："有民人焉，有社稷焉，何必读书，然后为学？"

子曰："是故恶夫佞者③。"

【校注】

①子羔为费宰——子羔，即孔子弟子高柴。已见前。费，地名，在今山东省费县西南，当时属季氏所有。宰，邑长。

②贼夫人之子——贼，伤害。夫人之子，这个人家的孩子。

③恶夫佞者——恶，音"勿"，厌恶。夫，音"扶"，此、这个。佞者，巧言善辩的谄媚者。指子路讨好季氏。

【直译】

子路叫子羔去做费邑的总管。孔子说："这是害了人家的孩子。"

子路说："那地方有老百姓要管理，有土地和五谷的神坛要祭祀，为什么一定要先读书然后才叫作学问呢？"

孔子说："就是因此我才讨厌巧舌利口的人。"

【新绎】

子路做季氏家臣时推荐子羔当费邑的邑长。古时地方官的职责最重要的就是管理人民和敬事鬼神，所以子路只看到子羔有这方面的才能就迳行推荐了，而没有理会子羔的读书学礼是否已有成就。这跟孔子学而优则仕的主张是相违背的，所以孔子批评子路强词夺理。

26. 子路、曾皙①、冉有、公西华侍坐。

子曰："以吾一日长乎尔，毋吾以也。②居则曰：'不吾知也！'如或知尔，则何以哉？"

子路率尔而对曰："千乘之国，摄乎大国之间，加之以师旅，因之以饥馑；由也为之，比及三年，可使有勇，且知方也。"夫子哂之。③

"求！尔何如？"对曰："方六七十，如五六十，求也为之，比及三年，可使足民。如其礼乐，以俟君子。"④

"赤！尔何如？"对曰："非曰能之，愿学焉。宗庙之事，如会同，端章甫，愿为小相焉。"⑤

"点！尔何如？"鼓瑟希，铿尔，舍瑟而作。对曰："异乎三子者之撰。"

子曰："何伤乎？亦各言其志也。"

曰："莫春⑥者，春服既成。冠者⑦五六人，童子六七人，浴乎沂⑧，风乎舞雩⑨，咏而归。"夫子喟然叹曰："吾与点也。"

三子者出，曾皙后。曾皙曰："夫三子者之言何如？"子曰："亦各言其志也已矣。"

曰："夫子何哂由也？"曰："为国以礼，其言不让，是故哂之。"

"唯求则非邦也与？""安见方六七十、如五六十而非邦也者？"

"唯赤则非邦也与？""宗庙会同，非诸侯而何？赤也为之小，孰能为之大？"

【校注】

①曾皙——孔子的学生。姓曾，名点，字子皙。曾参的父亲。

②以吾一日二句——不要因为我年纪比你们大一点。以，因为。尔，你、你们。毋，勿、不要。

③以上一段——率尔，轻率的样子。摄，介乎、夹在。加，施加、侵犯的意思。因，因仍、接连。比及，等到。知方，知道礼义。

④以上一段——方六七十，边界以六、七十里见方的小国。如五六十，或者边界以五、六十里见方的地方。

⑤以上一段——会同，诸侯朝见天子称"会"，诸侯相见称"同"。端章甫，古代祭祀或朝会时所穿戴的礼服和礼帽。"端"即玄端，"章甫"即玄冠，都是黑色的礼服和礼帽。

⑥莫春——暮春。莫，"暮"的本字。

⑦冠者——古时人到二十岁时行加冠礼，即算成年人了。

⑧沂——音"宜"，水名，源出山东省邹县东北，流经曲阜，与洙水合，入于泗水。

⑨舞雩——坛名，跳舞来祈雨的祭坛。在沂水边，曲阜城南。坛上多种树木，故可乘凉。雩，音"余"，古代一种祈雨的祭典。

【直译】

子路、曾皙、冉有、公西华陪坐在旁。

孔子说："因为我年纪大你们一两天，不要因为我这样子（就不说话了）呀。闲居时你们常说：'人家不了解我。'如果有人了解你们，那么你们怎么做？"

子路不假思索地答道:"拥有千辆兵车的国家,夹在大国的中间,有军队来侵犯它,接着又发生饥荒;我仲由去治理它,等到三年光景,就可以使人民有勇气,而且知道礼法了。"孔子微微一笑。

"冉求,你怎么样?"答道:"周围六七十里,或者像五六十里的地方,我冉求去治理它,等到三年光景,可以使人民富足。至于那些礼乐的事情,只有等待君子来做了。"

"公西赤,你怎么样?"答道:"不敢说能治理它,只是愿意学习。宗庙祭祀的事情,或者像诸侯会盟的时候,穿着礼服戴着礼帽,我愿意做一个赞礼的小傧相。"

"曾点,你怎么样?"曾点鼓瑟的声音稀落下来,铿的一声停止了,放下瑟然后站起来。答道:"不同于他们三位所陈述的志向。"

孔子说:"有什么关系呢?也不过是各人说说自己的志向啊。"

曾点说:"暮春时节,春服已经裁制好了,和成年人五六人,小孩子六七人,一起到沂水洗洗澡,在舞雩坛上乘乘凉,然后唱着歌回家。"孔子喟然感叹道:"我同意曾点说的。"

另外三个同学都出去了,曾皙最后走。曾皙说:"他们三个人说的话怎么样?"孔子说:"也不过是各人说说自己的志向罢了。"

曾皙问:"老师为什么笑仲由呢?"孔子答:"治理国家需要礼让,他的话不谦逊,所以笑他。"

"那冉求所说的就不是国家吗?""怎么见得周围六七十里或五六十里的地方就不是国家呢?"

"那公西赤所说的就不是国家吗?""宗庙祭祀诸侯会盟,不是诸侯国的事情那又是什么?公西赤愿意做它的小傧相,那谁能做它的大傧相呢?"

【新绎】

　　此章记述孔子诱发子路等四位学生各自说出他们的志向，从而显露出各自不同的人生境界。叙述非常生动，是《论语》中著名的篇章。

　　子路等人所说的志向，按字面上看可以分为两类。子路、冉有、公西华是一类。子路所说的富国强兵，冉有所说的丰衣足食，公西华所说的知礼守道，都是从统治人民的行政管理来说的，差别只在于说得谦逊不谦逊而已。曾皙则与他们三人不同，他说的是一种教化的成果和生命的情态。表面上看，他的志向是暮春时节穿着春衣和若干成人、童子去洗洗澡、乘乘凉，然后咏歌而归，这好像只是个人的生活情趣而已，与国计民生无关，不像子路等三人那样志向宏大，但究其实，所谓富国强兵、丰衣足食、知礼守道，最终的目的是什么？一言以蔽之，还不是要使人民生活安乐。曾皙所说的其实正是这种境界。上文说过，孔子的志向是："老者安之，朋友信之，少者怀之。"与曾皙所言亦正相契合，因而他说："吾与点也。"

　　至于子路说了自己的志向之后孔子哂之的原因，是针对子路的不知谦让之道，老是抢先说话，而不是否定他所说的志向。这一点是读者必须注意的。

【十二】 颜渊篇

本篇共二十四章，记录孔子与弟子以及弟子之间讨论明君仁政之事，皆圣贤之格言、仕进之借鉴。篇中所论如"克己复礼""己所不欲，勿施于人"等等，都是儒学的重要课题。

1. 颜渊问仁。子曰："克己复礼为仁。一日克己复礼，天下归仁焉。为仁由己，而由人乎哉？"

   颜渊曰："请问其目①。"子曰："非礼勿视，非礼勿听，非礼勿言，非礼勿动。"

   颜渊曰："回虽不敏，请事斯语②矣。"

【校注】
①目——目有二义，一是纲目，一是条目。此指具体条目。
②请事斯语——愿意奉行这些话。事，从事、奉行，有实践之意。

【直译】
颜渊请教仁道。孔子说："克制自己的欲望回到合礼的正道就是仁了。一旦能克制自己的欲望回到合礼的正道，天下的人都会赞同你的。实践仁道靠自己，难道还靠别人吗？"

颜渊说:"请问实践仁道的条目。"孔子说:"不合礼的不看,不合礼的不听,不合礼的不说,不合礼的不做。"

颜渊说:"回虽然不聪敏,但愿意实践这些话。"

【新绎】

此记孔子教颜回行仁的条目,盖以礼为本。仁与礼有密不可分的关系,仁是大公无私之心,礼是规规矩矩的行为。大公无私之心,顺天理,去人欲,一切言行举动都必须合乎礼义;规规矩矩的行为,讲礼制,依正道,一切言行举动也都必须合乎公义。礼制文仪因时因地会有所改变,有的要保留,有的要改变,但一切都要合乎天理和公义。仁是爱心,但要辨别是非善恶,礼是公义,但要区别上下先后,它们共同的地方都是讲合乎理。合理的就存而行之,不合理的就改而正之。而在存而行之和改而正之的过程中,一方面要去人欲,克制私人的欲望,一方面要讲公义,回到合理的正道。因此克己复礼是实践仁道的基本功夫,而"非礼勿视"等四项则为行仁的基本条目。

2. 仲弓问仁。子曰:"出门如见大宾,使民如承大祭。己所不欲,勿施于人。在邦无怨,在家无怨。"

仲弓曰:"雍虽不敏,请事斯语矣。"

【直译】

仲弓请教仁道。孔子说:"出门好像见到贵宾,使唤人民好像承办隆重的祭典。自己不喜欢的事情,不要施加在别人身上。在诸侯国里做事没有怨恨,在卿大夫家里做事也没有怨恨。"

仲弓说:"雍虽然不聪敏,但愿意实践这些话。"

【新绎】

上章是就个人修养来谈仁道,在于克己复礼,此章则就政治道德来说明仁道,在于敬与恕。"出门如见大宾"二句,是敬,尽己之心,一丝不苟,亦即忠道。"己所不欲"二句,是恕,反省自己,体谅别人,亦即恕道。仁者,忠恕而已矣。忠是律己,恕是待人。用之于政事上,则于己临事不苟,待人宽宏不苟,不管是为诸侯邦国或大夫之家做事,都不至于被人怨恨。

3. 司马牛①问仁。子曰:"仁者,其言也讱②。"

曰:"其言也讱,斯谓之仁矣乎③?"子曰:"为之难,言之得无讱乎?"

【校注】

①司马牛——孔子的学生。姓司马,名耕,字子牛。宋国人。他的为人多话而急躁。一说他即宋国桓魋的弟弟。他的兄弟多非善类。但也有人(如杨伯峻)以为此为二人,不容相混。
②讱——音"刃",忍、难以开口的样子。虽似迟钝,实为谨慎。
③矣乎——表示疑问的连用语助词。

【直译】

司马牛请教仁道。孔子说:"有仁德的人,他说话是迟钝的。"
司马牛说:"一个人说话迟钝,这样就说他有仁德了吗?"孔子说:"实践它的时候困难,说它的时候能不迟钝吗?"

【新绎】

　　以上二章从个人修养和政治道德来谈仁道，此章则从做事态度来说明行仁之道，在于能言能行。说得到做得到当然最好，否则孔子以为口才不好、说话迟钝却肯去努力工作的人反而比花言巧语却偷机取巧的人要好些。

　　据《史记·仲尼弟子列传》说，司马牛"多言而躁"，因此此章所记孔子的谈话显然也是因材施教，对禀性习染不同的学生给予不同的教导。

4.　司马牛问君子。子曰："君子不忧不惧。"

　　曰："不忧不惧，斯谓之君子已乎①？"子曰："内省不疚②，夫③何忧何惧？"

【校注】

　　①已乎——同"矣乎"。见上章。
　　②内省不疚——内心自省不感惭愧。省，反省。
　　③夫——发语词。

【直译】

　　司马牛请教君子的意义。孔子说："君子不忧愁不畏惧。"
　　司马牛说："不忧愁不畏惧，这样就说他是君子了吗？"孔子说："内心反省自己没有愧疚，那还有什么忧愁什么畏惧？"

【新绎】

　　此章记孔子向司马牛解释何谓君子。君子兼有地位高和品德好二义，此章所说偏重后者。

历来学者颇多以为司马牛的兄长即曾经想杀害孔子的宋国大夫桓魋。有此兄长，司马牛自己的心里恐怕不会舒坦，史书上称他"多言而躁"，或许与此有关。此章孔子回答他的问题，说君子所以能不忧不惧乃在于内省不疚。能够自我反省，觉得自己已经尽心尽力毫不愧疚的人，何忧惧之有？用在司马牛身上，就是说虽然有个不安分的兄长，但只要自己修德守道，不助桀为虐，又何须忧惧呢？

5.　司马牛忧曰："人皆有兄弟，我独亡①。"

子夏曰："商闻之矣：'死生有命，富贵在天。'②君子敬而无失，与人恭而有礼。四海之内，皆兄弟也。君子何患乎无兄弟也？"

【校注】

①我独亡——单单我没有。亡，同"无"。

②死生有命二句——朱熹以为是孔子说过的话。《论衡·禄命篇》则以为此至下文"皆兄弟也"皆孔子所言。

【直译】

司马牛忧虑道："别人都有兄弟，我偏偏没有。"

子夏说："我听说过这样的话：'死生都有命定，富贵由天安排。'君子做事慎重而没有过失，待人恭敬而有礼貌。普天之下的人，便都是兄弟。君子何必担心没有兄弟呢？"

【新绎】

其实，根据传统的说法，司马牛不仅有一个曾在宋国作乱的次兄桓魋，而且他的长兄向巢以及弟弟子颀、子车等人，也都非善类。有这样的兄弟，令他感到羞恼，所以他愤而说自己没有兄弟。同学子夏劝勉他只要自己修德，待人有礼，那么"四海之内，皆兄弟也"，可谓善劝者矣。

6. 子张问明。

子曰："浸润之谮①，肤受之愬②，不行焉，可谓明也已矣③。浸润之谮，肤受之愬，不行焉，可谓远④也已矣。"

【校注】

①浸润之谮——是说谗言像水一样逐渐渗透，不易察觉。谮，暗中毁谤。
②肤受之愬——是说诉冤像有切肤之痛一般。愬，同"诉"。
③也已矣——表示肯定的连用句末助词，加强语气用。下同。
④远——远见。

【直译】

子张请教贤明的道理。

孔子说："逐渐渗透的谗言，切身感受的诉苦，不能打动你，就可以说是明智的了。逐渐渗透的谗言，切身感受的诉苦，不能打动你，就可以说是有远见的了。"

【新绎】

此章孔子教人要能辨明小人的谗言诬告。谗言如水之慢慢渗透，令人不易察觉；诬告常事关利害，令人有切肤之痛，一时之间又难以详察。这两种都是小人用以害人的手段，能够察觉不为所惑的人恐怕不多。子张或许容易听信别人谗言，所以孔子如此劝告。

善用重章复句和连用语气词以增加文章的气势与韵味是《论语》表现形式的特色之一，本章可为例证。

7. 子贡问政。子曰："足食，足兵，民信之①矣。"

子贡曰："必不得已而去，于斯三者何先？"曰："去兵。"

子贡曰："必不得已而去，于斯二者何先？"曰："去食。自古皆有死，民无信不立。"

【校注】

①民信之——高丽本"民信"前有"使"字，是说使人民信任它（政府行政）。我们这里所说的民信之与足食、足兵并列为行政三要项，不可说是因足食、足兵而获得人民信任。

【直译】

子贡请教政治。孔子说："粮食充足，军备充足，人民相信政府。"

子贡说："假使迫不得已一定要去掉一项，在这三项里哪一项先去掉？"孔子说："去掉军备。"

子贡说："假使迫不得已一定要去掉一项，在这剩下的两项里哪一项先去掉？"孔子说："去掉粮食。自古以来谁都有死亡的时候，人民要是没有信心政府是站立不住的。"

【新绎】

此章记孔子告诉子贡为政治国的应变道理。孔子所说的三个要件足食、足兵、人民信任三者之中，最重要的是人民信任，任何政府一旦失去人民的信赖没有不溃败的。其次是足食，人民丰衣足食，对政府就容易有信心。否则，衣食有缺，民生疾苦，即使发展武力，军备再好也没有用，因为那是穷兵黩武，得不到人民的支持的。军人来自人民，军备来自民间，道理容易明白。以上的这两种情况，有不少历史的教训可为佐证。这样说并不是说军备不重要，读者千万不可误会了。一开头就已经说它是三要件之一了，不是吗？

"民无信不立"，这句话说得非常中肯。

8. 棘子成①曰："君子质②而已矣，何以文为？"

子贡曰："惜乎夫子之说君子也！驷不及舌③。文犹质也，质犹文也。虎豹之鞟④，犹犬羊之鞟。"

【校注】

①棘子成——卫国的大夫。其他不详。

②质——朴实。与下文的"文"（文采）相对。

③驷不及舌——四匹马驾驶的车也不如口舌说的话快。犹如俗谚所说："一言既出，驷马难追。"

④鞟——音"阔"，皮革、去了毛的兽皮。

【直译】

棘子成说："君子质朴就够了，要文采干什么？"

子贡说："可惜啊！老先生这样解释君子！驷马都赶不上舌头说出的话。文采如同质朴，质朴如同文采，两者同样重要。虎豹的皮革如果去掉了毛，如同狗羊的皮革。"

【新绎】

　　此章记子贡认为君子应文质并重，文指形式、外表，质指内容、心地。一个人的言行举动是看得见的，是否具有文采、合乎礼仪也是看得见的，它会影响别人的观感，而一个人的心是否质朴仁慈只有自己知道，别人却无从得知，看不清楚。因此文质二者应该兼具并重，而不应比较哪一个重要。君子地位高、影响大，所以更应文质并重，然后才可以说是彬彬君子。

　　"虎豹之鞟，犹犬羊之鞟"是说去了毛的虎豹犬羊，光看它们的皮一般人是无法辨别的。子贡借此来说明文质应该并重的道理。

9.　哀公问于有若曰："年饥，用不足，如之何？"有若对曰："盍彻乎①？"

　　曰："二②，吾犹不足，如之何其彻也？"对曰："百姓足，君孰与不足？百姓不足，君孰与足？"

【校注】

　　①盍彻乎——何不采用"彻"法呢。彻，周朝的税法，抽取十分之一的税率。

　　②二——征收十分之二的税。

【直译】

　　哀公向有若请教说："年成饥荒，财用不够，应该怎么办？"有若答道："何不实行十分抽一的税率呢？"

　　哀公说："十分抽二，我还不够，怎么能用十分抽一的彻法呢？"（有若）答道："百姓用度够了，您怎么会不够？百姓不够了，您怎么会够呢？"

【新绎】

此章记鲁哀公与有若讨论财政税收的问题。周朝推行井田制度，规定每年收成抽取十分之一的税率，这就叫作"彻"。鲁国从鲁宣公十五年起，据《左传》说，就已经"初税亩"，也就是说除了"彻"法之外还另外抽取十分之一，这也就是本章中鲁哀公所说的"二"。有若告诉他君民一体的道理，人民富足了国用才可能充足，因为国用来自人民的税收。如果国君聚敛、税收苛严，那么人民反对，国家就有颠覆的危险。

10. 子张问崇德辨惑。

子曰："主忠信，徙义①，崇德也。爱之欲其生，恶之欲其死；既欲其生，又欲其死，是惑也。'诚不以富，亦祇以异。'②"

【校注】

①徙义——迁过向善。阮元校勘，以为"徙"字当从高丽本作"从"。

②诚不以富二句——见于《诗经·小雅·我行其野》。意思是实在不是为了财富，也只不过是为了见异思迁。这两句诗引用在这里很难解释。程颐说是"错简"，本应在《季氏篇》"齐景公有马千驷"之上。不过这也只是猜测而已。

【直译】

子张请教提高品德、辨别迷惑的方法。

孔子说："笃守着忠诚信实的道理，改过向善，就可以提高品德了。爱他就希望他活，恨他就希望他死；既然希望他活，却又希望他死，这就是迷惑呀。《诗经》上说：'诚不以富，亦祇以异。'"

【新绎】

此章记孔子说明崇德辨惑的道理。崇德就是提高品德，孔子以为有两个做法：一是诚心向善，尽己之心待人以信，这是从正面说的；二是从反面说，万一不小心做错了事也不可文过饰非，要改过向善才对。能够如此，自然可以提高品德。辨惑，就是辨识迷惑。孔子以为最好的做法是把个人的好恶爱憎即所谓私情和天道的是非善恶分辨清楚，这样就不会迷惑了。例如"爱之欲其生，恶之欲其死"，对于同一个人，应该理性地去判断他的是非善恶，然后才决定该爱他或恨他，如此就不会"既欲其生，又欲其死"了。

"诚不以富"二句与上文意不相属，前人认为是错简。不必强加解释。

11. 齐景公①问政于孔子。孔子对曰："君君，臣臣，父父，子子。"

公曰："善哉！信如君不君，臣不臣，父不父，子不子，虽有粟，吾得而食诸②？"

【校注】

①齐景公——齐国国君，齐灵公之子，齐庄公之异母弟。崔杼弑庄公后被立为齐君。名杵臼，"景"是谥号，在位五十三年。

②虽有粟二句——粟，小米，借指粮食、俸禄。诸，"之乎"二字的合音。

【直译】

　　齐景公向孔子请教政治。孔子答道:"君要像君,臣要像臣,父要像父,子要像子。"

　　齐景公说:"说得好啊!真的如果君不像君,臣不像臣,父不像父,子不像子,即使有米粮,我能够吃得到吗?"

【新绎】

　　齐景公是齐庄公的异母弟。崔杼弑庄公,立之为君。齐景公三十一年(公元前五一七年),亦即鲁昭公二十五年,孔子当时三十五岁,因季氏之乱到了齐国。当时齐国陈恒专政,不立太子,真是君不君,臣不臣,父不父,子不子。所以当齐景公请教为政治国之道时,孔子有感而发如此回答。

12.　子曰:"片言可以折狱①者,其由也与?"
　　子路无宿诺②。

【校注】

　　①片言可以折狱——片言,偏言、一方之辞。一说片言即判言,是说能辨别言辞。折,判决。狱,这里指诉讼案件。
　　②宿诺——隔夜的诺言。一说拖了很久还不履行的诺言。

【直译】

　　孔子说:"只听一方面的话就可以判决案件的,大概只有仲由吧?"
　　子路没有隔夜才实践的诺言。

【新绎】

此章记孔子评子路的为人。子路为人一向直率，好处是坦白正直，坏处是过于刚强，失之急躁。此章二段文字皆就此立论。前者说子路片言可以折狱，只听片面之辞就可判决案件，好处是说子路平日为人诚信，大家多肯据实以告，所以很快就可定案；坏处是说子路过于自信，有时还没有了解事情的全貌真相就下了结论，这是危险的。

同样的道理，第二段话"子路无宿诺"是说子路言必信，行必果。今天答应的事情今天就一定去做。从好处去说是坚持信用，值得信赖；从坏处去说则是有时操之过急，反而欲速则不达了。

13. 子曰："听讼，吾犹人也；必也使无讼乎！"

【直译】

孔子说："听审诉讼案件，我跟别人差不多；但一定要使民众没有诉讼才好！"

【新绎】

此章记孔子对法律诉讼的看法。他以为听审案件公正客观，还不如没有诉讼案件可审。《大戴礼记·礼察篇》说，礼是"禁于将然之前"，法是"禁于已然之后"，这是礼和法的不同。《为政篇》第三章说："道之以政，齐之以刑，民免而无耻；道之以德，齐之以礼，有耻且格。"说的也就是这个道理。

14. 子张问政。子曰:"居之无倦,行之以忠。"

【直译】

子张请教政治的道理。孔子说:"在行政职位上不要懈怠,执行政事时要尽忠诚。"

【新绎】

此章记孔子告诉子张为政要耐烦,而且忠诚。"居"和"行"在这里是相对的,居指居心或坐下来处理事情,行指行事或出门执行政令。耐烦才能平心静气,忠诚才会秉公无私。

15. 子曰:"博学于文,约之以礼,亦可以弗畔矣夫!"①

【校注】

①博学于文三句——已见《雍也篇》第二十七章。

【直译】

孔子说:"广博地学习(书本上的)知识,再用礼节来约束自己,也就可以不违背正道了吧!"

【新绎】

此章已见《雍也篇》第二十七章。请参阅,此不赘述。

16. 子曰:"君子成人之美,不成人之恶。小人反是。"

【直译】

孔子说:"君子成全别人的好事,不助长别人的坏处。小人和这个恰好相反。"

【新绎】

此章从人的本性去比较君子和小人的不同。君子居心仁厚,所以看到别人有好的表现会由衷地赞美,看到别人做错了会同情、原谅,或劝诫、纠正。而小人则不同。小人居心叵测,看到别人好就嫉妒,看到别人不好就幸灾乐祸或落井下石。

17. 季康子问政于孔子。

孔子对曰:"政者,正也。子帅以正,孰敢不正?"

【直译】

季康子向孔子请教政治的道理。

孔子答道:"政的意思,就是正。您率先来端正自己,还有谁敢不端正?"

【新绎】

孔子教学生因材施教,对禀性不同的学生有不同的教法,平日与人应对也常常因人而异,随机而发。季康子是鲁国上卿,位高权重,理当推行正道,可是他却溺于私利、据邑谋叛,所以当他请教如何为政时,孔子就告诉他说要管理国家众人之事应该先从自己做起,己身能正,自然上行下效,没有人敢不依正道了。

18. 季康子患盗，问于孔子。

孔子对曰："苟子之不欲，虽赏之不窃。"

【直译】

季康子忧虑盗贼多，向孔子请教。

孔子答道："只要你不贪求，即使奖励他们，也不肯偷窃的。"

【新绎】

此章和上章一样，都有"子帅以正，孰敢不正"的意思。盗贼之起固然由于其人不知廉耻，但与贫富不均、社会不公也有关系。季康子位居上卿，对于贫富不均、社会不公的现象当然要负很大的责任。所以孔子告诉他，执政者没有私欲盗贼自然就少了。

19. 季康子问政于孔子，曰："如杀无道，以就①有道，何如？"

孔子对曰："子为政，焉用杀？子欲善而民善矣。君子之德风，小人之德草。草上之风，必偃②。"

【校注】

①就——接近、归向。

②偃——音"演"，倒、披靡。

【直译】

季康子向孔子请教政治，说："如果杀死没有道德的人，来亲近有道德的人，怎么样？"

孔子答道:"您治理政事,何必用到杀戮?假使您真想要好那么人民也就好了。执政者的德行像风,老百姓的德行像草。草上有风吹,一定随风倒。"

【新绎】

以上三章都是记述孔子回答季康子问政之事。孔子以为政治应该重视礼教,礼教先于法治,而执政者必须以身作则人民才会闻风景从。此章以风比君子,草比小人,譬喻非常生动。

季孙和孟孙、叔孙三家专擅鲁政,因皆出桓公之后,所以又称"三桓"。鲁政之衰,与"三桓"之贪欲枉法大有关系,不止季康子一人而已。

20. 子张问:"士何如斯可谓之达①矣?"子曰:"何哉,尔所谓达者?"子张对曰:"在邦必闻,在家必闻。"

子曰:"是闻也,非达也。夫达也者,质直而好义,察言而观色,虑以下人;在邦必达,在家必达。夫闻也者,色取仁而行违,居之不疑;在邦必闻,在家必闻。"

【校注】

①达——显达、通达。子张从功名上讲,所以说是名位显达;孔子从道理上讲,所以说是人情通达。

【直译】

子张问:"士人要怎样才可以说他是(显)达了呢?"孔子说:"什么意思呀,你所说的(显)达?"子张答道:"在诸侯国里任官一定有名声，在卿大夫家里任官也一定有名声。"

孔子说："这是名声，不是（通）达。这（通）达的意思，是天性正直而且爱好正义，能察人言语而且观人神色，总是通达人情想着对人谦让；因此这样的人在诸侯国里一定（显）达，在卿大夫家里也一定（显）达。这名声的意思，是表面装成仁厚而行为却相反，而且以仁人自居毫不怀疑；那样的人在诸侯国里一定会有名声，在卿大夫家里也一定会有名声。"

【新绎】

此章记孔子向子张解释"达"与"闻"的不同。"达"是显达、通达，"闻"是名声、虚名。前者是内充于己，诚信自然浮于众望；后者是只重外表，徒具虚名。二者看似相近，实则大大不同。或许子张为人比较好名，所以孔子借此规劝他。

21. 樊迟从游于舞雩①之下，曰："敢问崇德、修慝、辨惑②。"

子曰："善哉问！先事后得，非崇德与③？攻其恶，无攻人之恶，非修慝与？一朝之忿④，忘其身，以及其亲，非惑与？"

【校注】

①舞雩——已见前《先进篇》第二十六章。

②崇德修慝辨惑——参阅本篇第十章。修慝，消除恶念。慝，音"特"，恶念、怨恨。

③与——同"欤"。下同。

④忿——音"愤"，气愤。

【直译】

　　樊迟跟从孔子游玩在舞雩的台下,说:"大胆请教提高品德、消除怨恨、辨别疑惑的方法。"

　　孔子说:"问得好!先去劳动后去收获,不就是提高品德吗?批评自己的缺点,不批评别人的缺点,不就是消除怨恨吗?为了一时的愤怒,就忘了自己的生命,甚至忘了父母亲属,不就是疑惑吗?"

【新绎】

　　此章记孔子教樊迟如何提高品德、消除恶念和辨明迷惑。这三样都是心性的修养功夫,要从自己做起。凡事都只问耕耘,不计收获;先检讨自己,不攻击别人;学习忍耐,不要牵累亲人。孔子以为能够如此,即可积德日新、改过远祸了。

22.　樊迟问仁。子曰:"爱人。"问知①。子曰:"知人。"樊迟未达。子曰:"举直错诸枉②,能使枉者直。"

　　樊迟退,见子夏曰:"乡③也吾见于夫子而问知。子曰:'举直错诸枉,能使枉者直。'何谓也?"

　　子夏曰:"富哉言乎!舜有天下,选于众,举皋陶④,不仁者远矣。汤有天下,选于众,举伊尹⑤,不仁者远矣。"

【校注】

　　①知——同"智"。

　　②举直错诸枉——举直,提拔正直的人。错,同"措"。错诸枉,措之于邪曲的人之上。一说错为攻错、纠正,错诸枉是说纠正邪曲的小人。

　　③乡——通"向",不久以前。

④皋陶——音"高遥",舜的臣子,掌管刑狱之事。

⑤伊尹——商汤的贤相。名挚,一称伊挚。尹为官名。助汤灭桀兴商,又辅助卜丙、仲壬二王。

【直译】

樊迟请教仁道。孔子说:"爱人。"请教智慧。孔子说:"知道人的好坏。"樊迟不明白。孔子说:"提拔正直的人安置他们在邪曲的人上面,就能使邪曲的人变得正直。"

樊迟退了出来,去见子夏说:"刚才我见到我们老师而向他请教智慧,老师说:'提拔正直的人安置他们在邪曲的人上面,就能使邪曲的人变得正直。'这是什么意思呢?"

子夏说:"多么有意义的话啊!舜拥有天下,在群众中选用人才,提拔了皋陶,没有仁德的人就离开了。汤拥有天下,在群众中选用人才,提拔了伊尹,没有仁德的人也就离开了。"

【新绎】

此章记孔子师生讨论仁与智的道理。孔子告诉樊迟说:仁是"爱人",智是"知人"。樊迟不明白,孔子进一步告诉他:"举直错诸枉,能使枉者直。"意思是前者为智,后者为仁。樊迟还是不明白,所以又去请教子夏。子夏长于文献知识,明白孔子的意思,因此以舜举皋陶、汤举伊尹为例来说明举用贤才就是智、泽及人民就是仁的道理。由此可见仁与智是一体的,不能分开。樊迟不明白,就是因为将仁智视为二事的缘故。

23. 子贡问友。子曰:"忠告而善导之,不可则止,毋自辱焉。"

【直译】

　　子贡请教交朋友的道理。孔子说:"尽心地劝告而且委婉地开导他,不接受就算了,不要自讨没趣。"

【新绎】

　　此章记孔子教人交朋友的道理。所谓朋友,当然志同道合,一起进德修业,互相勉励也互相规劝。此章所言,是就朋友有互相规劝的道理来说的。朋友有过错时要忠告他,但需尽其心、善其言,不可过于急切伤害了朋友的自尊,否则朋友恼羞成怒,反而有违规劝之义了。孔子讲中庸之道,随处可见。

24.　曾子曰:"君子以文会友,以友辅仁。"

【直译】

　　曾子说:"君子用文章学问来结交朋友,靠朋友来辅助自己增进仁德。"

【新绎】

　　上章孔子所言其实已有"以友辅仁"之意,此章记曾子谈君子交友之道,当系推阐孔子之说而来。《礼记·学记篇》说:"独学而无友,则孤陋而寡闻。"这是就"以文会友"来说的。上章所言"忠告而善导之",则是就"以友辅仁"来说的。合而观之,说的正是君子进德修业之事。

【十三】 子路篇

本篇共三十章，内容大致与上篇相似，皆论君子仁人修身治国之要，从中可以看出孔子轻耕织而重政教的思想主张。

1. 子路问政。子曰："先之，劳之。"请益。曰："无倦。"

【直译】

子路请教政治的道理。孔子说："带领他们工作，慰劳他们。"子路请求多说一些。孔子说："不要懈怠。"

【新绎】

此章孔子告诉子路为政之道在于先之、劳之和不要懈怠。先之，是说自己身先士卒，以身作则；劳之，是说慰劳他们。先之，是在他们工作之前；劳之，是在他们工作之后。旧说"劳之"是自己先竭力工作，然后才让别人跟从。如此解释与"先之"没有什么不同，故不采取。

子路是个性刚直而略嫌急躁的人，这种人好处是有勇敢为，坏处是容易烦躁。"先之，劳之"是教子路要好好发挥自己的长处，"无倦"是教子路持之有恒，避免过刚易折。"请益"，要求孔子多说，正见子路个性的急切。孔子的答话简单，正要子路多思考。

2. 仲弓为季氏宰①，问政。子曰："先有司②，赦小过，举贤才。"

曰："焉知贤才而举之？"子曰："举尔所知；尔所不知，人其舍诸③？"

【校注】

①宰——古代卿大夫的家臣之长或私邑的总管。

②先有司——在有司之前率先示范。有司，官吏皆职有所司，各有主管的事务。

③人其舍诸——其，通"岂"，难道。舍，舍弃。诸，之乎。

【直译】

仲弓做了季氏的总管，来请教政治的道理。孔子说："带领主管人员工作，宽恕别人的小过失，提拔优秀的人才。"

仲弓说："怎样去辨别优秀的人才而提拔他们呢？"孔子说："提拔你所知道的；你所不知道的，别人难道会舍弃他吗？"

【新绎】

此章记孔子告诉仲弓（冉雍）为政之道以及举用贤才的方法。此章所说的为政之道有三点，比上章要详细。第一点"先有司"，就是上章所说的"先之，劳之"，自己先以身作则做好自己该管的事，才容易带领部属。第二点是"赦小过"，凡人过错难免，大过不能宽赦自然要惩处，但无关紧要的小错则不妨原谅，如此则刑不滥而人悦服。第三点是"举贤才"，举用贤能的人才，使他们各安其位、各尽其才。这一点很重要，因为总管上下，众职各有所司，如果所用的人适才适所，那么就事易举而己不劳。至于如何举用贤才，孔子所说的先提拔你所了解的人也是最合情合理、最简便易行的方法。

3. 子路曰:"卫君①待子而为政,子将奚先②?"子曰:"必也正名③乎!"

子路曰:"有是哉,子之迂也!奚其正?"

子曰:"野哉由也!君子于其所不知,盖阙如也④。名不正,则言不顺;言不顺,则事不成;事不成,则礼乐不兴;礼乐不兴,则刑罚不中⑤;刑罚不中,则民无所措手足。故君子名之必可言也,言之必可行也。君子于其言,无所苟而已矣。"

【校注】

①卫君——卫出公,卫灵公太子蒯聩的儿子,名辄。蒯聩因反对灵公夫人南子淫乱,反被驱逐在外,而由辄继位。

②奚先——何事为先。

③正名——确立名义,把不对的名称矫正过来。名,事物的名称。

④盖阙如也——盖,大概、应该的语气。阙如,缺然、空着不说,即存疑。

⑤中——音"仲",合、合理。

【直译】

子路说:"假使卫君等待您去治理国政,您准备什么事情先做?"孔子说:"一定是矫正名义吧!"

子路说:"有这样的道理吗,您竟如此迂阔!名义哪里值得矫正呢?"

孔子说:"由真粗野呀!君子对于他所不知道的事情,应该采取存疑的态度。名义不能矫正,那言论就不能合理;言论不能合理,那事情就不能成功;事情不能成功,那礼乐就不能推行;礼乐不能推行,那刑罚就不能得当;刑罚不能得当,那人民就没有地方摆放手脚了。所以君子用的名义一定可以说出来的,说的话一定可以做得到的。君子对于他所说的话,没有地方是随便的就是了。"

【新绎】

根据《史记·孔子世家》说,鲁哀公六年,孔子自楚国到了卫国,当时卫出公已在位。卫出公名辄,是卫灵公的孙子。本来卫灵公死了,应由太子蒯聩继位,但太子与南子不合逃亡在外,因而灵公死后由南子扶立辄为君,即卫出公。卫出公即位之后,不让蒯聩回国。这就是上文说过的君不君、臣不臣、父不父、子不子。当时孔子的学生像子路等人已在卫国做官,可能卫出公有意请孔子从政,所以请子路传话。孔子所说的"正名",就是正名分、正名义,亦即正君臣父子的名义,显然是针对当时卫国的政治情况而发。

孔子重礼,他认为礼不正则名义乱,名义乱则名实不相符,如此为政则有名无实,文中"名不正,则言不顺"等等的情况势必发生,到时候赏罚不得当、人民手忙脚乱,又有什么好处呢?

4. 樊迟①请学稼。子曰:"吾不如老农。"请学为圃。曰:"吾不如老圃。"

樊迟出。子曰:"小人哉樊须也!上好礼,则民莫敢不敬;上好义,则民莫敢不服;上好信,则民莫敢不用情。夫如是,则四方之民襁负其子②而至矣,焉用稼?"

【校注】

①樊迟——孔子的学生。名须,字子迟。已见前。

②襁负其子——用襁褓背负着他们的小孩。襁,即襁褓的简称,包裹幼儿的长布带。

【直译】

樊迟请求学种田。孔子说:"我不如老农夫。"请求学种蔬菜。孔子说:"我不如老菜农。"

樊迟退了出去。孔子说:"小人物啊樊须这个人!在上位的人爱好礼节,那么人民就没有人敢不尊敬;在上位的人爱好正义,那么人民就没有人敢不服从;在上位的人爱好诚信,那么人民就没有人敢不用真心待人。假使能够这样,那么四方的百姓都会用长的布带背着他们的孩子来归顺了,何必自己种田呢?"

【新绎】

此章记孔子教人志向要远大。孔子之所以教导学生,是要他们接受文武合一的完整教育,不仅在学识上要不断充实,而且在品德上也要不断提升,以期学成之后可以出来服务社会,为国家做事。因此,孔子所期望于学生的是要他们做士大夫,不是要他们去耕田种菜;是要他们讲求礼义信用、导正百姓,不是要他们只求生活上的满足。

樊迟的提问是不是反映了当时已有人批评读书人四体不勤、五谷不分无从得知,但孔子不当面对樊迟说教,却反而向其他学生解释,显然是想借此开导所有学生立志的重要性。

5. 子曰:"诵《诗》三百①,授之以政,不达;使于四方,不能专对②;虽多,亦奚以为?"

【校注】

①《诗》三百——即《诗经》，孔子的教材之一。当时只称《诗》，三百，取其成数而言。

②专对——擅于应对。当时的外交场合，各国君臣都常利用《诗经》断章取义来表达心中的意愿。

【直译】

孔子说："读了《诗经》三百篇，把政事交给他，不能办好；派他到四方各国去，不能自己妥善应对；虽然读得多，又有什么用处？"

【新绎】

《诗经》是春秋时代诸侯各国必读书之一，在很多重要的外交或内政场合，与会者常借赋诵其中若干篇章来表示自己的意愿。所以孔子曾说："不学《诗》，无以言。"这里的《诗》，是指《诗经》，"言"是指外交辞令。也因此孔子以之作为教导学生的主要教材。在这样的目标之下，孔子此章之中特别强调了学以致用的重要性。

6. 子曰："其身正，不令而行；其身不正，虽令不从。"

【直译】

孔子说："（在上位的人）他自己行为端正，不必下命令就能行得通；他自己行为不端正，即使下命令人民也不服从。"

【新绎】

孔子一向强调德治、礼治，亦即以德治国、按礼行事。此章和上文《颜渊篇》所说的"子帅以正，孰敢不正""君子之德风，小人之德草"等等一样，都是强调执政者必须以身作则、正道而行。

7. 子曰："鲁、卫①之政，兄弟也。"

【校注】

①卫——国名，姬姓。始封周武王弟康叔。鲁定公十三年（公元前四九七年）孔子至卫，受到卫灵公礼遇。鲁哀公七年（公元前四八八年）再度赴卫，弟子多人出仕。孔子在卫前后约十年。

【直译】

孔子说："鲁国、卫国的政治，像兄弟一样。"

【新绎】

鲁国是周公旦的封地，卫国是康叔的封地。周公和康叔都是周武王的弟弟，而且二人之间关系非常亲近，因此称二国为兄弟之国一点也不假。但这里强调的是"鲁、卫之政"，就孔子当时的政坛情况来看，鲁、卫二国的政治是同样衰微不振的，也因此孔子有此感叹。

也有人以为孔子曾说"鲁一变，至于道"，又曾经五次到卫国，居卫时还曾说卫国多君子："三年有成。"足见此章乃期许之语，未必是感叹之辞。此亦有其道理，可备一说。

8. 子谓卫公子荆①善居室；始有，曰："苟②合矣。"少有，曰："苟完矣。"富有，曰："苟美矣。"

【校注】

①卫公子荆——卫国的公子，名荆。因鲁国也有公子荆，故加"卫"以示区别。

②苟——差不多，但这里又含有"足够"的意思。下同。

【直译】

孔子谈到卫国公子荆说他很会居家过日子；刚有一些，就说："差不多够用了。"稍有一些，就说："差不多够完备了。"多有一些，就说："差不多够完美了。"

【新绎】

卫国公子荆生活俭约、为人谦逊，和当时卫国在上位者的奢侈风气大不相同，不但孔子在此称许他，《左传·襄公二十九年》吴季札提到他时也说他是卫国的君子人物。文中的"苟"是聊且、差不多的意思，这应该是卫公子荆说话时一种谦虚的语气。但译为白话，说差不多完备或近乎完美了却容易引人误会他，似乎还有所企求。所以我把"苟"译成"够""很"，认为上下文气才比较通顺。

9. 子适①卫，冉有仆②。子曰："庶③矣哉！"
冉有曰："既庶矣，又何加焉？"曰："富之。"
曰："既富矣，又何加焉？"曰："教之。"

【校注】

①适——往、前往。

②仆——驾车。

③庶——众。指人口众多。

【直译】

孔子到卫国去，冉有替他驾车子。孔子说："卫国的人口真多呀！"

冉有说："已经人口众多了，还有什么要增加的呢？"孔子说："让他们生活富裕。"

冉有说："已经生活富裕了，还有什么要增加的呢？"孔子说："教育他们。"

【新绎】

此章可见孔子主张人民应先富后教。先让人民生活安定、富足，然后才接受教育。《孟子·梁惠王篇上》说的："是故明君制民之产，必使仰足以事父母，俯足以畜妻子，乐岁终身饱，凶年免于死亡，然后驱而之善。"道理正同。事实上，这是很多古代政治思想家的共同主张，像《管子·治国篇》中也说："仓廪实而知礼节，衣食足而知荣辱。"否则谋衣食而恐不足，救死伤而恐不赡，哪里还有空闲去讲礼义呢？

10.　子曰："苟有用我者，期月①而已，可也；三年有成。"

【校注】

①期月——满一周年的同个月份，即满一年。期，音"基"。

【直译】

孔子说:"只要有肯用我的,一年之后,就可以过得去;三年便有成绩。"

【新绎】

根据《史记·孔子世家》记载,这是孔子在卫国时因卫灵公不能用他而发的感叹之言。

孔子这样说,一方面表现了他积极的用世态度,另一方面也表现了他怀才不遇的感慨。

11. 子曰:"'善人为邦百年,亦可以胜残去杀矣。'[①]诚哉是言也!"

【校注】

[①]善人为邦百年二句——孔子引述的古代成语,出处不详。

【直译】

孔子说:"'好人治理国家一百年,也就可以感化残暴的人去除杀虐的刑法了。'这句话说得对!"

【新绎】

此章孔子引用古训来说明善人为政社会风气才会改善。上文《先进篇》第二十章说子张问"善人之道",孔子回答:"不践迹,亦不入于室。"意思是说不遵循古代善人的脚步就不能登堂入室。可以与此章合读。

12. 子曰:"如有王者①,必世②而后仁。"

【校注】

①王者——这里指推行仁政的君王。

②世——古人说三十年为一世。

【直译】

孔子说:"假如有实行王道的人,也一定要过三十年才能使仁道遍行天下。"

【新绎】

此章和上章都是说社会风气的改善很不容易,都必须有善人和王者领导才有可能。善人领导,要百年才能改善,而行仁道的王者来领导,也需要一世三十年。比较起来,可见在孔子心目中王者的影响力仍然比善人大得多。只是善人和王者究竟在哪里呢?孔子没有说。他的言下之意,似乎有期许,也有无可奈何的感叹。

13. 子曰:"苟①正其身矣,于从政乎何有②?不能正其身,如正人何③?"

【校注】

①苟——假使、只要。

②于从政乎何有——对于从政何难之有?何有,何难之有。

③如正人何——如何正人?

【直译】

孔子说:"假使能够端正他本身的行为,在从事政治时何难之有?不能端正他本身的行为,又如何去端正别人呢?"

【新绎】

这仍然是强调在上位者必须以身作则,和第六章所说是相同的道理。

14. 冉子退朝①。子曰:"何晏②也?"对曰:"有政。"
子曰:"其③事也。如有政,虽不吾以④,吾其与闻之。"

【校注】

①冉子退朝——冉子,指冉有,时为季氏家臣。朝,这里指季氏家中的私朝。

②晏——迟、晚。

③其——指季氏。

④虽不吾以——以,用。是说虽然不再任用我。

【直译】

冉子退朝回来。孔子说:"为什么回来晚了?"答道:"有公家政务。"

孔子说:"大概是大夫家的事务吧。如果有国家政务,虽然现在不任用我了,我应该也会听得到的。"

【新绎】

此章记冉有当季氏家臣时将"政"与"事"混为一谈,孔子规正他，说明了孔子对"正名"的重视。

这里的"政"指国政而言，"事"指家事而言。前者指国君的教令，后者指卿大夫的教令，是有区别的。《左传·哀公十一年》记载季氏为田赋之事即曾征询孔子的意见，说过"子为国老，待子而行"的话。可见孔子虽不见用，但当时确实可以与闻国政。

15. 定公问："一言而可以兴邦，有诸①？"

孔子对曰："言不可以若是其几②也。人之言曰：'为君难，为臣不易。'如知为君之难也，不几乎一言而兴邦乎？"

曰："一言而丧邦，有诸？"

孔子对曰："言不可以若是其几也。人之言曰：'予无乐乎为君，唯其言而莫予违③也。'如其善而莫之违也，不亦善乎？如不善而莫之违也，不几乎一言而丧邦乎？"

【校注】

①有诸——有这样的道理吗？诸，"之乎"二字的合音。之，可以指事物，也可以指道理。

②几——音"基"，通"期"，期望、企求。

③莫予违——没有人敢违抗我。予，我。

【直译】

鲁定公问："一句话就可以兴盛国家，有这样的事吗？"

孔子答道："说话不可以有这样的企盼。有人说过这样的话：'做君王难，做臣子也不容易。'如果知道做君王的困难，不是几乎因这一句话就可以兴盛国家了吗？"

定公又问："一句话就会灭亡国家，有这样的事吗？"

孔子答道："说话不可以有这样的企盼。有人说过这样的话：'我做君王没有什么快乐，只是自己说的话却没有人违抗而已。'如果他说得对而没有人违抗它，不是也很好吗？如果说得不对却没有人违抗，不是几乎因为这一句话就会灭亡国家了吗？"

【新绎】

此章记述孔子和鲁定公讨论一言兴邦、一言丧邦的道理。"为君难，为臣不易"这一句话，对君王来说，让他知道治国不容易，必须事事小心、战战兢兢，一点也不能疏忽；对臣子来说，大家都能体谅君王，因而同心协力、襄佐君上。能够如此，国家因这句话真的可能就兴盛起来了。反之，君王知道大家"唯其言而莫予违也"，即使他做错事，也没有人敢违抗他的命令，如此一来，他虽胡作非为而大家都噤声不谏，不是真的可能因"莫予违也"这句话而丧邦吗？

孔子不正面去批评鲁定公，却在答话之间隐寓讽谏之意，真可谓是善讽而得体。

16. 叶公①问政。子曰："近者说②，远者来。"

【校注】

①叶公——楚国的大夫。已见《述而篇》第十九章。

②说——同"悦"。

【直译】

叶公请教政治的道理。孔子说:"使近处的人安乐,使远方的人归附。"

【新绎】

此章记孔子劝叶公为政要行仁政,得民心。《墨子·耕柱篇》和《韩非子·难三》都同样有叶公子高问政于仲尼的记载。《墨子·耕柱篇》说孔子的回答是:"远者近之,而旧者新之。"《韩非子·难三》说孔子的回答是:"叶,都大而国小,民有背心,故曰政在悦近而来远。"这些资料都可以拿来和本章合读。

17. 子夏为莒父①宰,问政。子曰:"无②欲速,无见小利。欲速则不达,见小利则大事不成。"

【校注】

①莒父——鲁国地名,在今山东省高密市东南。
②无——同"毋",不要、不可。下同。

【直译】

子夏做了莒父这地方的邑宰,来请教政治的道理。孔子说:"不要贪快,不要只顾小利。贪快就不能达到目的,只顾小利那么大事就不能成功。"

【新绎】

此章记孔子告诫子夏为政不可贪快速、贪小利。处理政事有一定的程序,贪求快速则往往考虑不周或越序躁进,反而败事。贪求小利则往往心有旁骛，因小失大，反而吃大亏，不能达到预期的目标。

18. 叶公语孔子曰："吾党有直躬者①，其父攘②羊，而子证③之。"

孔子曰："吾党之直者异于是；父为子隐，子为父隐。直在其中矣。"

【校注】

①吾党有直躬者——党，乡党、邻里。直躬，端正自己的行为。

②攘——窃取、掩取。与盗、偷不同，攘是别人的羊来到自己的家却占为己有。

③证——告发、证实。

【直译】

叶公告诉孔子说："我乡里有个行为正直的人，他父亲窃取了别人家的羊，他却出来证实这件事。"

孔子说："我乡里的正直者和这个人不一样；父亲替儿子隐瞒，儿子替父亲隐瞒。正直就在这里面了。"

【新绎】

此章记孔子和叶公讨论正直的道理。叶公说有人告发自己的父亲偷了羊，这个人的行为非常正直。孔子却以为这个人违背了常情，不算正直。因为法理不外人情，所谓法令、道理都是顺乎人情来制定的，如果不合人之常情，法令、道理就很难实施。父子间的亲情是人类的天性，一旦对方有事，关心、解救都唯恐不及，哪里还有功夫想到检举告发？儒家和法家的不同，就在这里。传说中的瞽叟（舜父）杀人、舜窃负而逃，也就是古代"子为父隐"的一个例子。

19. 樊迟问仁。子曰："居处①恭，执事敬，与人忠。虽之②夷狄，不可弃也。"

【校注】
①居处——生活起居之事。
②之——往。

【直译】
樊迟请教仁道。孔子说："日常起居要恭谨，执行工作要慎重，对待别人要忠实。即使到野蛮未开化的地方去，这些品格也不可以舍弃。"

【新绎】
此章记孔子告诉樊迟所谓仁道应该从日常生活中做起。做人要庄重，做事要认真，待人要忠诚，这三点说易而行难，孔子希望樊迟确实做去。这里并没有谈到执政为仁的问题。同样回答仁的道理，孔子每因对象不同禀性不同而有不同的答案。这就是所谓因材施教。

有人认为书中记樊迟问仁总共有三次，除此章之外分别见于《雍也篇》和《颜渊篇》，孔子的回答三次都不一样，可能和樊迟请教时的环境背景不同有关。甚至有人根据孔子回答的内容认为此章所论都与"行"有关，因而主张首句改为"樊迟问行"。

20.　子贡问曰:"何如斯可谓之士矣?"子曰:"行己有耻,使于四方,不辱君命,可谓士矣。"

　　曰:"敢问其次?"曰:"宗族称孝焉,乡党称弟[1]焉。"

　　曰:"敢问其次?"曰:"言必信,行必果,硁硁然[2]小人哉!抑亦可以为次矣。"

　　曰:"今之从政者何如?"子曰:"噫!斗筲[3]之人,何足算[4]也?"

【校注】

[1]弟——同"悌",敬事兄长。
[2]硁硁然——硁,音"坑",石头碰击的声音。
[3]斗筲——形容器量窄小。斗,十升的容器。筲,音"稍",二升或五升的容器。
[4]算——数、论。定州简本作"数"。

【直译】

　　子贡问道:"怎么样才可以说他是个士人呢?"孔子说:"自己做事有羞耻心,出使到四方的诸侯国去,不辱没君上的任务,就可以说是士人了。"

　　子贡说:"冒昧再问次一等的。"孔子说:"宗族的人称赞他孝顺父母,乡里的人称赞他敬爱兄长。"

　　子贡说:"冒昧再问次一等的。"孔子说:"说话一定信实,做事一定果断,这是见识固执浅陋的人!但也可以说是次一等的了。"

　　子贡说:"现在从政的士人怎么样?"孔子说:"唉!像斗筲一般器量狭小的人,哪里能够算数呢?"

【新绎】

　　孔子告诉子贡士有三种不同身份：一是在执行政事时要有荣誉感，派到外国去要能完成使命；二是在宗族乡党里要讲孝悌之道，孝顺父母、友爱兄弟；三是平日闲居时说话要诚实，做事要果断，虽然像个小人物，也须自重。这三种不同的身份，也代表三种有高下之分的不同层次。至于等而下之的士人，孔子就不予评论了。从这里我们可以看到孔子对他所教导的学生的期许。

21.　子曰："不得中行而与之，必也狂狷乎！狂者进取，狷者有所不为也。"

【直译】

　　孔子说："不能找到合乎中正之道的人而跟他交往，那一定也要找到狂放和孤介的人吧！狂放的人有进取心，孤介的人有的事情不肯做。"

【新绎】

　　此章承上章之后，孔子仍分当时的士人为三种类型：一是行为不偏不倚、能行中庸之道的人，这种人最难得；第二、三种是狂者和狷者。狂者虽然失之狂，但志向远大，故知进取；狷者虽然孤介，但重气节，故有所不为。虽然过犹不及，但都还有可取之处。

22.　子曰："南人①有言曰：'人而无恒，不可以作巫医②。'

善夫！"

"不恒其德，或承之羞。"③子曰："不占而已矣。"

【校注】

①南人——南方人，泛指吴、楚等南国之人。古人地域观念浓厚，常区分南北。

②巫医——巫师为人接神除邪，医师为人治疗疾病。但古代常常一人兼而有之。

③不恒其德二句——见于《易经·恒卦》爻辞。意思是：不笃守自己的德性，有时会因此招来羞辱。

【直译】

孔子说："南方人有句话说：'人假使没有恒心，就不可以成为巫医。'这话说得好！"

《易经》上说："不恒其德，或承之羞。"孔子说："这是教没有恒心的人不用去占卜罢了。"

【新绎】

此章记孔子教人不可无恒心恒德。所谓"人而无恒，不可以作巫医"究竟是谁说的，现在已无从查考，"不恒其德，或承之羞"则见于《易经·恒卦》九三的爻辞。这里所说的恒心恒德，除了有今天所谓耐心的意义之外，还兼指要有一定的操守。因为巫医在古代虽然职位低，但大家靠他们交接鬼神、治疗疾病，假使他们没有耐心，即是对鬼神不敬；没有医德，即是对人们不利。

23. 子曰："君子和而不同，小人同而不和。"

【直译】

孔子说:"君子中正和平却不党同附和,小人党同附和却不中正和平。"

【新绎】

此章记孔子教人从与人交往方面来辨别君子和小人的不同。在春秋时代,"和"用来指道义相交,"同"用来指利害结合,二者是相对立的。可是战国时代以后,这两个字的用法意义就逐渐接近了。

24. 子贡问曰:"乡人皆好之,何如?"子曰:"未可也。""乡人皆恶之,何如?"子曰:"未可也。不如乡人之善者好之,其不善者恶之。"

【直译】

子贡问道:"地方上的人都喜欢他,这个人怎么样?"孔子说:"不可就此肯定他好。"

"地方上的人都讨厌他,这个人怎么样?"孔子说:"不可就此肯定他坏。不如地方上的好人都喜欢他,那些不好的人都讨厌他。"

【新绎】

此章孔子教人如何辨别好人与坏人。一个人如果有节操、讲是非,固然会赢得别人的赞美,但也一定会得罪小人,从而被诽谤攻讦。相反的,一味讨好别人、不讲是非、不辨善恶的人,从而小人固然会喜欢他，但有正义感的君子一定瞧不起他。孔子告诉我们要认识好人或坏人，不能轻信片面之词。

25. 子曰："君子易事而难说①也。说之不以道，不说也；及其使人也，器之②。小人难事而易说也。说之虽不以道，说也；及其使人也，求备焉。"

【校注】

①易事而难说——事，侍候、对待。说，同"悦"，也作取悦讲。下同。
②器之——器重他所用的人。

【直译】

孔子说："君子容易侍奉却难以讨好。讨好他不照正道，他不会喜欢；但等到他用人，却能器重各种人才。小人难以侍奉却容易讨好。讨好他虽然不照正道，他也喜欢；但等到他用人，却求全责备。"

【新绎】

此章孔子教人如何辨别君子和小人。这里所说的君子，是指品德的问题。一个在上位者，如果能笃守正道，在他手下做事，只要照规矩就可以了，不必讨好他。反之，品德不佳的上位者，如果不守正道，只喜欢属下曲意奉承，那就与小人无异了。

26. 子曰："君子泰而不骄，小人骄而不泰。"

【直译】

孔子说:"君子安泰却不骄傲,小人骄傲却不安泰。"

【新绎】

此章孔子教人从待人的态度方面去辨别君子和小人。泰是安详舒放的样子,骄是傲慢自大的样子,二者固然不同,但并不容易区别。因为安泰者不会刻意示好,容易被误会为骄傲。

27. 子曰:"刚、毅、木、讷,近仁。"

【直译】

孔子说:"刚正、坚毅、朴实、迟钝,都接近仁德。"

【新绎】

刚者无欲,毅者有恒,这是实践仁道的人必备的功夫。木者质朴,讷者迟钝,与巧言令色相对,虽然不够聪明、失之笨拙,但反而可以笃守道德、近于仁人。

28. 子路问曰:"何如斯①可谓之士矣?"

子曰:"切切偲偲②,怡怡如也,可谓士矣。朋友切切偲偲,兄弟怡怡。"

【校注】

①何如斯——何如、怎么样。斯,才、就。

②切切偲偲——朋友之间互相切磋勉励。切切，恳切的样子。偲偲，周详的样子。偲，通"思"。

【直译】

子路问道："怎么样才可以说他是个士人呢？"

孔子说："切磋勉励，和和顺顺的样子，就可以说是士人了。同学朋友要互相切磋勉励，兄弟之间要和和顺顺。"

【新绎】

孔子因材施教，同样的问题对不同的学生有不同的教法。上文第二十章答子贡问何谓士人，孔子的回答是"行己有耻，使于四方"等等，其中第三类"言必信，行必果"比较接近子路的为人，但也不敢肯定。此章回答子路对朋友要切磋勉励，对兄弟要和和顺顺，都与子路平日的为人过于刚直自信确然有关。

29. 子曰："善人教民七年，亦可以即戎①矣。"

【校注】

①即戎——从军作战的意思。即，就。戎，兵器、与战争有关的事物。定州简本"即"作"节"。节戎，节制战争的意思。与从军作战正好相反。

【直译】

孔子说："贤人教导人民七年，也就可以叫他们从军作战了。"

【新绎】

古代国君认为祭祀和战争是国家的大事，不能不慎重。此章所说的"教民"并非只指军事训练而言。朱熹说是"教之以孝悌忠信之行，务农讲武之法"应是恰当的解释。至于"七年"，不知何据，应是估计的数字。七与十古字形体近似，有人说七为十字之误写，以合后世所谓"十年生聚、十年教战"之数，但也只是臆测而已。

30. 子曰："以不教民战①，是谓弃之。"

【校注】
①以不教民战——用不教之民去作战的意思。不教民，不曾受过教导训练的人民。

【直译】
孔子说："用没有受过训练的民众去作战，这就叫作糟蹋他们。"

【新绎】
此章应结合上章一起看，孔子认为战争的成败在于平时的训练。训练除了孝悌忠信之行、务农讲武之法以外，还包括国君在不同季节所举行的狩猎活动等等。平日多习战，真正战争时才不会慌张。否则那就真的无异于驱田里之民而置诸死地了。

【十四】 宪问篇

本篇共四十四章，论王道霸政之迹、诸侯大夫之行，其中论知耻行仁、修身安民等等，皆为政之大节。朱熹把第一章"克伐怨欲"以下另立一章，第二十六章"曾子曰"以下另立一章，第三十七章"子曰作者七人矣"另立一章，故题四十七章。有人怀疑此篇为原宪所记。

1. 宪问耻。子曰："邦有道，谷①；邦无道，谷，耻也。"
"克、伐、怨、欲不行②焉，可以为仁矣？"子曰："可以为难矣，仁则吾不知也。"

【校注】

①谷——原指米粮，这里借指俸禄。
②不行——能克制不使发生。

【直译】

原宪请教耻的意义。孔子说："国家上轨道，可以做官得俸禄；国家不上轨道，也一样做官得俸禄，是可耻的。"

"好胜、自夸、怨恨、贪求这些毛病都不曾出现，就可以说是仁了吧？"孔子说："可以说是难得的了，但是不是仁那我就不知道了。"

【新绎】

宪,即原宪,字子思。《史记·仲尼弟子列传》引述此章即作"子思问耻"。有人怀疑此篇为原宪所记,故篇首称宪而不称姓。

"邦有道,谷"等句,与《泰伯篇》第十三章所说的"邦有道,贫且贱焉,耻也;邦无道,富且贵焉,耻也"是一样的意思。谷指俸禄而言,因为古代官薪是以米谷来计算的。国家政治上轨道,做官享受俸禄当然没问题;如果不上轨道,自己还贪图富贵,那就不应该了。这种观念的养成和克己复礼的修养息息相关。下面所说的"克、伐、怨、欲"这四种毛病能够克制,不使它们发作,也与克己复礼的修养有关。但只克制这四种毛病,细究之,不过是只做到"克己"的功夫而已,还没有能够"复礼"。因此孔子说这样的人虽然难能可贵了,但仍然不能够称为仁人。

2. 子曰:"士而怀居,不足以为士矣。"

【直译】

孔子说:"士人假如贪恋安逸的生活,就不能够称为士人了。"

【新绎】

此章孔子教人要志向远大,不可贪图生活上的享受。"居"指闲居时的悠闲安乐。此章所言和《里仁篇》第九章所说的"士志于道,而耻恶衣恶食者,未足与议也"是一样的道理。

3. 子曰:"邦有道,危①言危行;邦无道,危行言孙②。"

【校注】

①危——高。古人也用来形容言行的正直，例如正襟危坐等等。
②孙——同"逊"，谦卑的意思。

【直译】

孔子说："国家上轨道时，可以正直地说话正直地做事；国家不上轨道时，可以正直地做事，说话却要谦逊。"

【新绎】

此章孔子教人处世之道。他以为行为关乎节操，不论国家政治上不上轨道都应该直道而行，但在乱世危邦之中为了远祸全身，说话不妨委婉一些。

用现代的话讲，邦有道时，可以唱唱高调，即使危言耸听也无所谓，也可以特立独行；邦无道时，虽然可以特立独行，但言论务必谨慎小心，以免引来祸端。

4. 子曰："有德者必有言，有言者不必有德。仁者必有勇，勇者不必有仁。"

【直译】

孔子说："有道德的人一定有口才，有口才的人不一定有道德。有仁德的人一定有勇气，有勇气的人不一定有仁德。"

【新绎】

有仁德的人一切言行发自内心，说到就能做到，所以说他有口才、有勇气。这里所谓"有口才"是指言论足以感动人心。但有口才的人有的只是花言巧语，言行不能一致，而有勇气的人有的也只是一时的血气之强而已，未必真的果敢。孔子的观察非常深入，值得参考。

5.　南宫适①问于孔子曰："羿②善射，奡③荡舟，俱不得其死然。禹、稷④躬稼而有天下。"夫子不答。

南宫适出，子曰："君子哉若人！尚德哉若人！"

【校注】

①南宫适——就是南容。见《公冶长篇》第二章。适，音"括"。

②羿——人名，又叫后羿。相传是夏代有穷国的君主。是射箭能手，后为臣子寒浞杀死。

③奡——音"傲"，人名。字也写作"浇"。相传是夏代寒浞的儿子。擅长水战。

④稷——稷，周朝的始祖，名弃，也称后稷。

【直译】

南宫适向孔子问道："羿擅长射箭，奡（擅长）划船水战，都没有得到好死。禹和稷亲自耕种务农却得到了天下。（为什么？）"孔子没有回答。

南宫适出去后，孔子说："真是个君子啊这个人！真崇尚道德啊这个人！"

【新绎】

谈论古代历史，重在鉴古而知今。从《公冶长篇》第二章我们知道南容是个谨慎的人："邦有道，不废；邦无道，免于刑戮。"

因此他向孔子请教羿、奡、禹、稷所以兴亡的原因，一定有所指于当代，也因此孔子不便回答。羿、奡有勇力却败亡，禹、稷躬耕劝农反而得了天下。主要的原因在于是不是以德治国而已。

6. 子曰："君子而不仁者有矣夫，未有小人而仁者也。"

【直译】

孔子说："是君子却不具仁德的人有的吧，但还没有是小人却有仁德的。"

【新绎】

此章记孔子从仁德上去区别君子和小人。这里的"君子"，指居上位的人。居上位的人通常讲求仁德，但也有德行不佳的。而所谓小人，孔子以为必定是没有仁心德行的。

7. 子曰："爱之，能勿劳乎？忠焉，能勿诲乎？"

【直译】

孔子说："爱惜他，能不忧劳吗？忠心他，能不教诲吗？"

【新绎】

这里的"之""焉"都是代词，但指的对象究竟是什么人什么事则不得而知。"爱"可以解释为"爱惜"或"爱护"。爱惜某个人当然会常为他忧虑事情；但如果是爱护的话，按古人"劳则思，思则善心生"的想法，就是要多使他劳动，使他从不断的劳动中学习成长，否则过于爱惜他，可能会爱之适足以害之，使他经不起任何挫折或失败。"忠焉"当然可指忠于某人某事、尽心尽力，既然尽心尽力，一旦看到他有过失自然要教诲或劝告。这就是所谓有过则改、无则加勉。

8. 子曰："为命，裨谌①草创之，世叔②讨论之，行人子羽③修饰之，东里子产④润色之。"

【校注】

①裨谌——音"脾臣"，郑国大夫。
②世叔——郑国大夫，名游吉。
③行人子羽——古代称外交官为行人。子羽，郑国大夫公孙挥的字。
④东里子产——东里，地名，在今河南省郑州市。子产，就是郑国大夫公孙侨。子产因为住在东里，故以为号。

【直译】

孔子说："（郑国）创制的外交辞令，裨谌为它拟草稿，世叔审议它，外交官子羽修饰它，东里子产润色它。"

【新绎】

此章记孔子称许郑国的外交官员及其辞令。春秋时代诸侯国之间来往频仍，而且非常重视外交辞令及礼仪。此章所提到的裨谌、世叔、子羽、子产都是郑国的大夫，因此开头的"为命"自是指郑国的外交文书。孔子说看到的郑国外交文书都善于辞令，应是经过上述几位郑国大夫的审慎参与，因此非常精密妥当。

9. 或问子产。子曰:"惠人①也。"

问子西②。曰:"彼哉③!彼哉!"

问管仲。曰:"人也。夺伯氏骈邑三百④,饭疏食,没齿⑤无怨言。"

【校注】

①惠人——慈惠宽厚的人。孔子曾说子产"养民也惠",见《公冶长篇》第十六章。

②子西——春秋时代有三个子西,一是郑国的公孙夏,即子产的同宗兄弟;二是楚国的斗宜申;三是楚国的公子申。不知何指。朱熹以为指楚公子申而言。

③彼哉——是不知如何批评之语。

④夺伯氏骈邑三百——伯氏,齐国的大夫,名偃。骈邑,地名,定州简本作"屏邑",在今山东省临朐县一带。齐桓公削夺了伯氏的采邑三百户,封给管仲。

⑤没齿——终生、到死为止。

【直译】

有人问子产这个人怎么样。孔子说:"是个慈惠的人。"

问起子西。孔子说:"他呀,他呀!"

问起管仲。孔子说:"是个仁人。他夺取了伯氏在骈邑的三百户封地,使伯氏只能吃粗米饭,可是伯氏到死也没有怨恨的话语。"

【新绎】

此章记孔子比较子产、子西、管仲三个贤相的为人。子产是郑国的贤相,《公冶长篇》中曾有介绍。孔子到过郑国,知其为人有"君子之道",不但"行己也恭""事上也敬",而且"养民也惠""使民也义"。其中"养民也惠"一项与此章的"惠人也"是可以合看的。子西，据朱熹说应指楚国贤大夫公子申。他在楚平王死时执政，得到大众的拥护想立之为王，可是他不肯，仍让位给楚昭王。这种让位之德是仁者的表现，不过也由于他的让位导致后来楚国发生"白公之乱"，同时也由于他曾经阻止楚昭王任用孔子，所以孔子不知要如何评论他，只能说："他呀，他呀！"管仲则是齐国的贤相，他辅佐齐桓公称霸诸侯，桓公尊之为"仲父"。孔子的学生曾经质疑管仲不是仁者，说他追随公子纠，公子纠被齐桓公杀死时管仲不但没有殉难还去辅佐齐桓公。孔子却认为管仲辅佐齐桓公九合诸侯、一匡天下，使天下没有战争，那是行仁的表现。此章还特别强调齐桓公曾经夺取另一位齐大夫伯氏的骈邑三百户封给管仲，伯氏竟然也佩服管仲功在国家，自己生活虽大不如前，却至死不怨管仲，借此来说明管仲是如何的贤明。

本章第三段孔子说管仲是"人也"，这个"人"字应即"仁人"之谓，理由见本篇第十六、十七两章。可见孔子在这里是将郑国、楚国、齐国的三位贤相相提并论，分别给予不同评价的。

10. 子曰："贫而无怨难，富而无骄易。"

【直译】

孔子说："贫穷却不怨恨比较困难，富有却不骄傲比较容易。"

【新绎】

此章记孔子感叹君子固穷的不易。一个人富贵时心情好，要他不骄傲那样更容易得到别人的赞美，所以比较容易做得到；而在贫穷时心态不易平衡，稍不如意就会怨天尤人。这些都是人之常情。也因此，颜回能够安贫乐道，孔子就许之为好学；南容能够安贫乐道，孔子就把哥哥的女儿嫁给他。

11. 子曰："孟公绰①为赵、魏老②则优，不可以为滕、薛③大夫。"

【校注】

①孟公绰——鲁国的大夫，孟氏支族。生当鲁襄公、昭公之世。

②赵魏老——赵、魏这两家原来都是晋国的上卿。当时他们的采邑在今河北、山西境内。晋国原有六卿，后来互相并吞成为韩、赵、魏三国。老，这里指古代大夫的家臣之长。

③滕薛——当时鲁国附近的两个小国，都在今山东省滕县西南一带。

【直译】

孔子说："孟公绰做赵氏、魏氏的家臣总管是有余裕的，却不能让他做滕国、薛国的大夫。"

【新绎】

此章记孔子评量鲁国大夫孟公绰的优缺点，说明任职做官都须适才适所。孟公绰这个人从下一章孔子说他"不欲"来看，应该是个清心寡欲的人，所以如赵、魏这些比较财大地大的上卿国家请他去做家臣之长，不会有问题；但他的好处虽是寡欲不贪财，却缺乏决策的能力、不能自己下判断，因此像滕、薛这样的小国虽然地小财弱，但仍然政繁事多，所以不适合请他去做位高权重的大夫。

鲁哀公二年（公元前四九三年）前后，孔子因在卫国不为卫灵公所用，于是想到晋国投靠赵简子，可是途中听说赵简子杀害了舜华等两位贤臣，因而又回到了卫国。此章所记孔子评论孟公绰的话不知是否就在此时。

12. 子路问成人①。子曰:"若臧武仲②之知,公绰③之不欲,卞庄子④之勇,冉求之艺,文之以礼乐,亦可以为成人矣。"

曰:"今之成人者何必然?见利思义,见危授命,久要⑤不忘平生之言,亦可以为成人矣。"

【校注】

①成人——才德兼备的完人。
②臧武仲——就是鲁国的大夫臧孙纥。以智慧闻名当时。
③公绰——即鲁国大夫孟公绰。见上章。
④卞庄子——鲁国卞邑的大夫。曾刺虎,是著名的勇士。
⑤久要——旧约、很久以前的约定。一说"要"通"约",贫困的意思。久要,长久在困苦之中。

【直译】

子路请教怎样才是完人。孔子说:"像臧武仲的智慧,孟公绰的不贪,卞庄子的勇敢,冉求的才艺,再用礼乐来成就他的文采,也就可以说是完人了。"

孔子又说:"现在的完人哪里一定要这样子?看见利益能想到道义,看见危险能牺牲生命,很久以前的约定能不忘记,也就可以说是完人了。"

【新绎】

此章记孔子说人格完善的人应该具有智慧、廉洁、勇敢、才艺四种美德，退而求其次，至少要具有"见利思义"的廉洁、"见危授命"的勇敢和"久要不忘平生之言"的诚信才算是。

不过，这是孔子回答子路所说的话。孔子因材施教，回答不同的人有时候是有不同答案的。例如《说苑·辨物篇》就说：颜渊问"成人之行何若？"孔子的回答是："成人之行，达乎情性之理，通乎物类之变，知幽明之故，睹游气之源，若此而可谓成人。"可见回答颜渊时偏重在德性修养方面，和回答子路时偏重在生活行为方面二者有所不同。

13. 子问公叔文子①于公明贾②曰："信乎夫子③不言、不笑、不取乎？"公明贾对曰："以告者过也④。夫子时然后言，人不厌其言；乐然后笑，人不厌其笑；义然后取，人不厌其取。"

子曰："其然？岂其然乎⑤？"

【校注】

①公叔文子——就是卫灵公的大夫公孙拔。卫献公的孙子，《左传》写作"公孙发"。"文"是谥号。

②公明贾——姓公明，名贾。卫国人。

③夫子——古代大夫也可称为夫子。这里指公叔文子。

④以告者过也——"以此告子者之过也"的省略。过，错误、过甚其词。

⑤岂其然乎——增加疑问的问法。岂，定州简本作"几"。

【直译】

孔子向公明贾问起公叔文子，说："真的他老先生不说、不笑、不取吗？"公明贾答道："这是传话的人说错了。他老人家到了适当的时机然后才说话,所以别人不会厌恶他的话;高兴了然后才笑,所以别人不会厌恶他的笑;合理了然后才取得,所以别人不会厌恶他的取得。"

孔子说:"是这样吗?难道真是这样的吗?"

【新绎】

公明贾说公叔文子不苟言笑、不苟得,这是合乎中庸之道的境界,没有过犹不及的毛病,几乎可以说是仁圣之人了。但是孔子表示怀疑。公明贾和公叔文子都是卫国的大夫,公叔文子是前辈,因此公明贾对他特别推崇也是人情之常。从这里我们也可以了解听人说话的道理。

14. 子曰:"臧武仲以防求为后于鲁①,虽曰不要②君,吾不信也。"

【校注】

①臧武仲以防求为后于鲁——臧武仲,鲁国大夫,曾官司寇。见第十二章。防,臧武仲的封邑,在今山东省费县附近。武仲为季孙所逐,奔齐前据守防邑,请求立臧为做后嗣。臧为,臧武仲异母兄宣叔之子。后,后嗣、继承人。

②要——音"妖",要挟、威胁。定州简本"要"下无"君"字。

【直译】

孔子说:"臧武仲据守着防邑来要求鲁君封臧为为继承人,虽然有人说他不是要挟君上,我是不相信的。"

【新绎】

根据《左传·襄公二十三年》的记载，孟孙讨厌臧武仲，请求季孙派兵攻打臧武仲。臧武仲先逃到邾国，后来才转到齐国，在赴齐国前曾回到自己的封邑防这个地方据守对抗，要求鲁君封臧为做臧氏的继承人。臧武仲在请立之后，曾经说一些自己"知不足也""非敢私诸，苟守先祀"之类谦卑的话，所以当时有人以为臧武仲是迫不得已，并非有意要挟鲁君。可是，孔子以为他有据防以叛的事实，因此仍然予以谴责。

15. 子曰："晋文公①谲而不正，齐桓公②正而不谲。"

【校注】

①晋文公——晋献公的次子，名重耳。继齐桓公为诸侯盟主，春秋五霸之一。

②齐桓公——齐僖公的儿子，襄公的弟弟，名小白。任用管仲为相，尊王攘夷，九合诸侯，一匡天下，成为春秋五霸之一。

【直译】

孔子说："晋文公诡诈而不正派，齐桓公正派而不诡诈。"

【新绎】

晋文公重耳和齐桓公小白都是春秋时代前期诸侯的霸主，孔子比较二人的行事用心，认为虽然都是霸主，不能推行仁政，但齐桓公比晋文公要好一些。因为齐桓公伐山戎以大燕土、伐荆楚以申贡职，以及存邢立卫等等皆仗义之行，不用诡术，不像晋文公心怀诡诈，即位之后虽然表面上也尊王攘夷，却常常公报私仇，例如他之攻曹伐卫败楚等等都是以阴谋取胜的。

16. 子路曰："桓公杀公子纠，召忽死之。管仲不死。^①曰未仁乎？"

子曰："桓公九^②合诸侯，不以兵车，管仲之力也。如其仁！如其仁！"

【校注】

①桓公杀公子纠三句——齐襄公无道，他的弟弟公子小白由鲍叔牙侍奉逃往莒国。后来襄公被杀，齐国大乱，管仲、召忽也侍奉襄公的另一个弟弟公子纠逃到鲁国。等到齐国乱平了，小白先回齐国即位，是为齐桓公。齐桓公兴兵逼鲁国杀公子纠，召忽因此自杀，管仲却没有殉死，反而被齐桓公起用为相。事详《左传》庄公八年、九年。

②九——是多次的意思，不必实指。有人把它解释为"纠"。

【直译】

子路说："桓公杀死公子纠，召忽为此自杀死了。管仲却不殉节。可以说（管仲）不够仁德吧？"

孔子说："桓公多次会盟诸侯，不用士兵战车来威逼，都是管仲的力量呀。这就是他的仁德！这就是他的仁德！"

【新绎】

根据《左传》庄公八年、九年的记载，齐襄公无道被杀，他的弟弟小白逃往莒国，另一个弟弟公子纠逃往鲁国。后来小白回国即位，是为齐桓公。齐桓公逼鲁人杀公子纠。管仲和召忽二人原是公子纠的近臣，被遣送回齐时，召忽自杀而死，管仲不但没有殉死，还接受鲍叔牙的推荐被桓公拜为齐相。管仲这种行为子路不以为然，所以问孔子的看法。孔子则以为管仲个人的行为是不忠不仁，但他能辅佐齐桓公合诸侯之力以尊王攘夷、安定天下，事实上与仁人之化育天下相去不远，因此仍然称许他可算是有仁德的了。

17.　子贡曰："管仲非仁者与？桓公杀公子纠，不能死，又相之①。"

　　子曰："管仲相桓公，霸诸侯，一匡天下，民到于今受其赐。微②管仲，吾其被发左衽③矣。岂若匹夫匹妇之为谅④也，自经于沟渎⑤而莫之知也？"

【校注】

①相之——辅助他（齐桓公）。相，作动词用。

②微——没有。

③被发左衽——披散头发，衣襟向左开。这是夷狄的习俗，和汉人的束发戴冠、衣襟右衽不一样。被，同"披"。衽，音"任"，衣襟。

④谅——小信、小节。

⑤自经于沟渎——自尽死在田间水沟之中。自经，用绳子自缢而死。渎，水沟。

【直译】

子贡说："管仲不是仁人吧？桓公杀了公子纠，他不但不殉难，反而又去辅佐桓公。"

孔子说："管仲辅佐桓公，称霸诸侯，匡正了天下的变乱，人民直到现在都还受到他的恩惠。假使没有管仲，我们大概都要披散着头发，向左边开衣襟（沦为夷狄）了。他难道要像愚夫愚妇那样执着小节，自杀在沟渠间而没有人知道他是谁吗？"

【新绎】

此章可与上章合看，一样是记孔子称许管仲的功德。管仲事奉公子纠，公子纠被齐桓公逼死，管仲没有殉身，反而拜相辅助桓公，这在古人是不忠不义之事，所以子贡和子路一样对他的为人有所质疑。孔子则仍然强调管仲固然小节有亏，但他能辅佐桓公称霸诸侯，尊王攘夷，安定天下，使百姓广受恩泽，免于被异族统治，否则就要"被发左衽"变成夷狄之民了。就此而言，孔子从大处着眼以为管仲是立大功而不顾小节的仁者。

18. 公叔文子之臣大夫僎①，与文子同升诸公②。子闻之，曰："可以为'文'矣。"

【校注】

①大夫僎——公叔文子的家臣，名僎（音"撰"），后来由于文子的推荐，做了大夫，故云。
②同升诸公——一起升为国家的大臣。"公"是泛称。

【直译】

公叔文子的家臣大夫僎，和文子一同升为朝廷大臣。孔子听到这件事，说："文子可以谥为'文'了。"

【新绎】

大夫僎原来是公叔文子的家臣，属于"士"的阶级，公叔文子举荐他升为大夫，所以这里称大夫僎。孔子以为公叔文子这种表现具有知人、忘己、事君等德行,所以称他谥号为"文"真是名副其实。

19. 子言卫灵公①之无道也,康子②曰:"夫如是,奚而不丧③?"

孔子曰:"仲叔圉④治宾客,祝鮀⑤治宗庙,王孙贾⑥治军旅。夫如是,奚其丧?"

【校注】

①卫灵公——卫国国君,襄公的儿子,献公的孙子,名元。在位四十二年。

②康子——指季康子。

③奚而不丧——何为不亡?奚,何。丧,失位、败亡。

④仲叔圉——就是卫国的大夫孔文子。圉,音"雨"。

⑤祝鮀——卫国掌管宗庙的大夫。已见《雍也篇》第十六章。

⑥王孙贾——卫国的大夫。已见《八佾篇》第十三章。

【直译】

孔子谈到卫灵公的无道时,季康子说:"既然像这样子,为什么不会败亡呢?"

孔子说:"有仲叔圉接待宾客,祝鮀管理宗庙,王孙贾统率军队,能像这样子,他怎么会败亡?"

【新绎】

此章记述孔子说明贤臣对国家的重要。孔子说卫灵公虽然无道,但他能任用仲叔圉、祝鮀、王孙贾这些贤才,所以国家仍然安定无虞。言外之意当然是劝季康子要举荐人才以为国用。

20. 子曰:"其言之不怍①,则为之也难②。"

【校注】

①怍——音"作",惭愧。
②难——不容易。一说难乃敬肃之意,是说如果大言不惭那么做事就该认真。

【直译】

孔子说:"他说的时候大言不惭,那么做的时候便很困难。"

【新绎】

此章虽然只有两句话,看似浅近易懂,但其实颇难定论。马融解为:"内有其实,则言之不惭。积其实者,为之难也!"这是说一个人要自己说话不惭愧,平日的行为要非常注意。朱熹则解为:"大言不惭,则无必为之志,而不自度其能否矣。欲践其言,岂不难哉!"这是说大言不惭的人,通常说得到做不到。二者有所不同,但强调说到做到则是一致的。

21. 陈成子①弑简公②。孔子沐浴而朝③,告于哀公曰:"陈恒弑其君,请讨之。"公曰:"告夫三子④。"

孔子曰:"以吾从大夫之后⑤,不敢不告也。君曰:'告夫三子'者。"

之⑥三子告，不可。孔子曰："以吾从大夫之后，不敢不告也。"

【校注】

①陈成子——齐国的大夫。名恒。"成"是谥号。田姓，又名田常。他曾教唆大夫鲍息谋杀齐悼公，立齐简公。鲁哀公十四年又谋杀齐简公，改立齐平公。

②简公——齐国国君，名壬。被陈恒所弑，事见《左传·哀公十四年》。

③沐浴而朝——洗头发、身体干净后才上朝。

④三子——指鲁国执政的三卿：季孙、叔孙、孟孙。

⑤从大夫之后——自称大夫的谦辞。

⑥之——往。

【直译】

陈成子杀了齐简公。孔子斋戒沐浴后上朝，向鲁哀公报告说："陈恒杀了他的君上，请出兵讨伐他。"哀公说："去报告三卿他们。"

孔子（退朝后）说："因为我跟随在大夫的后面（忝为大夫），所以不敢不来报告。君上却回答'去报告三卿他们'。"

孔子到季孙等三位大臣那儿报告，都不答应出兵。孔子说："因为我跟随在大夫的后面，所以不敢不来报告。"

【新绎】

根据《左传·哀公十四年》的记载，该年六月陈恒弑其君齐简公。古人以为臣弑君是大逆不道的行为，人人可以得而诛之。齐、鲁是邻国，孔子当时七十一岁，虽已年老且无职权，却仍是大夫，觉得鲁国有出兵讨伐陈恒的义务，所以去见鲁哀公。沐浴斋戒，是表示诚敬之意。可是当时鲁国政权在季孙三家手里，鲁哀公不敢自专；而季孙三家自己也是以臣凌君的权臣，自然不肯出兵。孔子的感叹表现了他已经依礼尽力的无奈。

22. 子路问事①君。子曰:"勿欺也,而犯之②。"

【校注】

①事——侍候、侍奉。
②犯之——向他犯颜进谏的意思。

【直译】

子路请教服侍君上的方法。孔子说:"不要欺骗他,却可以当面直谏。"

【新绎】

子路请教侍奉君上的道理。孔子因材施教,他知道子路为人刚强,这种人遇事谏诤,甚至冒犯上级都有可能,所以告诉他在谏诤冒犯之前先问问自己是否忠诚无欺。这里的"欺",兼有欺骗、欺负之义。《礼记·檀弓篇》说的"事君有犯而无隐",也同样是这个道理。

23. 子曰:"君子上达,小人下达。"

【直译】

孔子说:"君子求上进,小人趋下流。"

【新绎】

　　此章记孔子比较君子和小人在志趣上的不同。上达、下达讲的上、下究竟指什么，依照孔子的学说，上应指仁义等等方面的修养与表现，而下则指财利等等方面。前者是公义，后者是私利。《里仁篇》说："君子喻于义，小人喻于利。"可以参照。

24.　子曰："古之学者为己，今之学者为人。"

【直译】

　　孔子说："古代的学者是为了充实自己，现在的学者是为了表现给人看。"

【新绎】

　　此章记孔子比较古今学者的不同。这里所说的"学者"与今日专指钻研学术、学有专精的学者意义不同，它只是泛指一般学生或读书人。为己，是为了充实自己的学识和修养；为人，是说只为了得到别人的赞美和肯定。如果有人光从字面上将此二句曲解为古人求学是为了（肯定）自己，今人求学是为了（造福）别人，那就恐怕有违孔子的原意了。

25.　蘧伯玉①使人于孔子②。孔子与之坐而问焉，曰："夫子③何为？"对曰："夫子欲寡其过而未能也。"

　　　使者出，子曰："使乎？使乎！"

【校注】

①蘧伯玉——卫国的大夫。姓蘧（音"渠"），名瑗，字伯玉。孔子在卫国时曾住在他家。

②使人于孔子——派遣使者来探问孔子。使，作动词用。

③夫子——老先生、老人家，对大夫的尊称。此指蘧伯玉。

【直译】

蘧伯玉派人到孔子这儿。孔子给这个人座位而后问他，说："他老人家近来做些什么？"使者答道："他老人家想要减少自己的过错却还没有能够做到。"

使者出去后，孔子说："是使者吗？是使者啊！"

【新绎】

此章记孔子称许蘧伯玉所派的使者说话非常得体。蘧伯玉是卫国的贤大夫，孔子到卫国时曾住在他家。据《庄子·则阳篇》、《淮南子·原道训》等等来看，蘧伯玉果然是个能反躬自省的人，所以才有"年五十而知四十九非"的话。连他派来的人应答都如此得体，他本人的修养也就可想而知了。

26. 子曰："不在其位，不谋其政。"①

曾子曰："君子思不出其位②。"

【校注】

①不在其位二句——已见《泰伯篇》第十四章。

②思不出其位——思虑不会超出他的职位。语出《周易·艮卦》的象辞。

【直译】

孔子说:"不在他的职位上,就不讨论他职位上的事务。"

曾子说:"君子所思虑的不会超出他职位上的事情。"

【新绎】

此章前段文字已见《泰伯篇》第十四章,此不赘述。后段文字记曾子所言,显系阐发孔子所说的道理。但"思不出位"这句话也见于《周易·艮卦》的象辞,是说君子要守其本分,不越其职。这种情况应该解释为:曾子引用《周易》的话来印证孔子之言。也可以解释为:"曾子引夫子赞《易》之词以为证。"(清人毛奇龄语)。因此,朱熹把这两段话分为两章,看似有理,但未必恰当。

27. 子曰:"君子耻其言而过其行。"

【直译】

孔子说:"君子羞愧他所说的话超过他所做的事。"

【新绎】

皇侃《论语义疏》此句作"君子耻其言之过其行也",意思并无不同,都是说君子必须言行一致,不可说得多做得少,更不可说到而做不到。《礼记·表记》说:"君子耻有其辞而无其德,有其德而无其行。"道理说得更详细些。

28. 子曰:"君子道者三,我无能焉:仁者不忧,知者不惑，勇者不惧。"

子贡曰："夫子自道也！"

【直译】

孔子说："君子遵循的道德有三种，我都没有能够做到：仁德的人不忧愁，智慧的人不迷惑，勇敢的人不惧怕。"

子贡说："这是老师自我写照呀！"

【新绎】

"仁者不忧，知者不惑，勇者不惧"这三句话也见于《子罕篇》第二十九章，只是顺序不同。这三句话所说的道理不仅仅是对仁者、智者、勇者知识上的了解，而且还在于不忧、不惑、不惧等等行为的表现上。孔子说他还不能做到是自谦之辞，也是一种自省的功夫。子贡说的"夫子自道也"，应该包含有知与行这两层意义。

29. 子贡方人①。子曰："赐也贤乎哉？夫我则不暇②。"

【校注】

①方人——评论别人。方，比方、比较，有批评的意思。

②夫我则不暇——要是我就没这闲功夫。夫，语首助词，表示提挈，要发议论的口气。

【直译】

子贡常比较别人的长短。孔子说："赐呀你够好了吗？要是我就没有这闲功夫。"

【新绎】

　　此章记孔子告诉子贡多自我反省而少批评别人。"方"不但有"比较"的意思，而且也有"批评""规正"的含义。孔子自己也会批评别人，因此此句可理解为要批评别人先反省自己。

30.　子曰："不患人之不己知，患其不能也。"

【直译】

　　孔子说："不担心别人不知道自己，只担心自己没有才能。"

【新绎】

　　此章记孔子告诫学生要多自修。这样的道理已经多次出现在上面各篇章之中。例如《学而篇》《里仁篇》《卫灵公篇》中都有。

31.　子曰："不逆①诈，不亿②不信，抑③亦先觉者，是贤乎！"

【校注】

　　①逆——预测、事先猜想。
　　②亿——通"臆"，凭空猜测。
　　③抑——音"亦"，抑且、或是。

【直译】

　　孔子说："不事先预料别人欺骗，也不凭空揣测别人不守信用，但是要真的如此却也能事先发觉的,就是贤人了吧!"

【新绎】

此章孔子解释预料揣测和事先发觉在语义上的不同。"逆"是预料,"亿"是揣测,这都只是有疑于心,没有事实根据。如果事先所猜测的有事实为依据,做合理的判断,后来的结果也恰如所料,这就叫作"先觉";这样的人,自是贤明无疑。

《大戴礼记·曾子立事篇》说:"君子不先人以恶,不疑人以不信。"可与本章合读。

32. 微生亩①谓孔子曰:"丘何为是栖栖②者与?无乃为佞乎?"

孔子曰:"非敢为佞也,疾③固也。"

【校注】

①微生亩——孔子同时的隐士。姓微生,名亩。《汉书》作尾生亩。
②栖栖——惶惶不安的样子。一说栖栖同"济济",形容有威仪的样子。
③疾——厌恶、痛恨。

【直译】

微生亩对孔子说:"你为什么总是这样匆匆忙忙的呢?莫非是想靠口才去讨好人家吧?"

孔子说:"我不敢靠口才去讨好别人,只是痛恨固陋的人。"

【新绎】

　　朱熹《论语集注》说微生亩这个人"呼夫子名而辞甚倨,盖有齿德而隐者"。这个推测是有道理的。微生亩觉得孔子道既不行,不如像他一样早日退隐,何必如此栖栖惶惶。孔子则以仁者的胸怀认为人不应独善其身。

　　俞樾《群经平议》说"栖栖"同"萋萋""济济",解作多威仪,说是"微生亩见孔子修饰威仪,疑其以此求悦于人",可备一说。

33.　子曰:"骥,不称其力,称其德也。"

【直译】

　　孔子说:"对日行千里的良马,不是称赞它的力气,而是称赞它的品行驯良。"

【新绎】

　　孔子说千里马的可贵在于它的驯良,而不仅仅在于它的足力。如果它不驯良,不肯任重致远,纵使能够日行千里又有何用?孔子借此来比喻君子的可贵在于他有高尚的品德,而不只在于他有出众的能力。

34.　或曰:"以德报怨,何如?"
　　子曰:"何以报德?以直报怨,以德报德。"

【直译】

有人说:"用恩德来回报怨恨,怎么样?"

孔子说:"那用什么来报答恩德呢?应该是用正直来回报怨恨,用恩德来回报恩德。"

【新绎】

孔子一向强调中庸之道,认为过犹不及。人家对我结怨,如果以恩德去回报他,那反而有徇私之心了。一切循正直之道,该怎样办就怎样办最好。《礼记·表记》说:"以德报德,则民有所劝;以怨报怨,则民有所惩。"是此章的最佳注脚。这和《老子》所说的"报怨以德"主张显然不同。

35. 子曰:"莫我知也夫①!"子贡曰:"何为其②莫知子也?"

子曰:"不怨天,不尤人,下学而上达。知我者其天乎!"

【校注】

①莫我知也夫——莫知我也夫。也夫,表示感叹的语尾助词,连用以加强语气。

②何为其——何为、何谓。其,句中语助词。

【直译】

孔子说:"没有人了解我了!"子贡说:"为什么说没有人了解您呢?"

孔子说:"不怨恨上天,不责怪别人,从浅近处学习知识却向高妙处领悟道理。了解我的大概只有上天吧!"

【新绎】

　　此章记述孔子向子贡表示自己恪遵天理、谨守人道。据《史记·孔子世家》的记载，这是鲁哀公十四年叔孙氏西狩获麟之后孔子所发出的感叹。不怨天，不尤人，是反省自己的修养功夫，不难理解，但"下学而上达"是不是也一样是指修德而言则难以确定。像皇侃的《论语义疏》就以为这句话应该解为："下学，学人事；上达，达天命。"甚至有人把"上达"解释为"达于佐国理民之道"，显然是就人事管理而言，已非反省自修的功夫了。

36.　　公伯寮①愬子路于季孙②。子服景伯③以告，曰："夫子固有惑志。于公伯寮，吾力犹能肆诸市朝④。"

　　子曰："道之将行也与⑤，命也；道之将废也与，命也。公伯寮其如命何！"

【校注】

　　①公伯寮——孔子的学生，或疑不是。姓公伯，名寮（寮一作"僚"），字子周，鲁国人。季孙的家臣，与子路同事。
　　②愬子路于季孙——向季孙毁谤子路。愬，同"诉"，投诉、毁谤。
　　③子服景伯——鲁国的大夫，出身孟孙之家。姬姓，名何，字伯。"景"是谥号。又称子服何。
　　④肆诸市朝——陈列他的尸体在众人面前。
　　⑤也与——表示疑问测度的句末助词。下同。

【直译】

　　公伯寮向季孙毁谤子路。子服景伯把这件事告诉了孔子，说：

"他老人家（季孙）固然有被迷惑心志的时候。但是对于公伯寮，我的力量还能够杀死他并把他的尸首陈列在市集或朝廷上。"

孔子说："大道将要实现了吧，是天命；大道将要破灭了吧，也是天命。公伯寮又能对天命怎么样？"

【新绎】

子路为人刚强，可能有什么事情触犯了公伯寮，因而公伯寮去向季孙投诉，将对子路不利。子服景伯将此事告诉了孔子，而且说他有能力可以置公伯寮于死地。孔子认为有祸害当然要避开，可是祸害毕竟还未造成，不必过于紧张，所以他回答子服景伯时说了一段一切委诸天命的话。这与上章所说的"不怨天，不尤人"是一样的态度。不过，寻绎孔子在这利害关头所说的话，也有晓谕景伯、保护子路、警告公伯寮的用意。

37. 子曰："贤者辟①世，其次辟地，其次辟色，其次辟言。"
子曰："作者七人②矣。"

【校注】

①辟——同"避"，避开。下同。
②七人——历来说法不一，究竟是哪七人，不详。

【直译】

孔子说："贤明的人避开不好的社会，次一等的避开不好的地方，再次一等的避开不好的脸色，再次一等的避开不好的言论。"
孔子说："这样做的已经有七个人了。"

【新绎】

此章记孔子说贤人处世、见机引退时的几种类型。最贤明的人一见到时代混乱，就不出仕了；其次是在乱世之中还有所期待，只是不肯到混乱的国家去；再其次的是即使在混乱的国家也还是有所期待，只有遇到君上不给他好脸色的时候他才会离开；又再其次的是即使君上不给他好脸色他也还可以忍耐，要一直到君上公开批评他他才会离开。

"作者七人矣"，应该是承接上文，说见机引退的已有七人。但究竟是哪七个人，历来说法不一，有人说是：尧、舜、禹、汤、文、武、周公；有人说是：伯夷、叔齐、虞仲、夷逸、朱张、柳下惠、少连；有人说是：长沮、桀溺、丈人、石门、荷蒉、仪封人、楚狂接舆，等等。其实都是猜测之辞。

38. 子路宿于石门①。晨门②曰："奚自③？"子路曰："自孔氏。"曰："是知其不可而为之者与④？"

【校注】

①石门——鲁城外门。
②晨门——早晨看守城门的人。城门通常管制出入，深夜关，清晨开。
③奚自——从何处来。
④与——同"欤"。

【直译】

子路在石门住了一夜。早晨看守城门的人说："从哪儿来？"子路说："从孔家来。"看守城门的人说："就是那位明知那不能做却还是去做它的人吗？"

【新绎】

此章记子路与守城门的人的一段对话,说明孔子是一位"知其不可而为之"的人。"知其不可而为之"是说只问理想、不计成败。上文第三十二章写孔子回答微生亩,说他痛恨"固陋"的人,所指就是石门吏这一类。孔子志在兼济天下、救世济人,而不是只要独善其身而已。他虽然知道理想不容易达成,但他仍然愿意尽其心力,这是那些固陋的小人所不能理解的。

39. 子击磬①于卫。有荷蒉②而过孔子之门者,曰:"有心哉,击磬乎!"既而曰:"鄙哉,硁硁乎!莫己知也,斯己而已矣。'深则厉,浅则揭。'③"

子曰:"果哉!末④之难矣。"

【校注】

①磬——音"庆",一种用玉石制成的乐器。孔子当时击磬,应是自行演习或借以消遣。

②荷蒉——肩挑着草筐。荷,音"贺",担负。蒉,音"溃",草编成的箕笼。

③深则厉二句——见于《诗经·邶风·匏有苦叶》。意思是说:水深就和衣涉水过去,水浅就撩起衣裳走过去。

④末——没、无。

【直译】

孔子在卫国时敲着石磬。有一位挑着草筐而经过孔子门前的人,说:"有感慨呀,这敲石磬的声音!"后来又说:"固执呀,这敲得硁硁响的磬声！没有人了解自己，那就只为自己算了。《诗经》上说：'深则厉，浅则揭。'"

孔子说："多么果断啊！那也就没有什么困难了。"

【新绎】

此章记卫国荷蒉隐士嘲讽孔子的话。这位隐士劝孔子有道则仕、无道则隐，而孔子志在用世，表示难以苟同。最后二句"果哉！末之难矣"有两层意思：一是说自己要是如隐士所言独善其身、隐而忘世，那何难之有？一是说隐士过于决绝，很难说服他。

40. 子张曰："《书》云：'高宗谅阴，三年不言。'①何谓也？"

子曰："何必高宗，古之人皆然。君薨②，百官总己③，以听于冢宰④三年。"

【校注】

①高宗谅阴二句——殷高宗守丧，三年内不谈国事。高宗，殷王武丁的庙号。谅阴，一作"谅闇"，居丧时所住的房子。这两句话见于《尚书·无逸篇》，文字稍有出入。

②薨——诸侯死称"薨"，天子死则称"崩"。这里泛指古代君王而言，非专指高宗。

③总己——总摄自己所管的职务。

④冢宰——一称太宰，最高的行政长官。

【直译】

子张说："《尚书》上说：'高宗谅阴，三年不言。'这是什么意思？"

孔子说："何必高宗呢？古代的人都是这样的。国君死了，所有的官吏都要尽到自己的职责，来听从宰相的指挥，总共三年之久。"

【新绎】

此章记孔子向子张解释《尚书》"高宗谅阴，三年不言"的意义。依照古礼，父母死，须守三年之丧，这一点子张应该了解，他的问题是殷高宗居丧三年期间都不讲话，那么国家大事由谁来裁决下令。孔子回答说，国君去世后百官三年内都听命于冢宰（百官之长，等于后来的丞相、宰相）。所以殷高宗三年不言政事不成问题。言下颇有三年之丧的古礼已不行于世的感喟。

41. 子曰："上好礼，则民易使也。"

【直译】

孔子说："在上位的人爱好礼节，那么人民就容易使唤了。"

【新绎】

此章是说在上位者能够守礼依法、以身作则，那么人民也就会依法而行，听从上级的指挥。《子路篇》说过的"上好礼，则民莫敢不敬"也是在说明这个道理。

42. 子路问君子。子曰："修己以敬。"
　　曰："如斯而已乎？"曰："修己以安人。"

曰："如斯而已乎？"曰："修己以安百姓。修己以安百姓，尧、舜其犹病诸①！"

【校注】

①尧、舜其犹病诸——尧、舜他们都恐怕做不到它呢。病，难、担心。诸，之乎。

【直译】

子路请教君子的道理。孔子说："修养自己而敬重别人。"

子路说："像这样子就够了吗？"孔子说："修养自己来安定别人。"

子路又说："像这样子就够了吗？"孔子说："修养自己来安定百姓。能修养自己来安定百姓，尧、舜大概都还做不到这个地步吧！"

【新绎】

此章孔子向子路说明君子自立立人之道。这里所说的君子相对百姓而言，即指在上位者。在上位者重在品德，要修养自己的德行。"修己以敬"，有人说"以敬"即以敬谨之心来端正自己，这当然讲得通。但如果把"以"解为"而"，作连词用，"敬"是敬重别人，如此解释更符合在上位者的身份，而且由"敬"己而"安"人也似乎更有层次感。"安人"进而"安百姓"，那已是治国平天下的大业，不是一般在上位者所可企及的。

43. 原壤①夷俟②。

子曰："幼而不孙弟③，长而无述④焉，老而不死，是为贼。"以杖叩其胫。

【校注】

①原壤——孔子的老朋友。姓原,名壤。鲁国人。他母亲死时,竟不哭而歌,见《礼记·檀弓篇》。

②夷俟——蹲坐在地上等候。这在古代是失礼的行为。夷,箕踞,伸开两腿坐于地上的姿势。

③孙弟——孙,同"逊",谦逊。弟,同"悌",敬重兄长。

④无述——无可称道、没有值得称赞的地方。

【直译】

原壤伸开两腿坐着等候孔子。

孔子说:"幼小时就不恭顺,长大了也无可称道,年老了又不死,这就是害人的贼。"拿拐杖敲他的小腿。

【新绎】

原壤是孔子的老朋友,可能太熟悉了,所以不讲究礼数,等候孔子时竟然曲伸双腿蹲坐地上。孔子来了骂他从小到大都不知礼,还拿手杖敲他足胫。孔子的骂和打有人说是痛斥,我则以为这是孔子幽默风趣的一面。他的骂是笑骂,但也是真的责备;他的打不是真打,只是半开玩笑,至少不会打伤朋友。

44. 阙党①童子将命②。或问之曰:"益者与?"

子曰:"吾见其居于位③也,见其与先生并行也。非求益者也,欲速成者也。"

【校注】

①阙党——就是阙里,孔子所住的地方。古时五百家的地方就可称之为党。在今山东省曲阜市西南,洙水、泗水之间。

②将命——奉命来传达消息。将,持、拿。指手拿信简之类。

③居于位——安坐在席位上。居,定州简本作"君",有端坐、安坐之意。

【直译】

阙党的一个童子来传达消息。有人问起他说:"是求长进的孩子吗?"

孔子说:"我看见他坐在成年人的席位上,看见他越礼和长辈并肩走路在一起。(他)并不是个求长进的人,而是一个急于求成的人。"

【新绎】

古人席地而坐,成年人有席位,未成年的人只能侍坐或侍立一旁;而且未成年人与长辈一起走路时也不可并肩而行,只能跟随在后。阙党的这位童子如此不知礼节,所以孔子批评他是个"速成者"。速成,即"欲速则不达"之意。上章孔子骂原壤"幼而不孙弟",也就是这个意思。

【十五】 卫灵公篇

本篇共四十二章,记孔子论志士君子的守礼行义之道、事君用兵之方,皆有耻且格之事。朱熹把第一、第二两章合为一章,故题为四十一章。

1. 卫灵公问陈①于孔子。孔子对曰:"俎豆之事②,则尝闻之矣;军旅之事③,未之学也。"明日遂行④。

【校注】

①陈——同"阵",军队列阵作战的方法。

②俎豆之事——俎和豆都是古代用来盛肉类等食物的器具,祭祀宴会行礼时用它。因此借来指礼仪有关的事情。

③军旅之事——此指用兵打仗之事。古代兵制:一军一万二千五百人,一旅五百人。

④明日遂行——此句何晏、皇侃、邢昺皆属下读,为下章之首。

【直译】

卫灵公向孔子请教军队列阵的方法。孔子答道:"礼仪的事情,我是曾经听过它的;军队的事情,却从来没有学习过。"第二天便离开了。

【新绎】

卫灵公是无道之君，他向孔子请教用兵之道，表示他有意于征伐。孔子重礼而轻兵，不直接说他反对，反而委婉地说他只懂行礼仪的事情，不懂练兵打仗的方法。他说的当然是客气话，但他反对的态度是毅然决然的，所以他第二天就离开了卫国。

《左传·哀公十一年》记载孔子告诉孔文子的一段话："胡簋之事，则尝学之矣；军旅之事，未之闻也。"与本章可以合看。

2. 在陈绝粮①，从者病，莫能兴②。子路愠见曰："君子亦有穷乎？"

子曰："君子固穷，小人穷斯滥矣。"

【校注】

①在陈绝粮——参阅下文。详见刘宝楠《论语正义》与程树德《论语集解》。

②兴——作、站起身来。

【直译】

孔子在陈国断绝了粮食，跟从的学生都病倒了，没有人能够站起来。子路生气地来见孔子说："君子也有穷困的时候吗？"

孔子说："君子自然也有穷困的时候，但不像小人一穷困就胡作非为了。"

【新绎】

朱熹《论语集注》将此章与上章合为一章，可能是他以为二章所写都与孔子的固穷乐道有关。但上章所记是卫灵公生前之事，而此章记孔子在陈绝粮之事则应已在卫灵公死后数年。所以本书一仍旧本，另立一章。

根据《史记·孔子世家》等书的记载，孔子由卫国到陈国是在鲁定公十四、十五年之间，后来又迁于蔡国转往叶国，再回蔡国，三年后因吴国伐陈而楚国救陈，孔子是时在陈、蔡之间被困。所谓孔子"在陈绝粮"，就是指这件事。孔子脱困由陈返卫已在鲁哀公六年，而卫灵公死在鲁哀公二年，因此上章与此章所记时间是不相连接的，而且重点也不完全一样。上章重在重礼轻兵，此章重在君子固穷。

孔子周游列国，原意是希望有用于世，在陈绝粮之时，跟随他的学生一定觉得老师途穷道孤、没有希望了，所以有些学生由失望转为愤怒。子路一向刚直，所以率先诘问，语带讥讽。孔子的答话绝妙，说君子小人都有遇见穷困的时候，但君子遇见穷困时仍然能够固守节操，和小人大大不同。

3. 子曰："赐也，女以予为多学而识之者与①？"对曰："然，非与？"曰："非也，予一以贯之②。"

【校注】

①女以予句——女，同"汝"，你，指端木赐子贡。予，我。识，同"志""记"，博闻多记的意思。与，同"欤"。下同。

②一以贯之——用一个原则或基本观念来贯通万物万事的道理。

【直译】

孔子说："赐呀，你以为我是博学而又记得它们的人吗？"子贡答道："是的，难道不是吗？"孔子说："不是的，我只是用一个基本的观念来贯串它们。"

【新绎】

　　此章记孔子告诉子贡自己的一贯之道。"一以贯之"的"一"，这里照字面译为一个基本的观念，其实在先秦的思想家学说中，"一"常常是指"道"的本体。不止孔子这样说，老子也这样说。虽然他们所说的内涵不一样，但仍然有可以互相通贯之处。《里仁篇》第十五章孔子告诉曾子说"吾道一以贯之"，所说的忠恕即"仁"的道理，拿来与此章合看，可使读者对孔子所说的一贯之道有更多的体会。

4.　子曰："由，知德者鲜①矣。"

【校注】

　　①鲜——音"险"，少的意思。

【直译】

　　孔子说："由，懂得道德的人很少了。"

【新绎】

　　此章记孔子向子路感叹能够修德的人很少了，用意大概就是要子路在修养上多下功夫。《雍也篇》第二十九章说："中庸之为德也，其至矣乎！民鲜久矣。"对照来看，孔子这里讲的德指的是中庸之道。

5. 子曰:"无为而治者,其舜也与?夫何为哉?恭己、正南面而已矣。"

【直译】

孔子说:"不做什么却能安定天下的人,大概只有舜了吧?他做了什么呢?自己恭敬地端坐在朝向南面的位置上而已。"

【新绎】

此章记孔子推崇帝舜的无为而治。无为而治是道家的政治理想,老子开始即已有此主张,有人即据此章认为孔子受了老子的影响。事实上,受到前人的影响或者思想偶然与前人有相似处都有可能,但此章孔子所言舜"恭己、正南面"与"无为而治"的关系却不能不辨。"恭己"是说自己谨言慎行、诚敬行事,"正南面"是说做帝王像个帝王的样子,这些都是说时容易、做时困难的事。《泰伯篇》第二十章说"舜有臣五人而天下治",就说明了舜能举用贤臣而后天下治的道理。后来注解此章的人也多据此申论。事实上,举用贤才也不过是"无为而治"背后的条件之一而已。不管如何,读者不可只看"无为而治"这四个字。

6. 子张问行。

子曰:"言忠信,行笃敬,虽蛮貊之邦[①],行矣。言不忠信,行不笃敬,虽州里,行乎哉?立则见其参于前[②]也,在舆则见其倚于衡[③]也,夫然后行。"

子张书诸绅[④]。

【校注】

①蛮貊之邦——南蛮、北狄等地，泛指未经开化的异族。貊，音"莫"，北狄。

②参于前——交错呈现在眼前。参，音"餐"，交错出现。

③倚于衡——出现在车辕前的横木上，坐在车厢里望眼即见。衡，车辕前端的横木。

④书诸绅——书之于绅，写它们在衣带上。

【直译】

子张请教"行"的道理。

孔子说："说话忠诚实在，行为笃厚慎重，即使在南蛮、北狄野蛮民族的国家，也行得通。说话不忠诚实在，行为不笃厚慎重，即使在本乡本土，能行得通吗？站立时就看见这些话交错出现在面前，在车里就看见这些话斜挂在车前横木上，要这样而后才行得通。"

子张写下这些话在衣带上。

【新绎】

此章记述孔子教导子张要注意言行，言必忠信、行必笃敬，能够如此则无往不利。"蛮貊之邦"与"州里"是一对照，"立"与"在舆"又是一对照，是说大到所在的邦国大环境，小至生活中的小细节，都必须存心忠信、言行谨慎。子张把孔子的话写在自己的衣带上，是表示将志之不忘、力行实践的意思。孔子师生的教学情况跃然纸上。

"书诸绅"的"书"，应是以笔书之于绅，有人据此否认"笔始蒙恬"的旧说，认为先秦已用毛笔写字，蒙恬只是毛笔的改良者而已。

7.　子曰："直哉史鱼①！邦有道，如矢；邦无道，如矢。君子哉蘧伯玉②！邦有道，则仕；邦无道，则可卷而怀之③。"

【校注】

①史鱼——一称史鳅，卫国大夫。名鳅，字子鱼。史，官名。曾向卫灵公力谏进蘧伯玉而退弥子瑕，以刚直不屈著称。事见《韩诗外传》《新序》等书。

②蘧伯玉——已见《宪问篇》第二十五章。

③卷而怀之——卷起来藏在怀中。卷，比喻退隐不仕。

【直译】

孔子说："正直呀史鱼这个人！国家上轨道的时候，他像箭一样直；国家不上轨道的时候，他也像箭一样直。是个君子呀蘧伯玉这个人！国家上轨道的时候，他就出来做官；国家不上轨道的时候，他就可以收起他的才能隐藏起来。"

【新绎】

此章记孔子称史鱼和蘧伯玉是卫国正直的君子。卫灵公不任用贤才蘧伯玉，反而亲近男侍弥子瑕，政治因此不上轨道，小人道长而君子道消。史鱼是耿直之臣，他屡次劝告，卫灵公不听，最后史鱼自杀以尸谏。所以孔子称史鱼其直如矢。而蘧伯玉为人处事力求"寡过"，非常谨慎。这样的人邦有道则仕，邦无道则隐，虽然不是兼济天下的仁人，却也进退得宜，所以孔子称他为君子。

《泰伯篇》第十三章孔子曾说："天下有道则见，无道则隐。"《宪问篇》第三章也说："邦有道，危言危行；邦无道，危行言孙。"说的都是君子处世的道理。

8. 子曰:"可与言而不与之言,失人;不可与言而与之言,失言。知者不失人,亦不失言。"

【直译】

孔子说:"可以跟他说却不跟他说,这是错待人才;不可以跟他说却跟他说,这是白费口舌。聪明的人不错待人才,也不白费口舌。"

【新绎】

此章孔子教人要知人择言。揆其语气应是就在上位者言,所以才会有"失人""失言"这样的话语。可说则说,不可说则不说,这样善于把握时机的人才是智者,才叫知人择言。

9. 子曰:"志士仁人,无求生以害仁,有杀身以成仁。"

【直译】

孔子说:"志士仁人,没有贪恋生命因而败坏仁德的,只有牺牲生命来成全仁德的。"

【新绎】

志士仁人既以行仁为志业,必然一切行为以礼义为依归,义之所在,虽死而不辞。《孟子·告子篇上》说:"生,亦我所欲也;义,亦我所欲也。二者不可得兼,舍生而取义者也。"亦即此义。上文一再说"仁者不忧",也就是这个道理。

10. 子贡问为仁。

子曰："工欲善其事，必先利其器。居是邦也，事其大夫之贤者，友其士之仁者。"

【直译】

子贡请教行仁的方法。

孔子说："工匠想要做好他的工作，一定要先磨好他的工具。住在这个国家，就要服侍大夫中的贤人，交往士人中的仁者。"

【新绎】

孔子告诉子贡要推行仁德，那就不仅仅是修养自己而已，还要顾及他人。师事贤明的长官，亲近讲求仁德的士人，如此互相切磋，以友辅仁，才容易有成效。孔子以工匠必先利其器为喻，非常简明易懂。

11. 颜渊问为邦。

子曰："行夏之时①，乘殷之辂②，服周之冕③，乐则《韶》《舞》④。放郑声⑤，远佞人。郑声淫，佞人殆。"

【校注】

①时——指夏朝施行的历法。以建寅之月（旧历正月）为正月，比较合乎四季自然现象，便于农耕。

②辂——音"路"，车子。商朝贵族所乘的大车，比周朝的车实用。

③冕——礼帽。周朝用的礼帽美观，不像殷冠那样奢丽。

④《韶》《舞》——《韶》，舜时的音乐。《舞》，同《武》，指周武王时的音乐。《韶》《舞》并称，泛指自舜流传至周初的音乐。一说《韶》乐兼舞，

故曰《韶舞》。

⑤放郑声——禁止郑国新兴的乐曲。

【直译】

颜渊请教治理国家的方法。

孔子说:"用夏朝的历法,坐殷朝的大车,戴周朝的礼帽,音乐就用《韶》和《武》。禁绝郑国的新乐,斥退谗佞的小人。郑国的乐曲淫滥,谗佞的小人阴险。"

【新绎】

孔子回答颜渊所问治国之道,非常详细,要点在于简便朴实。讲历法,三代不同,夏朝以阴历一月为正月,适在春季,最便农民;讲车子,周朝饰以金玉,不如殷朝纯以木制的质朴耐用;讲礼帽,宜华而不靡,周朝的最合乎要求;讲音乐,从舜流传到周初的古乐尽善尽美,听了令人三月不知肉味。以上这些,都是采取古代各自不同的优点。至于淫荡的郑声,那是靡靡之音,那和小人一样都应当远离。

12. 子曰:"人无远虑,必有近忧。"

【直译】

孔子说:"一个人假使没有长远的考虑,一定会有即将来到的忧患。"

【新绎】

孔子教人要居安思危,不可只沉醉于眼前的安乐,而应该多为未来设想，以防患未然。远和近本来是空间上的距离，但也可以是时间上的距离。"远虑"和"近忧"，所忧虑的可以是指同一件事，也可以不是。

13. 子曰："已矣乎！吾未见好德如好色者也。"

【直译】

孔子说："算了吧！我从未见过喜欢道德像喜欢美貌的人。"

【新绎】

"吾未见好德如好色者也"这句话已见于《子罕篇》第十八章，此章多了"已矣乎"这个感叹词。孔子如此感叹的原因一定是当时这样的人很多，所以孔子一再感叹，记录的学生或有不同，因此重复出现。

14. 子曰："臧文仲①其窃位者与！知柳下惠②之贤，而不与立③也。"

【校注】

①臧文仲——就是鲁国掌政的大夫臧孙辰。已见《公冶长篇》第十八章。

②柳下惠——鲁国的贤人。本名展获，字禽，又叫展季。柳下可能是他所住的地名，地在齐、鲁之间。"惠"是私谥。

③不与立——不肯与他并立朝廷之上。意思是排斥他，不推举他当官。

【直译】

孔子说:"臧文仲大概是个窃据官位的人吧!他知道柳下惠的贤能,却不给他职位并立于朝。"

【新绎】

臧文仲为鲁国司寇,柳下惠为士师(见下文《微子篇》第二章),正是司寇的属下。据《左传》和《国语·鲁语》的记载,臧文仲是了解柳下惠的贤明的,可是他嫉才,不肯推荐柳下惠升官同列于朝。所以孔子批评他是个窃位者。

这里所说的"窃位"指的是知贤不举、偷安于位,意思是不称其职。

15. 子曰:"躬自厚而薄责于人,则远怨矣。"

【直译】

孔子说:"多责备自己而少责备别人,就能够避免怨恨了。"

【新绎】

多责备自己是自我反省,可以减少错误;少责备别人是原谅别人的过失,则人乐于跟从。"躬自厚",有人以为当作"躬自厚责"的省略,但也可以解释为"自己看重自己"。能够自重的人会珍惜自己的名誉,不敢犯错。

董仲舒《春秋繁露·仁义法篇》说:"求诸己,谓之厚;求诸人,谓之薄。"可以用来为本章作注。

16. 子曰:"不曰'如之何,如之何'者,吾末如之何也已矣。"

【直译】

孔子说:"不说'它该怎么办,它该怎么办'的人,我对他也不知道该怎么办了。"

【新绎】

"如之何,如之何",用白话说就是反复问"该怎么办"。会这样问的人通常遇事谨慎,不会任意妄动。不会这样问的人则可能讳疾忌医,错过向人请教的机会,别人也无从帮助他解决问题。

17. 子曰:"群居终日,言不及义,好行小慧①,难矣哉!"

【校注】

①小慧——小聪明。定州简本、皇侃《论语义疏》等"慧"作"惠"。

【直译】

孔子说:"大家整天在一起,谈的话都没有谈到道义的事,只喜欢卖弄小聪明,就很难有成就了!"

【新绎】

朋友有益友、损友之别。交了损友,不能进德修业、以友辅仁,反而在一起吃喝玩乐,这样子只是浪费光阴而已。这和《颜渊篇》第二十四章曾子说的"君子以文会友,以友辅仁"对照来看,更可看出孔子对交友的态度。

18. 子曰："君子义以为质①，礼以行之，孙②以出之，信以成之。君子哉！"

【校注】

①义以为质——以义为质。是说为人处事以合理、适宜作为基本原则。

②孙——通"逊"，谦逊。

【直译】

孔子说："君子拿义理来做原则，依照礼节来实践它，用谦逊的言语来表现它，靠诚信的态度来完成它。这样的人真是个君子！"

【新绎】

此章孔子说明君子应有的修养与态度，礼、义二者，发自自己；逊、信二者，用以待人。礼、义说的是德行，逊、信说的是言语。

《左传·襄公十一年》说："夫乐以安德，义以处之，礼以行之，信以守之，仁以厉之。"可以拿来和本章对照合读。

19. 子曰："君子病无能焉，不病人之不己知也。"

【直译】

孔子说："君子只怕自己没有能力，不怕别人不了解自己。"

【新绎】

此章所言与《里仁篇》第十四章及《宪问篇》第三十章孔子所说的话意思一样。"病"和"患"都是担心的意思，孔子一直以为求学之要首在自立，而不是为了虚名。

20. 子曰："君子疾没世而名不称焉。"

【直译】

孔子说："君子痛心离开世界后却名声不能流传下去。"

【新绎】

上章说君子贵在自立而不求虚名，所谓不求虚名，并不是说不要声名流传后代。清初顾炎武《日知录》说："疾名之不称，则必求其实，君子岂有务名之心哉？"君子只是不求虚名而已，并不是说不要名。孔子以为君子求为世用，如果学有所成对社会人群有贡献，死后留名供后人怀念，那是名实相符合，自然是君子热切的愿望。

21. 子曰："君子求诸己，小人求诸人。"

【直译】

孔子说："君子有事只要求自己，小人有事却要求别人。"

【新绎】

此章记孔子从为人处事的态度去比较君子和小人的不同。不管做任何事情，君子只问自己是否尽了心力，小人则要求别人尽力；万一犯了错，君子也只责备自己，小人则必然怪罪别人。

《大学》说:"君子有诸己,而后求诸人。"《中庸》也说:"正己而不求于人。"先要求自己做到,而后才能要求别人。如果自己做不到就要求别人,那就是所谓小人了。

22. 子曰:"君子矜①而不争,群而不党②。"

【校注】

①矜——音"今",矜持、庄敬自重。
②党——这里是朋比、结党、不公正的意思。

【直译】

孔子说:"君子矜持却不和人争执,合群却不结党营私。"

【新绎】

此章孔子说明君子处世待人的道理。庄重矜持无妨,但不可过于严肃;平易近人、和乐处众最好,但不可朋比营私。说的都是要合乎中庸之道,不可过或不及。

《为政篇》说"君子周而不比",《子路篇》说"君子和而不同",说的都是一样的道理。

23. 子曰:"君子不以言举人,不以人废言。"

【直译】

孔子说:"君子不因为一个人口才好就提拔他,也不因为人坏就鄙弃他说的话。"

【新绎】

孔子说在上位的君子要注意别人的谈话。因为"有言者不必有德"(见《宪问篇》第四章),所以不可以言举人;因为不肖之人或有善言,所谓"狂夫之言,圣人择焉"(见《史记·淮阴侯列传》),所以不可因人废言。

24. 子贡问曰:"有一言①而可以终身行之者乎?"
子曰:"其②'恕'乎!己所不欲,勿施于人。"

【校注】

①一言——一个字。古人有此用法,例如五千言就是五千个字。
②其——推测的口气,有大概、应该是的意思。

【直译】

子贡问道:"有没有一个字可以终身奉行它的呢?"
孔子说:"大概只有'恕'字吧!自己所不喜欢的,不要加在别人身上。"

【新绎】

此章记孔子告诉子贡恕道是行仁之方。《里仁篇》孔子和曾子谈一贯之道,《颜渊篇》孔子和仲弓谈仁道,都曾经提到这个"恕"字。所谓仁者,忠恕而已矣。忠是尽己之心,恕是推己及人。这一章所说的"己所不欲,勿施于人",就是"恕"字"推己及人"的另一番解释。"推己及人"的正面解释,应是"己欲立而立人,己欲达而达人。"

25. 子曰:"吾之于人也,谁毁谁誉?如有所誉者,其有所试①矣。斯民也,三代之所以直道而行也②。"

【校注】

①试——考察、考验。
②三代句——是说从夏、商、周三代以来就是如此才能直道而行的原因。

【直译】

孔子说:"我对于别人,说谁坏谁好呢?假使有我所称赞的人,那一定是经我考验过的。这种人,都是夏商周三代所以能直道而行的人。"

【新绎】

此章孔子教人不应随便对人毁誉。毁谤别人不应该,道理比较容易明白,但如果没有实际考查随便称誉别人,也不应该,否则就有失正直之道了。最后一句是孔子说经他查实证明是好人的君子即使放到三代去和直道而行的古人相比也不逊色。换句话说,三代所以能直道而行,就是靠这种人。

26. 子曰:"吾犹及史之阙文①也,有马者借人乘之②⋯⋯今亡③矣夫!"

【校注】

①史之阙文——是说史官在史书中有残缺不懂的地方就空下来不写。阙,同"缺"。

②有马者借人乘之——前人多疑此句七字是衍文。笔者以为或即"史之阙文"的示例。

③亡——同"无"。

【直译】

孔子说："我还来得及看到史官存疑的缺字，有马的人借给别人骑它……这种情形现在已经见不到了。"

【新绎】

依照前人的解释，此章是记孔子感叹两件事，一是古代史官遇见有疑问的地方就空着不写，一是古人有马不能驯服就借给别人骑它来训练。孔子感叹说这些事他曾见过，但如今已不可见了。可能孔子借此来告诫大家凡事不要自作聪明。近来有人把上述二事合在一起，说是：孔子看过的史书中，有一部原本有"有马者借人乘之"这句话，但如今所见的本子却不见了。这样似较通顺。但我一直以为：此章所记是孔子感叹古代良史遇到史书中有残缺或有疑问的字句，为了慎重起见不敢随意增补附会，宁可空缺下来以待高明。"有马者借人乘之"就是他所举例的残缺句子。

朱熹以为此章旨意难明，不必强解。朱子说得对，我就不强解下去了。

27. 子曰："巧言乱德。小不忍，则乱大谋。"

【直译】

孔子说："动听的言论会败坏道德。小事不能忍耐，便会败坏重大的计谋。"

【新绎】

　　此章孔子说有两种会败坏德行的事情。一是花言巧语会迷惑人的心志，一是小事不能忍耐会破坏大计划。

　　《学而篇》第三章说："巧言令色，鲜矣仁！"花言巧语最容易颠倒是非，使人迷惑，古代进谗言的佞者就是这种人。这种人没有仁慈之心，当然会做不义败德的事情，所以《孟子·尽心篇下》也说："恶佞，恐其乱义也。"乱义就是乱德。

　　至于"小不忍，则乱大谋"，是说佞者向君上进谗言时花言巧语设计陷害忠良，无论是君上或被陷害者，只要不能忍耐，沉不住气，往往一两句话或一件小事就会酿成大祸。像《颜渊篇》孔子解释"辨惑"时就说"一朝之忿，忘其身，以及其亲"，有时候确实是"小不忍"就会"乱大谋"。这样说来，这两件事又是一件事了。

28.　子曰："众恶之，必察焉；众好之，必察焉。"

【直译】

　　孔子说："大家都讨厌他，一定要去考察他；大家都喜爱他，也一定要去考察他。"

【新绎】

　　此章记孔子教人要有独立思辨的能力，不可轻易相信别人的毁誉。之、焉二字在这里都是指示代词，可以指人、物、地、事等等。所以译文中的"他"也可以换成"它"。上面第二十五章和第二十七章讲的道理与此可以合看。《子路篇》第二十四章记子贡问"乡人皆好之""乡人皆恶之"的话，也可以一起合读。

29. 子曰:"人能弘道,非道弘人。"

【直译】

孔子说:"人能够弘扬道理,不是道理能弘扬人。"

【新绎】

此章记孔子说明人与道的关系。先秦诸子学说中的道范围极广,孔子所说的道比较偏重在人文社会的伦理道德和政治修为方面。至少此章如此。伦理道德和政治修为是由人推动的,人是主动,如果人不努力进修,道再博大精深也不能使人伟大起来。所以说非道弘人。

30. 子曰:"过而不改,是谓过矣。"

【直译】

孔子说:"有了过失却不改正,这就真叫作过失了。"

【新绎】

人非圣人,孰能无过?刚犯错时积染未深,容易改过自新,等到屡过不改已成积习,那么就很难矫正了。《谷梁传·僖公二十二年》有云:"过而不改,又之,是谓之过。"《韩诗外传》卷三也说:"过而改之,是不过也。"都是这个意思。

31. 子曰:"吾尝终日不食,终夜不寝,以思,无益,不如学也。"

【直译】

孔子说:"我曾经整天不吃,整晚不睡,苦苦思考,却没有益处,还不如去学习的好。"

【新绎】

《为政篇》第十五章孔子说过:"学而不思则罔,思而不学则殆。"认为读书和思考同样重要。此章是就"思而不学"的弊病来说的。如果不读书,不听人说,不切实去体验,而只强调思考,那就是流于空想了。流于空想,当然无益。

32. 子曰:"君子谋道,不谋食。耕也,馁①在其中矣;学也,禄在其中矣。君子忧道不忧贫。"

【校注】

①馁——吃不饱。

【直译】

孔子说:"君子谋求真理,不谋求衣食。即使耕种,饥饿也会在那里头产生的;读书,则常能得到俸禄。君子只忧虑真理不忧虑贫穷。"

【新绎】

孔子勉励人要志向远大,不要只关心物质生活。农人种田是为生活,但碰见荒年没有收成也会挨饿的。而好好读书学有所成,一样可得到俸禄,从而获得物质生活上的满足。这是孔子勉励学生的话,不必解读为孔子鄙视食禄。

33. 子曰:"知①及之,仁不能守之,虽得之,必失之。知及之,仁能守之,不庄以莅②之,则民不敬。知及之,仁能守之,庄以莅之,动之不以礼,未善也。"

【校注】
①知——同"智"。
②莅——原作"涖",二字通用。

【直译】
孔子说:"才智可以胜任官职,却不能以仁德来保持它,即使得到官职,也一定会失去它。才智可以胜任官职,又能以仁德来保持它,如果不庄重地来面对它,那么人民也不会尊敬。才智可以胜任官职,能以仁德来保持它,又能庄重地来面对它,但如果感化他们不用礼节,也还是不够完善。"

【新绎】
内文谈到"不庄以莅之,则民不敬",足证此章是对在上位者而言。"之"指其官职。在上位者居官治民不但要有智慧才能,而且还要有仁德、庄严、礼节。此章说理一层比一层重要,层次非常分明。

34. 子曰:"君子不可小知而可大受也,小人不可大受而可小知也。"

【直译】

孔子说:"君子不可以从小事观察却可以把大事交给他,小人不可以把大事交给他却可以从小事观察。"

【新绎】

此章孔子教人从处理事情方面去辨别君子小人的不同。小人注意细节而不识大体,所以适合找他处理小事情,而君子通常识大体而不关心细节,所以适合由他处理大事务。

《泰伯篇》曾子说:"可以托六尺之孤,可以寄百里之命,临大节而不可夺也;君子人与?君子人也!"《淮南子·主术训》说:"有大略者,不可责以捷巧;有小智者,不可任以大功。"又说:"审毫厘之计者,必遗天下之大数;不失小物之选者,惑于大数之举。譬犹狸之不可使搏牛,虎之不可使搏鼠也。"这些话都可与本章对照。

35. 子曰:"民之于仁也,甚于水火。水火,吾见蹈而死者矣,未见蹈仁而死者也[①]。"

【校注】

①吾见蹈二句——定州简本"蹈"作"游","蹈仁"作"游于仁"。蹈,指火而言;游,指水而言。义皆可通。

【直译】

孔子说:"人民对于仁道的需要,超过了水火。水火里,我看见踩进去而死掉的人,却不曾看见践行仁道而死去的人。"

【新绎】

此章孔子勉励人要推行仁道。孔子说水火是人们日常生活需要的东西,但它们有时候会伤害人的身体,而仁道所包含的忠恕礼义等等也是人们日常生活里需要的规范,虽然实践起来也有难处,但无论如何它们不像水火那样会伤害人的身体。

36. 子曰:"当仁,不让于师。"

【直译】

孔子说:"面对仁义的事情,不必对老师谦让。"

【新绎】

孔子教人勇于实践仁道。仁道就是义之所在、理之所在。拜人为师是为了进德修业、学习做人的道理。平日见到老师要谦让示敬,但一旦有仁义之事需要及时处理时就不必谦让了。因为一谦让,就表示自己不能力行。

37. 子曰:"君子贞而不谅[①]。"

【校注】

①贞而不谅——贞，正、言行坚持一致。谅，小信，是说讲信用却又固执，有时是不问是非的坚持。

【直译】

孔子说："君子坚贞却不拘小节。"

【新绎】

孔子以为君子必须固守节操，依正道而行，但也不必过于固执，拘泥小信。上文《子路篇》第二十章所说的"言必信，行必果，硁硁然小人哉"就是指过于拘泥小信小节的人。

谅者，信也，明也。但有时过于坚持、不知变通、不能明察，就会有流弊。例如发现事先承诺的约定是错误的，却还是照样固执信守，那就是不问是非了。所以信有两种，一种是贞正而信，一种是信而不通，即小信。

38. 子曰："事君，敬其事而后其食。"

【直译】

孔子说："侍奉君上，要先慎重自己的工作而后才考虑自己的俸禄。"

【新绎】

此章孔子教人侍奉君上的道理。先敬业努力工作，而后才论报酬，这样比较容易获得君上的信任。"事君"是古人的用语，换成现代人的观念说的就是贡献国家、服务社会。

39. 子曰:"有教无类。"

【直译】

孔子说:"(我对学生)只有教导,不区分什么类别。"

【新绎】

人一出生就有贫富、贵贱等等的差别,而且人的才性也往往有智愚、贤不肖的不同。孔子以为虽然有这些差异,但任何人受教育的机会应该是平等的,所以上文《述而篇》第七章说:"自行束脩以上,吾未尝无诲焉。"孔子所以被称为伟大的教育家,道理即在于此。

40. 子曰:"道不同,不相为谋。"

【直译】

孔子说:"志向不同,就不彼此互相讨论。"

【新绎】

人各有志,如果志向不同,就很难有共同的话题;即使有共同的话题,也很难有一起讨论的兴趣。善与恶、正与邪,本来就很难相与谋的。

41. 子曰:"辞,达而已矣。"

【直译】

孔子说:"言辞,能够表达意思就够了。"

【新绎】

孔子以为言辞通畅明白即可,不必求其富丽。《左传·襄公二十五年》引孔子的话说:"言以足志,文以足言。不言,谁知其志?言之无文,行而不远。"意思相同。不过也不可小看"达"这个字,说话作文要明白通畅、恰到好处其实也不简单。

42. 师冕①见,及阶,子曰:"阶也。"及席,子曰:"席也。"皆坐,子告之曰:"某在斯,某在斯。"

师冕出,子张问曰:"与师言之道与②?"子曰:"然,固相③师之道也。"

【校注】

①师冕——人名。师,乐师,官名。冕,这位乐师的名字。古代的乐师一般都是盲人。

②与师言之道与——这是和乐师谈话的方法吗。与,同"欤"。

③相——音"向",扶持、帮助。

【直译】

盲人乐师冕来见孔子,他走到台阶前,孔子说:"这是台阶。"走到坐席前,孔子说:"这是坐席。"都坐定后,孔子告诉他说:"某人在这里,某人在这里。"

师冕出去后,子张问道:"这是和乐师谈话的方法吗?"孔子说:"是的,这本来就是帮助乐师的方法。"

【新绎】

　　古代的乐师一般都是盲人。古人重视礼乐，很多重要的典礼或宴会多要乐师出席演奏。因为是盲人，所以走路、上下台阶及坐席就位时都需要相者帮忙扶持。此章记乐师冕到了阶前席前时孔子都要出声告诉他位置，这是表示孔子善解人意，也是对盲人应有的礼貌。

【十六】 季氏篇

本篇共十四章，泛言世变，每举礼义多论正名之道、君子之行。各章皆标"孔子曰"，与前十五篇仅标"子曰"者不同，尤以字数多而记叙详大异于前。故或疑非孔子之徒所记，抑或出自七十子后人、邹鲁儒生之手。朱熹疑本篇是《齐论语》。

1.　季氏将伐颛臾①。冉有、季路见于孔子曰："季氏将有事②于颛臾。"

孔子曰："求，无乃尔是过与③？夫颛臾，昔者先王以为东蒙主④，且在邦域之中矣，是社稷之臣也。何以伐为⑤？"

冉有曰："夫子⑥欲之，吾二臣者皆不欲也。"

孔子曰："求，周任⑦有言曰：'陈力就列⑧，不能者止。'危而不持，颠而不扶，则将焉用彼相⑨矣？且尔言过矣，虎、兕出于柙⑩，龟、玉毁于椟⑪中，是谁之过与？"

冉有曰："今夫颛臾固而近于费。今不取，后世必为子孙忧。"

孔子曰："求，君子疾夫舍曰欲之而必为之辞⑫。丘也闻有国有家者，不患寡而患不均，不患贫而患不安。盖均无贫，和无寡，安无倾。夫如是，故远人不服，则修文德以来之；既来之，则安之。今由与求也，相夫子⑬，远人不服，而不能来也；邦分崩离析，而不能守也；而谋动干戈于邦内。吾恐季孙之忧，不在颛臾，而在萧墙之内⑭也。"

【校注】

①季氏将伐颛臾——季氏，指季康子，鲁国权臣"三家"之一。颛臾，音"专余"，国名，鲁国的附庸国家，故城在今山东省费县西北。

②将有事——准备发动战争。

③无乃尔是过与——这恐怕是你（们）的过失吧。无乃，无非是。尔，你。过，过失。与，同"欤"。下文"是谁之过与"，同。

④东蒙主——东蒙山的主祭人。东蒙，山名，在今山东省蒙阴县西南，邻接费县。

⑤何以伐为——何以，因何、为何。为，句末助词。皇侃本作"何以为伐也"。

⑥夫子——老人家、老先生。古代对大夫的尊称。这里指季氏（季康子）。

⑦周任——周朝一位贤良的史官。

⑧陈力就列——施展才力就任职位。

⑨焉用彼相——何必用那些辅政的臣子。相，音"向"，助、辅佐，这里作名词用。

⑩虎、兕出于柙——老虎兕牛从牢笼中跑出来。兕，音"似"，一种独角的野牛。柙，音"匣"，栅栏、牢笼。

⑪椟——音"读"，木匣、木柜。

⑫君子疾夫句——君子痛恨这种不肯明说想要，却尽力找借口的说法。疾，厌恶。夫，指下文"舍曰欲之而必为之辞"。

⑬相夫子——帮助他老人家（指季康子）。

⑭萧墙之内——萧墙，在门口用作屏障的土墙，君臣相见行礼处。一说指自己家里。

【直译】

　　季氏准备攻伐颛臾。冉有、季路来见孔子，说："季氏准备对颛臾采取行动。"

　　孔子说："求，这无非是你（们）的过错吧？那颛臾，是从前先王派来做东蒙山的主祭者，而且就在国境之内，也是国家的臣属。为什么要讨伐它呢？"

　　冉有说："是他老人家要这样做的，我们两位做臣子的都不赞成。"

　　孔子说："求，周任有这样的话说：'奉献力量去就任职位，不能做好的就该辞退。'假如有危险却不保护，要倒下却不扶起，那么又何必用那辅助的人呢？而且你说错了，试问老虎、兕牛从栅栏里跑出来，龟甲、美玉在匣柜里毁坏了，这是谁的过失呢？"

　　冉有说："如今颛臾城郭坚固而且接近季孙的费邑。现在要是不攻下来，将来一定会成为子孙们的忧患。"

　　孔子说："求，君子厌恶这种不肯明说想要它却尽力为它掩饰的说法。我孔丘听说有国的诸侯和有家的卿大夫，不担心人民少只担心财富不平均，不担心人民穷只担心社会不安定。因为财富平均就没有贫穷，人民和谐就不致寡弱，社会安定就不会倾危。假使能够这样子远方的人仍旧不来归顺，就再修治文化道德来招抚他们。等到已经招抚他们了，就要安定他们。如今由和求你们两个人，辅佐季氏他老人家，远方的人不来归顺，又不能设法招抚；国家破碎支离，又不能设法维持，却反而计划在国内发动战争。我恐怕季孙的忧患，不在颛臾，却在鲁君的门墙之内！"

【新绎】

　　此篇有人以为原是齐国所传的《论语》本子，已难以确考。不过本篇的"子曰"都称为"孔子曰"，文体确实与他篇不同。

　　这一章记孔子训诫门人冉有（求）、季路（子路）不能以大义劝阻权臣季氏专恣征伐之事。当时冉有、季路做季氏季康子的家臣。季康子执政当权，鲁君鲁哀公想要削除他。颛臾是直属鲁君的附庸国，季氏怕将来对自己不利，想要派兵先消灭它。冉有、季路把这消息告诉了孔子。孔子听了之后，以为颛臾是先王封国，又在鲁国邦域之中，是社稷之臣，从这些方面论都不应该是季氏攻伐的对象。然后孔子引用古代良史周任的话，说冉有、季路二人既然知道此事不妥，就应该劝阻季氏出兵，如果季氏不听，则应当挂冠求去。孔子用"虎、兕出于柙，龟、玉毁于椟中"来做比喻，说明此乃典守者之过，亦即说季氏假若真的攻伐颛臾，冉有、季路二人也有不尽言责之失。

　　等到冉有为季氏说话企图卸责时，孔子又说了"不患寡而患不均，不患贫而患不安"以及"远人不服，则修文德以来之；既来之，则安之"的道理。这是孔子重要的政治主张。从他的话中，可以知道孔子反对战争、爱好和平，主张用文化道德的感召来取代战争武力的征伐。这些都是非常重要而且宝贵的思想。

　　此章所记季氏将伐颛臾之事不见于史传记载，可见后来并未成为事实。有人以为这应该与孔子的谏止有关。

　　当时鲁国君弱而臣强，季氏和孟孙、叔孙当权，鲁君不免有危亡之感，所以后来鲁哀公时，真的曾经发生哀公奔往越国借兵伐鲁而去季氏之事。此是后话，不赘。

　　冉有、季路二人同任季氏家臣，大约在鲁哀公十一年至十四年之间。季路比冉有年长，平日性情也比较刚直好胜，可是在本章之中，在孔子面前却由冉有代表发言，有人推测原因是冉有当时在季氏的职位比较高，也可能是子路心有愧疚所以一言不发。

2. 孔子曰："天下有道，则礼乐征伐自天子出①；天下无道，则礼乐征伐自诸侯出。自诸侯出，盖十世希不失②矣；自大夫出，五世希不失矣；陪臣执国命，三世希不失矣。天下有道，则政不在大夫；天下有道，则庶人不议。"

【校注】

①自天子出——由天子发号施令，意思是由天子决定。

②盖十世希不失——盖，大概。十世，经历十代。希，通"稀"，少的意思。失，失位。

【直译】

孔子说："天下上轨道，那么制礼作乐、出征讨伐的事都由天子发令；天下不上轨道，那么制礼作乐、出征讨伐的事便由诸侯发令。由诸侯发令，大概传到十代就很少不丧失执政权的了；由大夫发令，传到五代就很少不丧失执政权的了；假使是大夫的家臣主持国政，传到三代就很少不丧失执政权的了。天下上轨道，那么执政权不会在大夫手里；天下上轨道，那么一般民众不会非议政府。"

【新绎】

此章记孔子讨论国政得失的道理。他以为礼乐制度和征伐号令都由天子做主颁布，那就是政治上轨道，如此则平民也不会私下议论政事。可是据孔子的观察，西周时尚且如此，但东周以后君弱臣强，执政大权已下移诸侯了。后来卿大夫把持国政，目无国君，政权又下移于大夫。甚至大夫所用的家臣也有擅权做主的。例如齐桓公以后周天子已无发号施令的能力，而齐自桓公称霸，历孝公、昭公、懿公、惠公、顷公、灵公、庄公、景公、悼公、简公十公，至简公而为陈恒所杀；晋自文公称霸，历襄公、灵公、成公、景公、厉公、悼公、平公、昭公、顷公九公，六卿专权，这些都是孔子亲见之史事。也就是"十世希不失"的例子。鲁国自季友专政，历文子、武子、平子、桓子而为阳虎所执，这是"五世希不失"的例子。至于"三世希不失"的例子，像鲁国家臣南蒯、公山弗扰、阳虎等人都是当身而败，连三世都不到。

可见孔子的评论都有史实依据，并非凭空臆造。

3. 孔子曰："禄之去公室五世①矣，政逮于大夫四世②矣，故夫三桓之子孙③微矣。"

【校注】

①五世——指鲁宣公、成公、襄公、昭公、定公五代。
②四世——季氏专政，在鲁定公时，已历文子、武子、平子、桓子四代。
③三桓之子孙——鲁国三卿孟孙、叔孙、季孙都是鲁桓公之后，所以称"三桓"。

【直译】

孔子说："（鲁国）政权离开鲁君公室已经五代了，政权把持在大夫手中已经四代了，所以那三家桓公的子孙也将要衰微了。"

【新绎】

此章承上章之余专论鲁国政事。鲁君自鲁文公死后，已历宣、成、襄、昭、定五公，都无政治权力，所以说："禄之去公室五世矣。"而季氏专政,在定公时,已历季文子、武子、平子、桓子四代,所以说:"政逮于大夫四世矣。"而季孙、孟孙、叔孙都出于鲁桓公之后,所以称为"三桓"或"三家"。他们的子孙到了鲁定公时势力也逐渐衰微了。孔子说这些史实,应有警惕鲁国权臣的意味。

4. 孔子曰:"益者三友,损者三友。友直,友谅①,友多闻,益矣。友便辟②,友善柔,友便佞,损矣。"

【校注】

①友谅——友,作动词用,交友。谅,诚信。
②便辟——便,音"骈",熟习。辟,通"僻",偏颇、不正直。一说:便,顺人所欲;辟,避人所恶。

【直译】

孔子说:"有益的朋友有三种,有害的朋友也有三种。交正直的朋友,交诚信的朋友,交博学多闻的朋友,是有益的。交善于周旋的朋友,交善于恭维的朋友,交善于口辩的朋友,是有害的。"

【新绎】

此章孔子教人要慎于交友。朋友在一起会彼此影响,如果所交的是益者三友,对自己的进德修业当然有所帮助,否则,所交的是损友的话迟早会身受其害。以下几章孔子说明道理举例常分三种,这是孔子说话的特色。

《公冶长篇》第二十五章孔子说的"巧言,令色,足恭"和本章所说的"损者三友",可以对照来看孔子的交友之道。

5. 孔子曰:"益者三乐,损者三乐。乐节礼乐①,乐道人之善,乐多贤友,益矣。乐骄乐,乐佚游,乐晏乐,损矣。"

【校注】
①乐节礼乐——乐于协调礼乐。上"乐"字动词,下"乐"字名词。

【直译】
孔子说:"有益的爱好有三种,有害的爱好也有三种。乐于调节礼乐,乐于称扬别人的好处,乐于多交贤能的朋友,是有益的。乐于骄傲放肆,乐于放纵游荡,乐于饮宴荒淫,是有害的。"

【新绎】
此章孔子教人要注意自己的嗜好。嗜好有好有坏,他举例说明各有三种。好的重在精神德性的修养,坏的偏于身体物欲的追求。

6. 孔子曰:"侍于君子有三愆①:言未及之而言谓之躁,言及之而不言谓之隐,未见颜色而言谓之瞽②。"

【校注】
①愆——音"千",过失。
②瞽——音"鼓",盲目、瞎眼。

【直译】
孔子说:"侍奉君子时常犯的过失有三种:话还不到该说的时候就说这叫作急躁,话到了该说的时候不说这叫作隐瞒,还没察看脸色就说话这叫作盲目。"

【新绎】

　　此章孔子教人说话要注意适当的时机。这里的"君子"是指在上位者。《荀子·劝学篇》说："未可与言而言，谓之傲；可与言而不言，谓之隐；不观气色而言，谓之瞽。君子不傲，不隐，不瞽，谨顺其身。"显然是受了此章的影响，但他所说的"君子"，是就有品德修养的君子而言。

7.　孔子曰："君子有三戒：少之时，血气未定，戒之在色；及其壮也，血气方刚，戒之在斗；及其老也，血气既衰，戒之在得。"

【直译】

　　孔子说："君子有三件要警戒的事情：少年的时候，血气尚未固定，要警戒的是色欲；等到他壮年了，血气正值旺盛，要警戒的是争斗；等到他老年了，血气已经衰弱了，要警戒的是贪得。"

【新绎】

　　此章孔子教人从小到老要注意控制自己的血气情性，都不可放纵。少年时放纵，就容易犯色戒；壮年时放纵，就容易犯杀戒；老年时放纵，就会贪得无厌。

　　少年、壮年、老年究竟是指多少年纪，古人未有定论。《礼记·曲礼》说："三十曰壮。"大概三十岁称壮年，三十岁以下称少年。《礼记·王制》又说："五十始衰。"五十岁才开始衰老，不过真正的老年，是指七十岁以后。

8. 孔子曰:"君子有三畏:畏天命,畏大人,畏圣人之言。小人不知天命而不畏也,狎大人,侮圣人之言。"

【直译】

孔子说:"君子有三件敬畏的事情:敬畏上天的意旨,敬畏地位崇高的大人物,敬畏圣人的言论。小人不知道天命因而不怕,轻视道德崇高的大人物,戏侮圣人的言论。"

【新绎】

此章孔子说明君子对三件事有敬畏之心,小人则否。君子敬畏的事情孔子举了三个例子:君子敬鬼神,所以畏天命;知礼义,所以畏大人;明是非,所以畏圣人之言。天命不可测,大人在上位,圣人有道德。小人因为没有诚敬之心,不明礼义,不讲是非,所以不怕。举三例是概括言之,并不是说君子真的只有这"三畏"。

"大人"自然是大人物,包括在上位的王公大人和道德崇高的人。上言"天命",下言"圣人之言",因此这里的"大人"笔者以为主要是就崇德者而言。

9. 孔子曰:"生而知之者,上也;学而知之者,次也;困而学之,又其次也;困而不学,民斯为下矣。"

【直译】

孔子说:"生来就懂得道理的人,是上等人;学习然后懂得道理的人,是次一等的人;遇见困难才去学习它的人,是再次一等的人;遇见困难也不学习的人,这种人就是最下等的人了。"

【新绎】

　　孔子依照人的禀赋和学习态度的不同将人分为四等。他分类的重点应该是鼓励"困而学之"以上的人要善用天赋，更求进步，而对于"困而不学"的人则予以警告。

　　孔子评论事物常常采用三段论法，例如上面几章都是，此章表面上看将人的资质分为四种，似乎不同，但仔细推究其实仍是三种而已。《中庸》就说："或生而知之，或学而知之，或困而知之。及其知之，一也。""困而学之"和"困而不学"其实都属于"困"的一种，它们的差别在于学与不学而已。如果肯学，那还是可以赶得上"生而知之"和"学而知之"的人。孔子借此来说明"学"的重要。

10.　**孔子曰："君子有九思：视思明，听思聪，色思温，貌思恭，言思忠，事思敬，疑思问，忿思难，见得思义。"**

【直译】

　　孔子说："君子有九种要用心想到的事情：看时要想到看明白，听时要想到听清楚，脸色要想到温和，容貌要想到端庄，说话要想到诚实，做事要想到认真，疑问要想到请教，发怒要想到后患，看见利益要想到该不该得。"

【新绎】

　　此篇各章所记常以数目字来列述事项。在古人观念里，像"三""九"这些数目字，盖泛指多数而言，不必以为恰恰是"三""九"。

此章孔子说君子有九件事必须常常提醒自己。这里的"君子"兼指在上位者和有道德修养的人,而"九思"的"思"有自我反省之意。所列的九件事都与待人接物有关,而且都是日常生活中就会随时遇见之事,所以可以应用到每个人身上。

《尚书·洪范篇》说:"貌曰恭,言曰从,视曰明,听曰聪,思曰睿。"比较起来本章说得详细些,其中"事思敬""忿思难""见得思义"等项都与人事行政有关,也都与道德修养有关,而这个也才是孔子立论的重点。

11. 孔子曰:"'见善如不及,见不善如探汤。'吾见其人矣,吾闻其语矣。'隐居以求其志,行义以达其道。'吾闻其语矣,未见其人也。"

【直译】

孔子说:"'看见善良的就好像怕赶不上一样努力追求,看见不善良的就好像触摸到滚烫的水那样急忙摆脱。'我看见过这样的人,我也听过这样的话。'退避隐居来保全自己的节操,出仕行义来实现自己的理想。'我听过这样的话,却没有看见过这样的人。"

【新绎】

此章记孔子慨叹德行兼备的不易。"见善如不及,见不善如探汤""隐居以求其志,行义以达其道",都是孔子引述前人的话语,说明德行兼备的君子善善恶恶把是非得失分辨得很清楚,所以能够穷则独善其身,达则兼济天下。

12. 齐景公①有马千驷，死之日，民无德而称焉。伯夷、叔齐饿于首阳之下②，民到于今称之。其斯之谓与③？

【校注】

①齐景公——见《颜渊篇》第十一章。
②伯夷叔齐句——见《公冶长篇》第二十三章。首阳，山名，在今山西省永济市，一说河南省偃师市西北。
③其斯之谓与——所说的就是这种情况吧？与，同"欤"。

【直译】

齐景公有马四千匹，他死的时候，人民没有感德而称颂他。伯夷、叔齐饿死在首阳山之下，人民直到现在还称颂他们。所说的道理就是这样的意思吧？

【新绎】

此章因为句首没有"孔子曰"，所以前人怀疑应与其他章句合为一章。例如宋儒程颐、朱熹都怀疑此章为《颜渊篇》第十章末二句"诚不以富，亦祇以异"上下文的错简。不过并无证据。

此章重在勉人敦品励德，宁可如伯夷、叔齐之饿死，不可如齐景公之贪物欲。看起来与上章似有关联，合为一章亦无不可。

13. 陈亢①问于伯鱼②曰："子亦有异闻乎？"

对曰："未也。尝独立，鲤趋而过庭。曰：'学《诗》③乎？'对曰：'未也。''不学《诗》，无以言。'鲤退而学《诗》。他日，又独立，鲤趋而过庭。曰：'学礼乎？'对曰：

'未也。''不学礼,无以立。'鲤退而学礼。闻斯二者。"

陈亢退而喜曰:"问一得三:闻《诗》,闻礼,又闻君子之远其子④也。"

【校注】

①陈亢——就是孔子的学生子禽。见《学而篇》第十章。
②伯鱼——孔子的儿子,名鲤,字伯鱼,也是孔子的学生。
③《诗》——指《诗经》。已见前。
④远其子——不偏心独厚他自己的儿子。远,作动词用。

【直译】

陈亢向伯鱼问道:"您有没有得到特别的教诲啊?"

(伯鱼)答道:"没有。有一次父亲独自站着,我快步地经过庭前,他问道:'学《诗》了吗?'我答道:'没有。'(他说)'不学《诗》,就没有办法来酬答应对。'我退下后就去学《诗》。后来有一天,他又独自站着,我快步地经过庭前。他问道:'学礼了吗?'我答道:'没有。'(他说)'不学礼,就没有办法来立身。'我退下后就去学礼。只听到这两件。"

陈亢退下后,高兴地说:"问一件事却学得三样道理:知道学《诗》,知道学礼,又知道君子不偏私自己的儿子。"

【新绎】

此章记述陈亢与孔子儿子孔鲤的对话,从中我们可以知道孔子对《诗经》和礼制的重视,以及他不偏私的教学精神。上文《述而篇》第二十四章孔子曾说:"二三子以我为隐乎?吾无隐乎尔!"可见他教学生和教自己的孩子没有什么不同,没有什么"家传秘方"。这才是真正的教育家。

14. 邦君之妻，君称之曰夫人，夫人自称曰小童。邦人称之曰君夫人，称诸异邦曰寡小君。异邦人称之，亦曰君夫人。

【直译】

国君的妻子，国君称她为"夫人"，夫人自称为"小童"。国内的人称她为"君夫人"，对外国人称她为"寡小君"。外国人称她，也是"君夫人"。

【新绎】

此章记君夫人的称谓。据何晏《论语集解》引孔安国的《古文论语训解》云："当此之时，诸侯嫡妾不正，称号不审，故孔子正言其礼也。"可知汉初仍以此章为孔子所言，如此则句首当缺"孔子曰"或"子曰"。不过疑此章乃后人所掺入的学者也不少，像清人崔述《洙泗考信录》就有这样的看法。《论语》一书像上面的《乡党篇》、下面的《微子篇》《尧曰篇》这几篇的篇末都有若干章节被怀疑不是《论语》的原文，而是后人所掺入的。

近来有学者根据新出土的定州汉墓竹简《论语》亦收有此章，确信应非后人所掺入。推其用意应在于孔子讲求名正言顺，希望通过邦君之妻的称谓正其名分，以期恢复礼制。

【十七】 阳货篇

本篇共二十六章，多论处世之方、习性之成和礼乐之教，同时对君子、小人其行之各异和古今世风之不同作比较评论。汉石经凡二十六章，何晏《论语集解》把第二、第三两章合为一章，第九、第十两章合为一章，故题二十四章。

1. 阳货①欲见孔子，孔子不见，归孔子豚②。

    孔子时其亡③也，而往拜之，遇诸涂④。谓孔子曰："来，予与尔言。"

    曰："怀其宝而迷其邦，可谓仁乎？"曰："不可。"

    "好从事而亟失时⑤，可谓知乎？"曰："不可。"

    "日月逝矣，岁不我与⑥。"孔子曰："诺，吾将仕矣。"

【校注】

①阳货——有人以为就是季氏的家臣阳虎。阳虎曾囚其主季桓子而专鲁政，后来他试图铲除三桓，失败后逃往齐国，最后逃到晋国投靠赵简子。

②归孔子豚——送给孔子小猪。归，通"馈"，赠送。豚，此指蒸熟的小猪。

③时其亡——时，通"伺"，等候。亡，同"无"，不在家。

④遇诸涂——遇之于途。诸，之乎、之于的合音。涂，同"途"，路上。

⑤亟失时——屡次失去机会。亟，音"气"，屡次、常常。

⑥岁不我与——"岁不与我"的倒装句。

【直译】

阳货想见孔子，孔子不肯见，他便送给了孔子一只小猪。

孔子候他不在家的时候，才去拜谢他，却遇见他在途中。他对孔子说："来，我跟你说话。"

阳货说："有人怀着一身的才略却听任他的国家昏乱，可以说是仁者吗？"（孔子）说："不可以的。"

"喜欢从政做事却屡次错过机会，可以说是智者吗？"（孔子）说："不可以的。"

"日月消逝，年岁是不等待我们的。"孔子说："是，我打算出来做官了。"

【新绎】

阳货的名字未曾见于《左传》，但据《孟子·滕文公篇》说："阳货欲见孔子而恶无礼。大夫有赐于士，不得受于其家，则往拜其门。阳货瞰孔子之亡也，而馈孔子蒸豚。"可见阳货见孔子之事早就流传了，汉儒孔安国、宋儒朱熹等也都以为阳货即季氏的家臣阳虎。虽然东汉赵岐注《孟子》时说："阳货，鲁大夫也。阳虎，鲁季氏家臣也。"似乎阳货、阳虎未必同为一人。但货、虎二字同音相假，寻绎文中语气，阳货又必为位高权重之人，与孔子同时者固非阳虎莫属。

此章所记颇为生动，一方面写阳货的殷勤，劝孔子出仕；一方面写孔子的应对，都非常得宜。孔子不见者，可能是因为阳虎曾囚季桓子，以下犯上名声不佳，这是义的表现；孔子往拜者，是因为大夫送礼应当亲往拜谢，这是守礼的表现。必伺其不在家才去拜谢的原因，是想礼到即可相见无益也；在途中相遇而不避者，是不想过于决绝；随问而对、对而不辩者，是既合情理而又谦逊的表现。从此章历历如绘的描述中可以想见二人当时的神态以及孔子的应对、交往完全合乎中庸之道。

此章分段断句，历来颇多学者主张"曰：怀其宝而迷其邦"以下至"岁不我与"为止，都是阳货自问自答之辞，包括三个"曰"两个"不可"都非孔子所说。清儒阎若璩、毛奇龄、王引之、俞樾等等也都引为例证。这样的解读自可成立，但笔者反复推敲，仍然觉得文中阳货"来，予与尔言"并非虚笔，故仍以作二人对话为宜。

2. 子曰："性相近也，习相远也。"

【直译】

孔子说："人的天性本是彼此近似的，习染却使彼此相差远了。"

【新绎】

此章记述孔子说明人的善恶也会受到后天环境的影响。孔子既然说"性相近"，当然是说每个人天生的禀性气质虽有不同但不会差别太大，只要后来好好学习都会去恶而向善。后来孟子倡言人性是善的，荀子力主人性是恶的，各有道理，但较之孔子所说的"性相近"似乎是过于求之两端了。

3. 子曰:"唯上知与下愚不移。"

【直译】

孔子说:"只有上等的智者和下等的愚人不能改变。"

【新绎】

此章与上章可以合看。上章所言"性相近、习相远",都是就一般人而言的。孔子的一切主张,本来就是为一般肯受教育的人而发的。因为上智者生而知之不学而能,而下愚者困而不学自暴自弃,都是属于极少数。此章所记只是说孔子认为"唯上知与下愚不移",并不是说这两种人不能接受教育。先天的禀性气质是一回事,后天的学习教养是另一回事。

4. 子之武城①,闻弦歌之声。夫子莞尔②而笑,曰:"割鸡焉用牛刀?"

子游对曰:"昔者偃也③闻诸夫子曰:'君子学道则爱人,小人学道则易使也。'"

子曰:"二三子!偃之言是也。前言戏之耳。"

【校注】

①之武城——前往武城。之,作动词用,往。武城,地名,在今山东省费县西南。时子游在这里做邑宰。

②莞尔——莞然,形容微笑的样子。莞,音"宛",植物名。此以莞之萌芽形容人之微笑。

③偃也——子游自称。子游名"偃"。已见前。

【直译】

孔子到武城去，听到了弹奏琴瑟、歌唱诗篇的声音。孔子微微地笑着，说："杀鸡何必用宰牛的刀？"

子游答道："以前我听过老师这样说：'执政者学习礼乐就能爱护人民，老百姓学习礼乐就容易听从指挥。'"

孔子说："你们几位同学！偃的话是对的。我刚才的话开他玩笑而已。"

【新绎】

此章记孔子非常欣赏子游能以礼乐管理武城。"杀鸡焉用牛刀"，一是开玩笑，说管理武城这种小地方哪里需要大有用处的礼乐，一是惋惜子游这样的人才大材小用了。从孔子的先是"莞尔而笑"，到后来他告诉身边的几位学生说"前言戏之耳"，可以看出孔子对子游的欣赏之情，以及他亲切温馨的一面。

此章记子游与孔子对话时当面称孔子为"夫子"，这是前十篇所未见的，下面第七章记子路与孔子的对话也一样。可见《论语》后十篇确实和前十篇有些地方不相同。

5. **公山弗扰①以费畔②，召，子欲往。**

子路不说③，曰："末之也已，何必公山氏之之④也。"

子曰："夫召我者，而岂徒哉？如有用我者，吾其为东周乎！⑤"

【校注】

①公山弗扰——人名，即公山不狃，字子泄。始为季桓子费邑宰，后不

得意，遂内结阳虎据费以叛。事见《左传》定公五年、八年、十二年及哀公八年。不过《左传》定公十二年所写的公山不狃反叛鲁国时不但没有请孔子去，而且孔子当时正为鲁司寇，反而派人打败了他。因此有人以为《论语》这段文字不可信。但也有人以为《论语》与《左传》所记系定公五年、八年之事，是一前一后的两回事，不可混为一谈。

②以费畔——以费邑为根据地来反叛季氏。畔，通"叛"，叛变。

③说——同"悦"，高兴。

④之之——前"之"字，助词。后"之"字，动词，前往的意思。

⑤吾其为东周乎——我将在东方复兴周朝的王道呢。其，将、表示希望的语气。

【直译】

公山弗扰据守费邑反叛，召见孔子，孔子准备去。

子路不高兴，说："没有地方去就算了，何必到公山氏那里去呢？"

孔子说："那叫我去的人，难道是徒然叫我去的吗？如果有用我的机会，我将在东方复兴周朝的教化！"

【新绎】

此章记孔子不避乱世，一直想复兴周公之道。公山弗扰历来都认为即《左传》的公山不狃。公山不狃是季氏家臣，为费城宰。据《史记·孔子世家》的记载，鲁定公八年公山不狃乘阳虎为乱共同囚禁季桓子，但最后竟被季桓子逃脱了。定公九年孔子五十岁，阳虎逃往齐国，公山不狃则据费城叛变季氏，并派人召请孔子。孔子本拟前往，但因子路等人反对最后没有成行。此章所记应即鲁定公九年之事。不过因为《左传》没有公山不狃据费叛而召孔子的记载，所以清人像赵翼的《陔余丛考》和崔述的《洙泗考信录》都认为此章所记不可靠。

6. 　　子张问仁于孔子。孔子曰："能行五者于天下为仁矣。"

"请问之。"曰："恭，宽，信，敏，惠。恭则不侮，宽则得众，信则人任焉，敏则有功，惠则足以使人。"

【直译】

子张向孔子请教仁道。孔子说："能实行这五种美德于天下的就是仁了。"

（子张）说："请问它们是什么。"（孔子）说："恭敬，宽厚，诚实，勤敏，慈惠。恭敬就能不受侮辱，宽厚就能得到群众，诚实就能被人信赖，勤敏就会有成绩，慈惠就能够差遣人民。"

【新绎】

此章记孔子向子张解释行仁的道理。仁德的范围极广，也适用于全天下。孔子此章所说的恭、宽、信、敏、惠，都切近生活行事，是人人只要肯做都做得到的。

7. 　　佛肸①召，子欲往。

子路曰："昔者由也闻诸夫子曰：'亲于其身为不善者，君子不入也。'佛肸以中牟畔②，子之往也，如之何？"

子曰："然，有是言也。不曰坚乎，磨而不磷③；不曰白乎，涅而不缁④。吾其匏瓜⑤也哉？焉能系而不食？"

【校注】

①佛肸——音"毕希"，晋卿范氏、中行氏的家臣，为中牟宰。赵简子攻伐范氏、中行氏时，佛肸据中牟反叛。孔安国注以为是赵简子的家臣。

②以中牟畔——以，据守。中牟，春秋时晋国的地名，在今河北省邯郸市附近。畔，同"叛"。

③磨而不磷——磨也磨不薄。

④涅而不缁——是说染也染不黑。涅，音"聂"，一种黑色染料，这里作动词用。"缁"，音"姿"，黑色。

⑤匏瓜——果实葫芦形的一种植物，幼嫩时叫瓠（音"户"），味甜可吃，老了叫匏（音"袍"），味苦，可作瓢壶之用。

【直译】

佛肸召请孔子，孔子准备前去。

子路说："以前我听过老师这样说：'亲身做了坏事的人那里，君子不去。'佛肸据守着中牟叛变，您却想去，这怎么说呢？"

孔子说："对，是有说过这些话。但我不是也说过坚硬的东西，磨也磨不薄；不是也说过洁白的东西，染也染不黑。我难道是匏瓜吗？怎么可以只是悬挂着却不给别人吃用呢？"

【新绎】

此章与第五章一样，都是记述孔子不避乱世，思有所用。根据《左传·哀公五年》及《史记·孔子世家》的记载，佛肸在赵简子攻打范氏、中行氏时据中牟叛，并派人召请孔子，孔子欲往，由于子路等人的反对，最后没有成行。此章所记即当时孔子与子路的对话。孔子以坚白与匏瓜为喻来说明自己的用世行道之心，同时也说明了孔子不反对权宜之计。

清人崔述的《洙泗考信录》据《韩诗外传》考证以为佛肸据中牟叛事在鲁哀公二十年，那时候孔子已死去五年了，所以此事不可信。但也有学者（如冯浩菲）根据《左传》《史记》所载相关资料推断佛肸以中牟叛而召孔子之事是在鲁哀公二年前后，其时赵简子健在，距离赵襄子嗣立尚有十八年，故《论语》所记无误。

8. 子曰:"由也,女闻六言六蔽矣乎①?"对曰:"未也。"

"居,吾语女②。好仁不好学,其蔽也愚;好知不好学,其蔽也荡;好信不好学,其蔽也贼;好直不好学,其蔽也绞③;好勇不好学,其蔽也乱;好刚不好学,其蔽也狂。"

【校注】

①女闻六言六蔽句——你听说过六言、六蔽了吗。女,同"汝",你。六言(言似为"善"字之讹),指下文仁、知、信、直、勇、刚。六蔽,指下文愚、荡、贼、绞、乱、狂。

②居,吾语女——居,坐。语,告诉。

③绞——原意是两条绳子交互纽紧。这里比喻太正直反而会急切而伤害别人。

【直译】

孔子说:"由呀,你听过六种美德六种弊病了吗?"子路答道:"没有。"

孔子说:"坐下来,我告诉你。喜爱仁德却不喜爱学习,它的流弊是愚蠢;喜爱智慧却不喜爱学习,它的流弊是放纵;喜爱诚信却不喜爱学习,它的流弊是受害;喜爱正直却不喜爱学习,它的流弊是急切;喜爱勇敢却不喜爱学习,它的流弊是冲动;喜爱刚强却不喜爱学习,它的流弊是狂妄。"

【新绎】

此章孔子说明学习对于进德修业的重要。学习不但要学,而且要问。别人好的方面自己要去学,而自己不知道的部分一定要向别人请教,这样才是学习的真谛。上文《泰伯篇》曾经说:"恭而无礼则劳,慎而无礼则葸,勇而无礼则乱,直而无礼则绞。"那是就礼之一端举例说明。如果能好好学习，那么仁、知、信、直、勇、刚六种美德都不难做到，否则便可能会出现愚、荡、贼、绞、乱、狂六种弊病了。

9. 子曰："小子！何莫学夫《诗》？《诗》，可以兴①，可以观，可以群，可以怨。迩②之事父，远之事君，多识于鸟兽草木之名。"

【校注】
①兴——感发、起兴。是说使人触动情感。
②迩——近。这里是说在家里，与下文的"远"（出外）相对。

【直译】
孔子说："你们这些学生！为什么不学习《诗》呢？《诗》，可以感发心志，可以观察得失，可以沟通情感，可以抒写忧愁。近则可以侍奉父母，远则可以服侍君上，而且可以多多认识鸟兽草木的名称。"

【新绎】
此章孔子教学生要好好研读《诗经》。小子，是孔子对学生的昵称。《诗经》在孔子的时代已经成书，简称为《诗》，孔子对它曾经做过校订的工作。《诗经》是后人所起的名称。"何莫学夫《诗》"，是很亲切的口气。"夫"，指示代词，指所用的教本。孔子说学《诗经》不但可以抒发情感，而且对人伦日用、政治教化也都有益处。

10. 子谓伯鱼曰:"女为《周南》《召南》矣乎①?人而②不为《周南》《召南》,其犹正墙面而立也与③?"

【校注】

①女为《周南》《召南》矣乎——你学过《周南》《召南》了吗。女,汝、你。为,治、学。《周南》《召南》为《诗经》国风开头两部分篇名,又简称为"二南"。

②而——连词,表示假设。如果的意思。

③其犹正墙面而立也与——那就好像正面对着墙壁而站着。表示太接近,反而看不远,比喻眼光短浅。

【直译】

孔子对伯鱼说:"你读过《周南》《召南》了吗?一个人假使不读《周南》《召南》,那就象是正面对着墙壁而站着(什么都看不见)了吧?"

【新绎】

此章与上章前人或合为一章。上章孔子教学生要好好研读《诗经》,此章则问自己的儿子是否学过了《诗经》卷首的《周南》《召南》。《周南》《召南》合称"二南",前人认为其中作品多修身齐家之作,可谓"正始之道,王化之基"。孔子问他儿子伯鱼学过《周南》《召南》没有,不曰"学"而曰"为",可能是因为"为"字不仅有读过的意思,而且还同时有弦之歌之及身体力行之意。至于"正墙面而立"一语,是说眼前一片空白,别无所见,而且不能举步前进。这是孔子善于就近取譬的例证。

11. 子曰:"礼云礼云,玉帛①云乎哉?乐云乐云,钟鼓②云乎哉?"

【校注】

①玉帛——玉,圭璋之类的玉器。帛,束帛之类的丝织品。这些都是古代贵族朝聘会盟时行礼奉献用的器物。

②钟鼓——泛指古代贵族在朝聘会盟或祭祀典礼中用以演奏的乐器。

【直译】

孔子说:"所谓礼呀礼呀,只是指玉帛这些物品来说的吗?所谓乐呀乐呀,只是指钟鼓这些乐器来说的吗?"

【新绎】

孔子一向重视礼乐,认为礼主敬,重秩序;乐主和,重调谐,它们都是王化之本。好好推展,礼可以安国治民,乐可以移风易俗,真可谓其用大矣哉!此章所说的玉帛是行礼时所用的礼具,钟鼓是奏乐时所用的器具。如果仅把玉帛钟鼓等同于礼乐,那就是徒具形式,不知其真正的作用及目的,可谓舍本而逐末了。

12. 子曰:"色厉而内荏①,譬诸小人,其犹穿窬②之盗也与?"

【校注】

①色厉而内荏——表情严厉却内心畏怯。荏,音"忍",柔弱。

②穿窬——穿、挖、钻。窬,音"俞",墙上挖的洞。

【直译】

孔子说:"外表威严而内心怯弱,这种人拿小人来比喻他,大概就象是穿凿墙洞的小偷吧?"

【新绎】

孔子以为表面威严而内心怯懦的人常常表里不一,会做些欺世盗名之事。这种人比起不讲求道德的小人恐怕还比不上。这里的小人,古代指一般地位较低的平民而言。

13. 子曰:"乡原①,德之贼②也。"

【校注】

①乡原——乡野世俗喜欢的伪君子。原,一作"愿",貌似忠厚内实狡诈的人。

②贼——害虫。有一种专吃禾苗稻根的害虫,就叫蟊(音"矛")贼。

【直译】

孔子说:"迎合乡野世俗的好好先生,是道德的败坏者。"

【新绎】

乡原,今作"乡愿"。有人说"乡"同"向",见到人就"原其趣向",随风转向尽量讨好人,所以大家都喜欢他,称他"原人",用今天白话讲就是"好好先生"。但这里有其特定的含义。《孟子·尽心篇下》说:"一乡皆称原人焉,无所往而不为原人""阉然媚于世也者,是乡原也"。又说:"同乎流俗,合乎污世,居之似忠信,行之似廉洁。众皆悦之,自以为是,而不可与入尧舜之道，故曰德之贼也。"这是最佳的诠释。这种人为了迎合世俗博人好感，谁也不得罪，因而善恶不分是非混淆，所以也是欺世盗名的伪君子。

14. 子曰："道听而涂说，德之弃也。"

【直译】

孔子说："在路上听到传言就在途中散播，这种人是道德的背弃者。"

【新绎】

道听而途说的人，入乎耳而出乎口，不辨真伪不分是非，常常败坏别人名誉而不自知。这种人孔子称之为"德之弃也"，似乎比"德之贼也"的乡愿还令人嫌厌。

15. 子曰："鄙夫可与事君也与哉①？其未得之也，患得之②；既得之，患失之。苟患失之，无所不至矣。"

【校注】

①也与哉——用来表示反问语气的连用句末助词。

②患得之——《荀子·子道篇》、刘向《说苑·杂言篇》等书引此句皆作"患不得之"。一说古人语有缓急，"得"即"不得"，犹如《尚书》以"可"为"不可"。

【直译】

孔子说:"卑鄙的人可以跟他一起来服侍君上吗?他没有得到职位的时候,担心得不到它;已经得到职位了,又担心失去它。只要担心失去它,便无所不用其极了。"

【新绎】

鄙夫,可指乡鄙之人,也可指贪鄙之人,此章所指是后者。孔子以为这种人贪恋富贵,常常患得患失,会为一己之得失利害算计别人。有人说志在道德的人不会太在乎功名,追求功名的人不会太在乎富贵,但贪恋富贵的人一定无所不用其极,说得颇有道理。

"患得之""患失之"二句互文对举,即患得患失之意。

16. 子曰:"古者民有三疾,今也或是之亡①也。古之狂也肆,今之狂也荡;古之矜②也廉,今之矜也忿戾;古之愚也直,今之愚也诈而已矣。"

【校注】

①或是之亡——等于"或亡是"。是,此,指上文"三疾"。亡,通"无"。一说:亡,丧失。

②矜——矜持,有所不为。

【直译】

孔子说:"古时候人民有三种毛病,现在或许连这三种毛病都谈不上了。古代的狂人不拘小节,现在的狂人放荡不羁;古代矜持的人廉洁方正,现在矜持的人易怒暴戾;古代的愚人直率,现在的愚人只是欺诈而已。"

【新绎】

　　此章记孔子对当时社会风气的败坏深致感慨。狂、矜、愚虽然是人的心志上的毛病，但毕竟是小毛病而已，何况它们也还有肆、廉、直等可取之处。"今也或是之亡也"这句话是孔子感叹今犹不如昔。正如朱熹所说："昔所谓疾，今亦亡之，伤俗之益衰也。"

17.　子曰："巧言令色，鲜矣仁。"①

【校注】

　　①巧言令色二句——已见《学而篇》第三章。

【直译】

　　孔子说："动听的言论和伪善的面貌，（这样的人）是很少有仁心的。"

【新绎】

　　此章已见上文《学而篇》第三章。不赘论。

18.　子曰："恶紫之夺朱也①，恶郑声之乱雅乐②也，恶利口之覆邦家者。"

【校注】

　　①恶紫之夺朱也——恶，音"务"，厌恶。紫，赤中带黑的颜色，古人视为间色。朱，大红色，即赤色，它与青、黄、黑、白被古人视为正色。间色

杂而不纯，古人鄙之。

②郑声之乱雅乐——郑声，郑国流行的新声，淫靡动听。雅乐，西周初年以前的古乐，如《韶》《武》之类。

【直译】

孔子说："讨厌紫色夺去了大红的正色，讨厌郑国的新乐扰乱了雅正的古乐，讨厌巧言利舌颠覆国家的人。"

【新绎】

此章记孔子教人要分辨正邪善恶。第一句讲色。朱是大红色，古人视为正色；紫是红中带黑，容易与红色相混，古人视为间色。第二句讲声。雅乐是周朝用于祭飨的正乐；郑声是郑国的流行音乐，古人说其声淫荡，是不正当的淫乐。这两句所说的声色，用来突显第三句所说的利口巧舌之人他们混淆是非、不分正邪，是会败亡国家的人。《孟子·尽心篇下》引用孔子说的"恶利口，恐其乱信也；恶郑声，恐其乱乐也；恶紫，恐其乱朱也；恶乡原，恐其乱德也"等等可以合观并读。

19. 子曰："予欲无言。"子贡曰："子如不言，则小子何述焉？"

子曰："天何言哉？四时行焉，百物生焉，天何言哉？"

【直译】

孔子说："我不想说话了。"子贡说："您如果不说话，那同学们传述什么呢？"

孔子说："上天何曾说话呢？四季自然在运行，百物自然在生长，上天何曾说话呢？"

【新绎】

上文说过，孔子罕言怪力乱神之事，也罕言天道。此章所记或即孔子回答此类问题所说的话。四季的运行递嬗，属于天道；百物的滋生成长，属于地理；人处乎其间，只要顺应天地之道，又何必说些什么呢？《诗经·大雅·文王篇》："上天之载，无声无臭。"陶渊明诗："此中有真意，欲辩已忘言。"旨哉斯言！

20. 孺悲①欲见孔子，孔子辞以疾。将命者②出户，取瑟而歌，使之闻之。

【校注】

①孺悲——鲁国人，曾向孔子学礼。
②将命者——为主人传话的人。将，持。命，辞令、言辞。

【直译】

孺悲想见孔子，孔子以生病为借口推辞了。传话的人刚出房门，孔子就拿了瑟边弹边唱，故意让孺悲听见。

【新绎】

此章记孔子拒绝孺悲的请教，还故意让他知道。孔子这样做令人不无疑问，因而后人有的推测孔子一定嫌孺悲言行有不当处，所以不肯见他。据《礼记·杂记篇》的记载，孺悲受鲁哀公之命曾学"士丧礼"于孔子，可见他后来还是成为了孔子的学生。因此又有人推测：古代"士不中间而见，女无媒而嫁者，非君子之行也"。

中间，就是今日所谓介绍人。可知孺悲起先之见孔子没有人先居间介绍，就随便派个传话人来求见，于礼不合，所以孔子拒见，而且让他知道他失礼了。

21. 宰我问三年之丧①："期②已久矣。君子三年不为礼，礼必坏；三年不为乐，乐必崩。旧谷既没，新谷既升，钻燧改火③。期可已矣。"

子曰："食夫稻，衣夫锦，于女安乎④？"

曰："安。"

"女安，则为之！夫君子之居丧，食旨不甘，闻乐不乐，居处不安，故不为也。今女安，则为之！"

宰我出，子曰："予之不仁也⑤！子生三年，然后免于父母之怀。夫三年之丧，天下之通丧⑥也。予也，有三年之爱于其父母乎？"

【校注】

①三年之丧——古人为父母之丧服丧三年。

②期——音"基"，一周年。下同。

③钻燧改火——古代钻木取火，所钻的木四季不同，春天是榆柳，夏天是枣杏，季夏是桑柘，秋天是柞楢，冬天是槐檀。一年轮回一次。

④于女安乎——对你而言安心吗？

⑤予之不仁也——宰我这样残忍不仁啊。予，宰我的名。之，如此、这样的意思。

⑥通丧——从天子到庶民都通行的丧礼。

【直译】

宰我请教为父母守孝三年的丧制:"一年已经够久了。君子三年不去学礼,礼一定破坏;三年不去学乐,乐一定荒废。旧谷已经吃完,新谷已经登场,取火用的燧木也又轮换了。守孝一年应该就可以了。"

孔子说:"(父母才去世一年)你就吃白米,穿锦缎,对你来说安心吗?"

宰我说:"安心。"

孔子说:"你安心,就那样去做吧!一般说来君子守孝的时候,吃美味不觉得可口,听音乐不觉得快乐,住在家里不觉得舒适,所以不肯那样做。现在你既然安心,就那样去做吧!"

宰我出去后,孔子说:"宰予是个不仁的人!孩子生下来三年,然后才能离开父母的怀抱。那为父母守孝三年的丧制,是天下通行的丧制啊。宰予啊,对他死去的父母有三年之爱吗?"

【新绎】

此章记述孔子与宰我讨论守丧三年的问题。这是丧礼中服丧时间最长的一种。这一制度起于何时已不可考,但《尚书·尧典》中已有帝尧死时百姓如丧父母、停乐致哀三年的记载,可见起源甚早。后来古人将此制度适用于儿女之于父母、诸侯之于天子、臣子之于君上,生者须为死者穿规定的孝服,经过三年才能换除。实际上,三年丧期并不满三年,只有二十五到二十七个月。

此章记宰予说三年之丧时间太长,一年应该就够了。这一定也反映了一些人的意见,所以孔子以"天下之通丧也"以及"子生三年,然后免于父母之怀"的话来回答,希望大家勉以行之。

22. 子曰："饱食终日，无所用心，难矣哉！不有博弈①者乎？为之犹贤乎已②。"

【校注】

①博弈——博，古代一种类似棋局的游戏，以掷采（骰子）博胜负，所以后来称为赌博。弈，围棋。

②犹贤乎已——总好过于什么事都不做。已，止、不为。

【直译】

孔子说："吃饱饭整天闲着，没有事情肯用心思，这种人难有出息！不是有博采下棋的游戏吗？玩玩它也比啥都不做好。"

【新绎】

饱食表示生活无忧，如果生活无忧无所事事，就容易懒散、没有进取之心，要不然就会饱后而思淫乐做不正当的事。孔子所说的"用心"，道理在此。他说博采下棋比闲着无事、不肯用心的好，只是鼓励人要用心，而不是鼓励人去博采下棋。而且博采下棋本来只是一种游戏而已，与后人所谓赌钱意义是不同的。

23. 子路曰："君子尚勇乎？"

子曰："君子义以为上。君子有勇而无义为乱，小人有勇而无义为盗。"

【直译】

子路说："君子崇尚勇敢吗？"

孔子说："君子认为道义是最高尚的。君子只有勇力而没有道义就会逆反作乱，小人只有勇力而没有道义就会做盗贼。"

【新绎】

  此章孔子教人不但要有勇气，而且要讲正义。子路为人勇气有余思虑不足，所以孔子因材施教，要他凡事多加思虑，多想想哪些事该做哪些不该做，不能只凭一时血气之勇，否则就可能会做一些不合礼法的事情。

24. 子贡曰："君子亦有恶乎？"

  子曰："有恶。恶称人之恶①者，恶居下流而讪上②者，恶勇而无礼者，恶果敢而窒者。"

  曰："赐也亦有恶乎？"

  "恶徼以为知③者，恶不孙④以为勇者，恶讦⑤以为直者。"

【校注】

  ①恶称人之恶——厌恶宣扬别人的坏处。上"恶"字，音"务"，讨厌。称，宣扬。下"恶"字，音"饿"，坏处。

  ②恶居下流而讪上——厌恶身居下位却讥嘲上司。居下流，在下位。有人说"流"字是衍文。讪，讥嘲。

  ③徼以为知——徼，伺察、偷袭。定州简本及郑注本"徼"作"绞"。知，同"智"。

  ④不孙——不谦虚。孙，同"逊"。

  ⑤讦——音"节"，攻讦、揭发别人隐私。

【直译】

  子贡说："君子也有厌恶的吗？"

孔子说:"有厌恶的。厌恶宣扬别人缺点的人,厌恶在下位而毁谤上司的人,厌恶勇敢却没有礼节的人,厌恶果断却不通事理的人。"

孔子说:"赐,你也有厌恶的吗?"

(子贡说:)"厌恶抄袭别人创见而自以为聪明的人,厌恶不谦虚而自以为勇敢的人,厌恶揭发别人阴私而自以为正直的人。"

【新绎】

此章记孔子与子贡讨论他们所厌恶的人的种类。孔子厌恶的是真小人,子贡厌恶的是伪君子。

25. 子曰:"唯女子与小人为难养①也,近之则不孙②,远之则怨。"

【校注】

①难养——难以教养。
②孙——同"逊",谦逊、顺从。

【直译】

孔子说:"只有女子和小人是难以教养的,亲近他们就对你不恭顺,疏远他们就对你怨恨。"

【新绎】

古代男女授受不亲,地位不平等,社会上尊卑贵贱的阶级观念很重,现代人来看是不能接受的。但那是历史事实,所以我们不必讳言。有人为了避开争议,把此章所谓女子、小人解释为婢妾和仆隶之辈,甚至曲解"女子"为两个词语,指"女中小人"或"你的儿子"等等,实在没有必要。我们只要认清这是历史事实,就不必对孔子心存偏见了。

孔子是提供平民教育的人,他以为一般人都可以接受教育,唯独一些女子与小人难以教养,因为不能太亲近,也不能太疏远。《泰伯篇》第二十章记周武王有良臣十人,其中文王妃太姒即为妇女,显然他也认为有的妇女值得推崇。同时,他的学生之中也不乏出身贫寒平民身份的"小人",所以这里的女子与小人应是他有感而发,只针对一些他认为无法教养的人(例如南子与弥子瑕)而言。

26. 子曰:"年四十而见恶焉,其终也已。"

【直译】

孔子说:"年纪到了四十岁却还被人厌恶,他的一生也就完了。"

【新绎】

此章记孔子勉人及时努力。后人所谓"少壮不努力,老大徒伤悲"即由此推衍而来。孔子说"三十而立,四十而不惑",如果到了四十岁还没有立定志向,或者虽然立定了志向却蹉跎无成,毫无进境,甚至有什么恶行被人憎恶,那就真的余无足观了。《子罕篇》第二十三章孔子曾说:"四十、五十而无闻焉,斯亦不足畏也已。"说的也是一样的道理。

其实,这是孔子劝人及时努力的话语,可能针对某些特定的对象而说的。否则过了四十岁而愿意改过自新,还是应该鼓励的。而且古今中外,四十岁以后才开创美好人生的也大有人在。

【十八】 微子篇

本篇共十一章，记述圣贤的出处，感叹礼乐的崩坏。因篇中多称"孔子曰"，故历来有些学者推测是出于邹鲁诸儒的记录。

1. 微子①去之，箕子②为之奴，比干③谏而死。孔子曰："殷有三仁④焉。"

【校注】

①微子——纣王的哥哥，一说是纣王的叔父。名启，"子"是爵称。封于微（今山东省梁山县附近）。因见纣王无道拒谏，故避祸远去。周灭殷后封于商丘（今河南省境内），国号宋。相传其弟微仲即孔子的远祖。

②箕子——纣王的叔父。名胥余，任太师，封于箕（今山西省太谷县附近）。因为进谏纣王不听，于是披发佯狂，被囚为奴。

③比干——纣王的叔父。任少师。因为力谏激怒了纣王，被纣王剖心而死。

④三仁——定州简本作"三人"。仁，古通"人"。仁，也就是仁人。

【直译】

微子离开他，箕子做了他的奴隶，比干劝谏而被杀。孔子说："商纣时有三个仁人。"

【新绎】

　　此章记孔子评论商纣时的三个仁人。微子、箕子、比干三人因为看到纣王的暴虐无道，人民受苦，社会不安，担心国家社稷的危亡，所以先后力谏纣王而获罪。微子，据《史记·殷本纪》的记载，他是纣王的庶兄，而据《孟子·告子篇》，则说微子是纣王的叔父。他因为纣王好酒淫乐，厚赋税，人民怨望，几次劝谏不听，所以离开纣王而去。同样的原因，纣王的叔父箕子和比干也都因屡谏急谏而得罪纣王。纣王对比干特别生气地说"吾闻圣人心有七窍"，故意剖开比干的心脏来看看是否真的如此。箕子也因此事佯狂为奴，相传后来周武王灭殷以后尊重箕子，封之于朝鲜，所以朝鲜至今有一部分人民自称是箕子的后裔。微子、箕子、比干三人虽然存亡不一，但他们都能仁民爱物、舍生取义，所以孔子称之为仁人。

2.　柳下惠为士师①，三黜②。

　　人曰："子未可以去乎？"曰："直道而事人，焉往而不三黜？枉道而事人，何必去父母之邦？"

【校注】

　①士师——典狱之官。广义的法官。
　②三黜——三代表多次，不必限三次。黜，音"触"，斥退、免职。

【直译】

　　柳下惠做典狱官，多次被免职。

　　有人说："您不可以离开鲁国吗？"他回答说："假使用正直的方法来服侍别人，到哪里去才不会被多次免职呢？假使用邪曲的方法来服侍别人，又何必离开这父母一样的国家？"

【新绎】

　　柳下惠，已见上文《卫灵公篇》。此章所说的"三黜"，有人落实说柳下惠因管讼狱之事过于正直，真的被三次免职：一次是因岑鼎之事被鲁君所黜，一次是与臧文仲意见不合，一次是与夏父弗忌意见不合所以被黜。是否如此，有待查考。不过，此章柳下惠所言"直道而事人"与"枉道而事人"的意见，有人以为值得商榷。否则，孔子何必去鲁而周游列国？或许这也正是孔子与柳下惠的不同之处。

3.　　齐景公①待孔子曰："若季氏，则吾不能；以季孟之间②待之。"曰："吾老矣，不能用也。"

　　孔子行。

【校注】

　　①齐景公——已见《颜渊篇》。齐景公以晏婴为正卿。在鲁定公十年（公元前五〇〇年）齐鲁夹谷之会后，曾有意任用孔子，而为晏婴所阻。

　　②季孟之间——季氏与孟氏之间。季、孟，指鲁国三桓。

【直译】

　　齐景公谈到接待孔子时说："像季氏那样来待孔子，是我不能做到的；我用次于季氏、高于孟氏的待遇来对待他。"后来又说："我老了，不能采用你的主张了。"

　　孔子于是离开了齐国。

【新绎】

　　此章记齐景公时孔子所以离开齐国的原因。据《史记·孔子世家》的记载，孔子三十五岁以后因鲁国内乱曾到齐国去，齐景公本来有意用孔子，但为大臣晏婴反对，因此以"吾老矣，不能用也"为借口，也因此孔子离开齐国而回到鲁国。所谓"以季孟之间待之"，是因为鲁国当时三卿之中，季氏权力最大，最为尊荣，而孟氏最下，所以齐景公之意是表示不想待孔子以上卿之礼。这种话应该不会对孔子当面说，所以后人多以为此章所记系间接听闻而来。而且齐景公的两次说话并非同时之言，上"曰"应在未见孔子之前，下"曰"则在既见孔子之后。

4.　齐人归女乐①，季桓子②受之，三日不朝。
　　孔子行。

【校注】

　　①归女乐——归，通"馈"，赠送。女乐，表演歌舞的舞女。
　　②季桓子——就是季孙斯，鲁国的上卿。季平子的儿子，季康子的父亲。在鲁定公到哀公初年掌管国政。

【直译】

　　齐国人送来一批歌姬舞女，季桓子接受了她们，一连三天不上朝。
　　孔子于是离开鲁国出走了。

【新绎】

　　上一章记孔子离开齐国的原因，此章则记孔子离开鲁国的原因。据《史记·孔子世家》的记载,鲁定公十四年,孔子五十六岁,以大司寇摄行相事,与闻国政。齐人乃用犁锄之计,选八十位彩袖善舞的美女以及良马一百二十匹送给鲁君,并陈列于鲁城南高门外。季桓子微服往观,怠于政事,三日不听政。孔子见此,知道不能行道于鲁,所以去鲁而适卫。不过,根据《史记·十二诸侯年表》及《史记·鲁世家》等资料,孔子去鲁的时间是在鲁定公十二年,而齐人馈送女乐之事是在鲁定公十四年,时间不合,因此也有人以为此事或可存疑。

5. 楚狂接舆①歌而过孔子曰:"凤兮,凤兮!何德之衰?往者不可谏,来者犹可追。已而②,已而!今之从政者殆而③!"

　孔子下,欲与之言。

　趋而辟④之,不得与之言。

【校注】

　①接舆——楚国的狂者,不知其名。《论语》记隐士常因其事而称之,例如下章提到的两位隐士同在水边耕田,身长的便叫长沮(沮,低湿的地方),高大的便叫桀溺(溺,脚没入水中)。接舆,就是指一个靠近孔子车子的隐士。一说接舆姓陆,名通,楚国人。因披发而佯狂,故称楚狂。

　②已而——已,止、罢了。而,语助词。已而,意思是可以休矣。

　③殆而——危险了。

　④辟——同"避"。

【直译】

　楚国的狂人接舆唱着歌经过孔子的车前说:"凤凰呀,凤凰呀!为什么运气这样坏?过去的不可挽回,未来的还来得及更改。

算了吧，算了吧！现在的执政诸公都很危险啊！"

孔子下车，想跟他谈话。

他快步避开了，孔子没有机会和他交谈。

【新绎】

孔子在陈、蔡遇难脱困之后到了楚国。楚昭王本来想重用孔子，但有人谏阻，而且昭王不久也死了，接舆之劝孔子应当是在这个时间。

楚狂接舆不但见于《论语》，而且在《庄子》《荀子》《战国策》《楚辞》等书中，也都曾提及其人其事。孔子志在用世，与接舆高蹈避世的想法不同。孔子闻接舆之歌愿意与他交谈，而接舆则趋而避之，亦可见二人处世态度的不同。"凤兮凤兮"这首歌辞，各书所录也各有不同。

6. 长沮、桀溺耦而耕①，孔子过之，使子路问津②焉。

长沮曰："夫执舆者③为谁？"子路曰："为孔丘。"曰："是鲁孔丘与？"曰："是也。"

曰："是知津矣。"

问于桀溺。桀溺曰："子为谁？"曰："为仲由。"曰："是鲁孔丘之徒与？"对曰："然。"

曰："滔滔者天下皆是也，而谁以易④之？且而⑤与其从辟人之士也，岂若从辟世之士哉！"耰⑥而不辍。

子路行以告。

夫子怃然⑦曰："鸟兽不可与同群，吾非斯人之徒与，而谁与⑧？天下有道，丘不与易也。"

【校注】

①长沮、桀溺耦而耕——长沮（音"居"）、桀溺，两位避世的隐士。耦，并行共耕的意思。耦耕，古代一种耕田方法，牛在前二人在后，各持农具同耕并进。

②津——渡口。

③夫执舆者——那执辔坐在车上的人。

④易——改变、改革。

⑤而——你。

⑥耰——音"忧"，原指填平田土的农具，这里作动词用，指播种后又覆盖泥土。

⑦怃然——怅然，失望的样子。

⑧吾非斯人二句——我不和这些人在一起，要和谁在一起呢？与，亲近、在一起。

【直译】

长沮、桀溺一同耕田，孔子经过那里，叫子路去问渡口的所在。

长沮说："那拿着缰绳坐在车上的人是谁？"子路说："是孔丘。"问："是鲁国的孔丘吗？"答："是呀。"

长沮说："他是知道渡口的。"

子路又向桀溺问。桀溺说："您是谁？"答："是仲由。"问："是鲁国孔丘的学生吗？"答道："是。"

桀溺说："滔滔滚滚的混乱情势天下到处都是，你同谁来改变它呢？而且你与其跟从逃避坏人的人，还不如跟从逃避尘世的人！"继续播种填土不曾停下来。

子路走回来把这些话告诉孔子。

孔子怅惘地说："鸟兽是不可以跟它们在一起的，我不跟这些世人在一起，又跟谁在一起呢？天下要是上轨道，我孔丘就不必和你们一起进行改革了。"

【新绎】

　　此章记孔子与长沮、桀溺处世态度的不同。据《史记·孔子世家》的记载，鲁哀公六年，孔子年六十四，由楚返蔡途中遇见此事。长沮、桀溺二位隐者，"长""桀"二字形容其身材，"沮""溺"二字说明其并耕处是在低湿之地。他们不说津口方向，还劝子路离开孔子，表示他们不认同孔子积极用世的态度。"津"在这里不止有指示津渡所在的意思，同时也指示人生观及处世的道理。孔子的答话显示了他的仁者情怀。避世隐居，与鸟兽同群而不与人同流合污，固然是清高的表现，但毕竟是自私的行为，在孔子看来，既然生而为人，就应当与世人在一起。这是他与长沮、桀溺处世态度的不同。

7.　子路从而后，遇丈人①，以杖荷蓧②。子路问曰："子见夫子乎？"丈人曰："四体不勤，五谷不分。孰为夫子？"植其杖而芸③。子路拱而立。

　　止④子路宿，杀鸡为黍而食之⑤；见其二子焉。

　　明日，子路行以告。子曰："隐者也。"使子路反⑥见之。至，则行矣。

　　子路曰："不仕无义。长幼之节，不可废也；君臣之义，如之何其废之⑦？欲洁其身，而乱大伦。君子之仕也，行其义也。道之不行，已知之矣。"

【校注】

①丈人——老人。丈有"长"义，故称年长齿尊者为"丈人"。旧注以为老而杖于人，故称丈人，恐误。

②以杖荷蓧——拿木杖扛着除草挖土的农具。杖，这里指用来辅助在田中除草的木杖。荷，音"贺"，肩挑、扛着。蓧，音"吊"，除草的农具。

③植其杖而芸——植，竖立。芸，除草。是说老人到田中拄着木杖用脚来除草。古代水田除草有手耘、足耘之分。足耘时，拄着木杖以防滑倒。见《农政全书》卷二十二。

④止——留。

⑤杀鸡为黍而食之——款待子路的意思。为黍，做饭。食，作动词用。食之，给他吃。

⑥反——同"返"。

⑦如之何其废之——怎么可以废除它。

【直译】

子路跟随孔子出行却落后了，遇见一位老人，用木杖肩挑着除草的工具。子路问道："您看见过我的老师吗？"老人说："四肢不常劳动，五谷不能辨认。我怎么知道谁是你老师？"仍然拄着他的手杖来锄草。子路拱着手肃立。

老人留子路过夜，杀鸡做饭给他吃；又引见了他的两个儿子。

第二天，子路赶上了孔子把这些事说了。孔子说："这是一位隐士。"叫子路回去看他。子路到时，他却出门不在家。

子路（对他儿子）说："不出来做官是没有道理的。长幼间的礼节，不可以废除；君臣间的道理，又怎么可以废除它呢？光是隐居想要洁净他本身，其实却悖乱了君臣间重要的伦理。君子出来做官，是做他该做的事。至于理想不能实现，是早已知道的了。"

【新绎】

此章记子路与荷蓧老人的对话，说子路与孔子一样都有用世之心。《史记·孔子世家》系此章于前章子路向长沮、桀溺问津之后。可以看出，子路在孔子学生中是比较勇敢的，所以问路之事都是他以身为先。荷蓧老人立杖而耘草，所以说自己四体不勤，五谷不分。他具食招待子路、引见他的二子，表示他通情达礼。因此子路感叹这样的人既懂长幼之节，应当也行君臣之义才对。

文中"以杖荷蓧"及"植其杖而芸"二句，写老人在草田里拄杖足耘，这是古代一种耘田除草的方法。不但《农政全书》说过"手耘曰耘，足耘曰耔"，《天工开物》卷一也有稻禾分秧后"则耔可施焉"的记载。读者可以自己查阅。

另外，最后一段"子路曰"所说的一大段话很像孔子说话的口气。我每次读到这里都怀疑"子路曰"是不是多了"路"这个字。

8. 　逸民①：伯夷、叔齐②、虞仲③、夷逸④、朱张⑤、柳下惠⑥、少连⑦。

子曰："不降其志，不辱其身，伯夷、叔齐与！"

谓柳下惠、少连："降志辱身矣，言中⑧伦，行中虑，其斯而已矣。"

谓虞仲、夷逸："隐居放言，身中清，废中权。我则异于是，无可无不可。"

【校注】

①逸民——品行高洁或隐居不仕的人。逸，通"佚"，通常指不肯出仕或怀才不遇的人。

②伯夷叔齐——已见《公冶长篇》。

③虞仲——西周初的贤人。据《史记》，虞仲有二：一指吴泰伯弟弟，古公亶父的次子，即仲雍；一指仲雍的曾孙，周武王封于北吴。

④夷逸——古代隐士。《尸子》说他自称宁可做农田的耕牛，也不愿当庙堂上的牺牲。

⑤朱张——见《汉书·古今人表》，生平不详。

⑥柳下惠——已见《卫灵公篇》。

⑦少连——孝子。《礼记·杂记篇》说他三年服丧期间最尽孝道。

⑧中——音"仲"，合。下同。

【直译】

隐逸的人有：伯夷、叔齐、虞仲、夷逸、朱张、柳下惠、少连。

孔子说："不委屈他的意志，不污辱他的身体，是伯夷、叔齐吧！"

又说柳下惠、少连："是委屈意志污辱身体了，但说话合乎礼法，做事经过考虑，大概就是这样罢了。"

又说虞仲、夷逸："逃世隐居不谈世事，身体保持清洁，不仕合乎权变的道理。我就不同于这些人，没有什么可以，没有什么不可以。"

【新绎】

此章记孔子对伯夷、叔齐等七位隐逸之士的评价。他说伯夷、叔齐是一组，所谓"不降其志，不辱其身"；柳下惠、少连是一组，虽然降志辱身，但仍然能"言中伦，行中虑"；虞仲、夷逸又是另一组，隐居放言，所谓"身中清，废中权"。唯独对"朱张"一人没有评价，不知何故。然后孔子表示自己和上述逸民隐士不同。他说自己是"无可无不可"的人。"无可无不可"，也就是后来孟子所说的："孔子可以仕则仕，可以去则去，可以久则久，可以速则速。"一切以道义为依归，这与隐逸之士但求洁身自爱又有所不同。

9. 大师挚①适齐，亚饭干适楚，三饭缭适蔡，四饭缺适秦②。鼓方叔入于河③，播鼗④武入于汉，少师⑤阳、击磬襄入于海⑥。

【校注】

①大师挚——大，同"太"。大师即太师，乐官的首长。挚，音"至"，鲁国太师的名。

②亚饭三句——古代天子诸侯用饭时都要奏乐，天子一日四餐，诸侯一日三餐，每次用餐时都要奏乐，每次主持演奏的乐师也不同，分别叫作亚饭、三饭、四饭。干、缭、缺分别是乐师的名。适，往。

③鼓方叔入于河——鼓方叔，敲鼓的乐师名叫方叔。河，指黄河一带。

④播鼗——摇小鼓。鼗，音"逃"，一种可以摇动木柄伴奏的小鼓。

⑤少师——乐官的助理。

⑥击磬襄入于海——磬，用玉石做成的乐器。已见前。襄，人名。入于海，进入海滨隐居。

【直译】

鲁国的太师挚去了齐国，二饭乐师干去了楚国，三饭乐师缭去了蔡国，四饭乐师缺去了秦国。鼓手方叔入居黄河一带，摇小鼓的武入居汉水一带，少师阳、击磬襄入居海滨。

【新绎】

此章记鲁国政衰、乐师四散的情况。鲁哀公时礼崩乐坏，鲁国太师即乐官之长，连他都到齐国去了；其他如鲁君吃饭时奏乐的乐师也分别到了楚、蔡、秦等国。这种情况说明了鲁国礼崩乐坏情况的严重。

至于这些乐师的身世及时代，都已无法详考。有人根据《泰伯篇》第十五章的"师挚之始"，以为师挚就是本章的太师挚，并推测本章提到的八个乐师都与孔子同时。也有人根据《汉书·礼乐志》说殷纣无道，"乐官师瞽抱其器而奔散，或适诸侯，或入河海"，因而推断这八人是纣王朝的乐官。这个说法不可靠。朱熹《论语集注》："此记贤人之隐遁，以附前章，然未必夫子之言也。末章仿此。"

10. 周公谓鲁公①曰："君子不施②其亲，不使大臣怨乎不以③。故旧无大故，则不弃也。无求备于一人。"

【校注】

①鲁公——周公的儿子伯禽，封于鲁，故称鲁公。
②施——通"弛"，松弛、遗忘。
③不以——不用、不被任用。

【直译】

周公对鲁公说："在上位的君子不怠慢他的亲人，不让大臣怨恨不被任用。亲友故旧没有重大的过错，就不可抛弃。不要对某一个人求全责备。"

【新绎】

此章记周公训诫他儿子伯禽的话语。后人推测可能是孔子教导学生时曾经引述，所以学生才记录下来。

"无求备于一人"，是说对人不宜求全责备，配合上文来看，此"一人"应指上级而言。伯禽被封为鲁公，他的上级不是周天子就是当权执政的王公大人。"一人"之前的"亲""大臣""故旧"，则分别指自己的亲属、属下和故旧老友。

11. 周有八士：伯达、伯适、仲突、仲忽、叔夜、叔夏、季随、季騧①。

【校注】

①伯达等八士——不详。八人中两人一组，依照伯仲叔季排行，而且达、适一韵，突、忽一韵，夜、夏一韵，随、騧（随古音"惰"，騧古音"过"）一韵。因此，有人以为这是四对双生子。

【直译】

周朝有八个才士：伯达、伯适、仲突、仲忽、叔夜、叔夏、季随、季騧。

【新绎】

此章记周朝有八位贤士。观其名字，用伯、仲、叔、季来排行，而且还两两一组，各自成韵，所以有人以为或出于同母所生之四对孪生兄弟。《诗经·大雅·大明》："唯此文王，小心翼翼。昭事上帝，聿怀多福。"董仲舒《春秋繁露·郊语篇》引《传》："周国子多贤蕃殖，至于骈孕男者四，四产而得八男，皆君子俊雄也。此天之所以兴周国也，非周国之所能为也。"有人据此结合《逸周书·和寤解》所说的"尹氏八士"，认为此章所谓八士应即周文王时代尹氏所生的四对孪生兄弟。另外，还有人主张八士的时代应在成王或宣王之时。这些都是臆测推论，因此不必采信。

【十九】 子张篇

本篇共二十五章,都是孔子弟子的言论,以子夏、子贡、曾子、子张、子游五人为主。或记志士之交情,或记仁人之勉学,有的是接闻孔子之语,有的是宣扬先师之德。至于没有颜回和子路的记叙,有人以为是因他们先孔子而死的缘故。清代崔述《洙泗考信录》说此篇记孔门弟子的言论,"较前后两篇,文体独为少粹,惟称孔子为仲尼,亦与他篇小异"。

1. 子张曰:"士见危致命,见得思义,祭思敬,丧思哀,其可已矣。"

【直译】

子张说:"士人看见危难能献出生命,看见利益能想到道义,祭祀时一心敬肃,居丧时一心悲伤,那也就可以了。"

【新绎】

此章记子张所言士人应有的立身处事的四种大节。上文《宪问篇》第十二章孔子说过:"见利思义,见危授命。"《季氏篇》第十章孔子也说:"见得思义。"可见子张所言系承自孔子的教诲。

2. 子张曰:"执德不弘,信道不笃,焉能为有?焉能为亡①?"

【校注】

①亡——同"无",没有。

【直译】

子张说:"实践道德不能弘大,信仰真理不能坚定,这种人怎么能说是有呢?怎么能说是没有呢?"

【新绎】

此章记子张说行德守道贵在有决心和毅力。如果没有决心和毅力,那么这种人在世上就可有可无、无足轻重了。上文《泰伯篇》第七章记曾子说:"士不可以不弘毅,任重而道远。仁以为己任,不亦重乎?死而后已,不亦远乎?"第十三章孔子说:"笃信好学,守死善道。"都可以与此章并读。

3. 子夏之门人问交①于子张。子张曰:"子夏云何?"对曰:"子夏曰:'可者与之②,其不可者拒之。'"

子张曰:"异乎吾所闻:君子尊贤而容众,嘉善而矜不能③。我之大贤与④,于人何所不容?我之不贤与,人将拒我,如之何⑤其拒人也?"

【校注】

①问交——请教交友之道。

②可者与之——可以结交的就与他结交。与,偕同、结交。

③矜不能——矜，同情、怜恤。不能，没有才能的人。
④与——同"欤"。
⑤如之何——如何、怎么能。

【直译】

子夏的学生向子张请教结交朋友的道理。子张说："子夏说些什么？"学生答道："子夏说：'可以结交的人就结交他，那些不可以结交的人便拒绝他。'"

子张说："这不同于我所听到的：君子尊敬贤者却也容纳凡人，嘉勉好人却也同情无能的人。我要是非常贤能，对别人有什么不能容纳的？我要是不贤能，别人都拒绝我，又怎么能去拒绝别人呢？"

【新绎】

此章记子张和子夏论交友之道，二人看法有所不同，却各有其道理。这可能与他们自己的个性以及从孔子那儿听到的教诲有不同的缘故。子夏为人较为宽厚，所以孔子告诉他交朋友要有选择，因为朋友之中有益友，也有损友；子张为人较为谨严，所以孔子告诉他交朋友可以"泛爱众"。前者讲的是"知交"，后者讲的是"泛交"，其实都各有道理。

上文《先进篇》第三章孔子谈他的及门弟子，"文学"方面称许子游、子夏，此《子张篇》先记子张之言论，次及子夏、子游，或可推知编撰者为子张门人，故子夏的学生同时请教子张问题才会并录于此。

4. 子夏曰："虽小道，必有可观者焉；致远恐泥①，是以君子不为也。"

【校注】

①泥——音"逆",滞塞不通。

【直译】

子夏说:"即使是小技艺,也一定有值得学习的地方;但追求远大目标时怕它不通达,所以君子不从事小技艺。"

【新绎】

道有大道小道之分,此章记子夏教人宜从大处着眼,不可拘守小道。大道指的是由修身养性至治国平天下的学问,小道指的是生活技艺等等而言。前人解释小道有的说是百家诸子之书,有的说是农圃医卜之属,不一而足。儒家讲的君子指成德的在上位者,当然崇尚大道。

《子路篇》第四章记述樊迟请学稼、学为圃,孔子告诉他"吾不如老农""吾不如老圃",并不是瞧不起老农老圃,他认为他们"必有可观者焉",但他期待他的学生进德修业,研求齐家治国平天下的学问,而不是只求一技一艺而已,所以他才那么说。此章所记子夏之言,显然也是受了孔子的影响。

5. 子夏曰:"日知其所亡①,月无忘其所能,可谓好学也已矣。"

【校注】

①亡——同"无",欠缺的。

【直译】

子夏说:"天天知道他所欠缺的,月月不忘记他所学到的,就可以说是好学的了。"

【新绎】

此章记子夏说明做学问的方法,与上文《为政篇》孔子所说的"温故而知新"、《泰伯篇》孔子所说的"学如不及,犹恐失之"道理相通。"日知其所亡",即"知新";"月无忘其所能",即"温故"。合而言之,"日知""月无忘"二句即"学如不及,犹恐失之"。

6. 子夏曰:"博学而笃志,切问而近思,仁在其中矣。"

【直译】

子夏说:"广泛地学习并能坚定志向,切实地发问并能就近思考问题,仁道就在这里面了。"

【新绎】

此章子夏教人求学行仁的方法,博学、笃志、切问、近思为其四端。孔门弟子以为道德可以学习而来,而且也源于知识,所以要人博学;笃志,有人解释为笃定志向,有人则解释为牢牢记住所学的知识,都讲得通。博学、笃志是一层,切问、近思是另一层。《雍也篇》最后一章所说的"能近取譬,可谓仁之方也已"与此章的"切问而近思,仁在其中矣"道理是相通的。

《中庸》说:"博学之,审问之,慎思之,明辨之,笃行之。"又说:"力行近乎仁。"笃行、力行,讲的同样是孔门做学问的实践功夫,但似乎比此章所说的"笃志"更为具体完整。

7. 子夏曰:"百工居肆以成其事,君子学以致其道。"

【直译】

子夏说:"各种工匠在作坊里观摩实习来完成他们的工作,君子依靠从师求学来达到他们的理想目标。"

【新绎】

此章记子夏论百工成器与君子求学的关系。百工成其事,必先在作坊多观摩实习才能学得技艺;君子致其道,必先跟从师长读书求学才能达到目标。子夏之意究竟为何,已不得而知。一说前者百工成器是用来比喻后者君子致道;一说前后句为并列关系,做比较之用,如此则"百工"句指上文第四章之"小道"而言,而"君子"句则指"大道"而言。

8. 子夏曰:"小人之过也,必文。"

【直译】

子夏说:"小人有了过错,一定会掩饰。"

【新绎】

文过饰非,那是自欺欺人的行为,小人通常如此。如果是君子,则有过不惮改。此篇前后论君子小人多寓有比较之意。

9. 子夏曰:"君子有三变:望之俨然,即之也温,听其言也厉。"

【直译】

子夏说:"君子给人的印象有三种变化:远看他时觉得庄重威严的样子,接近他时觉得温和可亲,听他说话时又觉得严正不苟。"

【新绎】

此章子夏所说的"君子有三变",是说一位有德行的君子在外表言谈方面给人的印象。这和上文《述而篇》最后一章所说的"子温而厉,威而不猛,恭而安"极为近似,所以有人以为此章子夏所说的君子即指孔子。

10. 子夏曰:"君子,信而后劳其民;未信,则以为厉①己也。信而后谏;未信,则以为谤己也。"

【校注】

①厉——虐待、剥削。

【直译】

子夏说:"在上位的君子,要先获得(百姓)信赖然后才能去使唤他们;没有获得信赖,百姓就会以为在虐待他们。要先取得(君上)信任然后才去进谏;没有取得信任,君上就会以为在诽谤他。"

【新绎】

此章记述子夏认为君子不管是事上或使下,都必须先取得别人的信任。侍奉君上,先取得信任才不会因进谏而被误会是毁谤;差使人民，先取得信任才不会因劳役而被误会是虐待。

孔子教学的目标是希望他所教导的学生能成为文武合一的士，能为国家服务成为德业兼修的君子。子夏这里所说的君子正介乎王侯公卿与百姓平民之间，信为善述者！

11. 子夏曰："大德不踰闲①，小德出入②可也。"

【校注】

①不踰闲——踰，同"逾"，超越。闲，可以阻拦通行的木栏，引申为范围、规范。

②出入——进出于范围、法度的内外，稍有不同。

【直译】

子夏说："在重大的节操上不可逾越规矩，在小节上稍有出入是可以的。"

【新绎】

此章记子夏教人德行要识大体，不可逾越规矩，但有时候也可以不拘小节。这样说，并非教人完全可以不注意小德小节。所谓"出入可也"，只是说有时候稍有出入无妨大德大体而已。古人说"不矜细行，终累大德"，说的就是这个道理。

12. 子游曰："子夏之门人小子①，当洒扫应对进退②，则可矣，抑③末也。本之则无，如之何？"

子夏闻之，曰："噫！言游过矣④！君子之道，孰先传焉？孰后倦焉？⑤譬诸草木，区以别矣。君子之道，焉可诬也？有始有卒⑥者，其惟圣人乎！"

【校注】

①门人小子——门下弟子。小子，古代老师对学生的称呼。有人以为"小子"当属下读，指门人中的幼小者。

②洒扫应对进退——泛指基本的生活礼仪。洒扫，洒水扫地。应对，酬应对答。进退，升降堂阶、上座退席之事。

③抑——连词，转折的口气，则、但、抑且。

④言游过矣——子游说得过分了。言，是子游的姓。

⑤孰先传焉二句——是说什么学问先教什么学问后学要看学生的才性程度而有不同。倦，有废止不教之意。

⑥有始有卒——就是有始有终。是指本末贯通的学问。

【直译】

子游说："子夏的门下学生，让他们担当洒水扫地及以言辞仪容应对宾客，是可以的，但这只是细枝末节罢了。根本的大道理没有学到，这怎么可以呢？"

子夏听到这些话，说："唉！言游错了！君子的道理，哪里是什么内容一定要先传授呢？哪一样放在后面就倦于教诲呢？这就好像草木，种类是要加以区别的。君子的道理，怎么可以歪曲呢？能够有始有终的，大概只有圣人吧！"

【新绎】

此章记子游讥笑子夏没有教学生修齐治平大道理，只注意洒扫应对进退等等一些生活细节，而子夏则以为教人学问应有层次，除了圣人可以本末兼顾之外，一般都须因材施教并循序渐进。《大学》

说:"物有本末,事有终始,知所先后,则近道矣。"和子夏所说的道理比较接近。

或许可以这样说:子游注重教学的目的,子夏则先讲求教学的程序和方法,至于目的并无不同。

13. 子夏曰:"仕而优则学,学而优则仕。"

【直译】

子夏说:"做了官还有余力就去读书,读了书还有余力就去做官。"

【新绎】

子夏像孔子一样认为读书人如果才能学识好就应该出仕为官,贡献所学;但学问之道并无止境,所以做了官之后如果有空暇余力还要不断充实学问。"优"是良好的意思,子夏这两句话仔细推究,意思应该是:官做得好,还有余力就该读书,提升自己;书读得好,还有余裕就该出仕,服务社会。

14. 子游曰:"丧,致乎哀而止。"

【直译】

子游说:"居丧的时候,能尽到哀思也就够了。"

【新绎】

此章子游教人遇见丧事时尽到哀思即可,不必过度悲伤,否则坏了身体反而不好了。上文《八佾篇》第四章孔子说："丧，与其易也，宁戚。"还有《礼记·檀弓篇》子路传述孔子的话："丧礼，与其哀不足而礼有余也，不若礼不足而哀有余也。"这些话都可与本章合看。

15. 子游曰："吾友张也，为难能也，然而未仁。"

【直译】

子游说："我的朋友子张，是难能可贵的了，然而还不能做到仁的地步。"

【新绎】

此章记子游对子张的评价。从本章及上文第十二章等等资料看，子游为人谨严，常常善意地批评同门。从上文第三章来看，子张也似乎偶而会如此。

子游称子张仅呼其名"吾友张也"，和下一章曾子之称子张一样，他们对子张的观感和批评也一样。由此可以想见孔门弟子讨论学问的风气与态度。

16. 曾子曰："堂堂乎张也，难与并为仁矣。"

【直译】

曾子说："仪表堂堂的子张，很难和他一同实践仁道。"

【新绎】

　　从《论语》有关子张的记载来看，子张的仪表文饰颇有可观，但内在的修养不够厚实，所以上章的子游、此章的曾子对他都有难以辅仁的感叹。不过这是善意的批评，都是在称美子张的优点之后提出来的，应有鼓励子张更求完美之意。

　　上文《先进篇》第十八章孔子比较几位门下弟子的性情及其缺点，曾批评子张"师也辟"。师即子张（颛孙师）的本名。据朱熹说："辟，便辟也。谓习于容止，少诚实也。"可谓与子游、曾子的评语初无二致。

17.　曾子曰："吾闻诸夫子：人未有自致①者也，必也亲丧②乎！"

【校注】

　　①自致——自然流露感情。一说自我克制。
　　②亲丧——父母亲丧亡时。丧，死亡。

【直译】

　　曾子说："我听我们老师这样说过：人没有自然流露真情的时候，有的话一定是在父母亲去世的时候吧！"

【新绎】

　　此章记曾子转述孔子的话语，说人在父母亲死的时候一定真情流露。核对本篇第十四章子游所说，似乎一向以孝著称的曾子与子游的看法不一样。子游以为尽到哀思即可，曾子则以为即使哀伤过度也是人之常情。不过要注意的是，子游所说的丧可能泛指一般丧事，和曾子此章所说的"亲丧"并不一样。

18.　曾子曰："吾闻诸夫子：孟庄子①之孝也，其他可能也②；其不改父之臣③与父之政，是难能也。"

【校注】

①孟庄子——鲁国的大夫。姓仲孙，名速，是孟献子仲孙蔑的儿子。以孝著称。

②其他可能也——其他的事都可以做得到。一说其他的人也可以做得到。

③父之臣——父亲所用的家臣。一说父亲所给的职称。

【直译】

曾子说："我听我们老师这样说过：孟庄子的孝，其他的都可以做得到；但他不更换父亲的家臣和父亲的政令，这是很难做到的。"

【新绎】

此章亦记曾子转述孔子之语。每句话结尾都有"也"字，令人想见孔子说话时的神气。孟庄子的父亲孟献子本姓仲孙，以其先祖庆父弑君因而讳称孟氏。孟献子有贤德，孟庄子能用其臣、守其政，自可称为孝顺。曾子所以如此转述，一则见其重视孝道，一则可见当时当权者往往改于父之道，对于先人的旧臣旧业往往弃而不顾。《中庸》说："夫孝者，善继人之志，善述人之事者也。"能够好好继承、延续先人的志业，当然是难能可贵的。

19. 孟氏使阳肤①为士师,问于曾子。

曾子曰:"上失其道,民散久矣。如得其情,则哀矜而勿喜②。"

【校注】

①阳肤为士师——阳肤,曾子的学生。他后来当典狱官,掌管法律诉讼之事。

②哀矜而勿喜——表示同情,不可幸灾乐祸。

【直译】

孟氏派阳肤做了典狱官,阳肤来向曾子请教。

曾子说:"在上位的人失去了教养的法则,民心离散已经很久了。如果能够查出犯案的实情,一定要表示同情而不要沾沾自喜。"

【新绎】

此章记曾子教学生从政判案时要体恤民情。当典狱官判案发现有人犯了罪,应该哀矜勿喜。因为"上失其道",教之无方,人民才会乖离情义,干犯法令。因此非穷凶极恶之人,他们的犯法一般而言不是迫于不得已就是陷于不自知。判案时一定要有同情怜悯之心,仔细查究事实,千万不可幸灾乐祸。如果能够查得实情,也不要沾沾自喜。因为那只是尽了自己的本份职责而已。

20. 子贡曰:"纣之不善,不如是之甚也。是以君子恶居下流,天下之恶皆归焉。"

【直译】

子贡说:"纣王的无道,不像现在传说的这么厉害。因此君子厌恶处在卑污下流的地方,使天下的恶名都集中到他身上来。"

【新绎】

商纣暴虐无道,成为千夫所指、恶名所聚的对象,很多不是他做的坏事也都说是他的恶行。子贡不是同情商纣,而是借此警告世人千万要自爱,不可犯过不改成为千夫所指的恶人。

21. 子贡曰:"君子之过也,如日月之食①焉。过也,人皆见之;更②也,人皆仰之。"

【校注】

①日月之食——日、月的亏蚀。即日蚀和月蚀。食,同"蚀"。
②更——变更、改变。这里是改过的意思。

【直译】

子贡说:"在上位者的过失,好像日月的亏蚀。有过失,人人都能看到它;改正了,人人都敬仰他。"

【新绎】

子贡说道理善于譬喻。此章记他用日蚀月蚀来比喻君子所犯的过失,一则说明君子犯过错是极少见的,二则说明君子一旦犯了过错不会文饰掩盖,所以诚心改过之后仍然会得到别人的尊敬。上文引用过孔子所说的"过则勿惮改"之类的话,其道理亦即在此。

22. 卫公孙朝①问于子贡曰:"仲尼焉学?"

子贡曰:"文、武之道②,未坠于地,在人③。贤者识其大者,不贤者识其小者,莫不有文、武之道焉。夫子焉不学?而亦何常师之有?"

【校注】

①卫公孙朝——卫国的大夫。春秋时代鲁国、楚国、郑国、卫国都有名叫公孙朝的人,所以冠上"卫"字来区别。

②文、武之道——周文王、武王的礼乐教化和典章制度。

③在人——还在人间。

【直译】

卫公孙朝向子贡问道:"仲尼在哪里求得学问的?"

子贡说:"周文王、武王的大道,并没有流失,还在人间流传。贤明的人记得它的大纲,不贤明的人只记得它的细节,人间处处莫不保有文王、武王的大道。我们老师哪里不能求学?又哪里有固定的老师呢?"

【新绎】

此章记子贡回答卫国公孙朝之问孔子为何如此博学。一般而言,古人求学必有专师,所以公孙朝有此一问。子贡的回答是说孔子学无常师,古代如周文王、武王时代流传下来的典章制度、礼乐文明等等大家都还可以接触得到,孔子当然也可以从中学习。除此之外,孔子到处留心,所谓"三人行,必有我师焉"。子贡把孔子的求学态度方法诠释得很得体并且推崇备至,启人深思。

23. 叔孙武叔①语大夫于朝,曰:"子贡贤于仲尼。"

子服景伯②以告子贡。

子贡曰:"譬之宫墙,赐之墙也及肩,窥见室家之好;夫子之墙数仞③,不得其门而入,不见宗庙之美,百官④之富。得其门者或寡矣;夫子⑤之云,不亦宜乎?"

【校注】

①叔孙武叔——鲁国的大夫。姓叔孙,名州仇。"武"是谥号。

②子服景伯——已见《宪问篇》第三十六章。

③仞——音"任",周代测量的名称。一仞为七尺,或说八尺。

④百官——众官员。这里指各式各样的房舍。俞樾《群经平议》说:"官、馆,古同字。"

⑤夫子——那老人家。上面的夫子指孔子,这个夫子指叔孙武叔。

【直译】

叔孙武叔在朝廷上告诉大夫们说:"子贡的贤明超过仲尼。"

子服景伯把这话告诉了子贡。

子贡说:"把它比喻成房屋的围墙:我端木赐的围墙只到肩膀高,人们可以探望到墙内房子的美好;我们老师的围墙有几丈高,假使不能找到它的门户进去,就不能看到宗庙的宏美和各种建筑的富丽。能够找到门户的人或许太少了;武叔他老人家所说的话,不是也很自然吗?"

【新绎】

此章记子贡推崇孔子的伟大,并说自己远远不如。子贡说道理一向善于譬喻,此章用居室建筑来说明人格学问,令人印象深刻。

24. 叔孙武叔毁①仲尼。

子贡曰:"无以为也。仲尼不可毁也。他人之贤者,丘陵也,犹可踰也;仲尼,日月也,无得而踰焉。人虽欲自绝,其何伤于日月乎?多见其不知量②也。"

【校注】

①毁——诋毁、毁谤。
②不知量——不自量力。

【直译】

叔孙武叔毁谤仲尼。

子贡说:"不可以这样做。仲尼是不可以毁谤的。别人的贤明,就像丘陵,还可以超越;仲尼,就像日月,没有人可能超越它的。人即使想要自己隔绝日月的光明,那又怎么能损害到日月呢?只是显示他自己不自量力罢了。"

【新绎】

此章与上章一样都记述鲁国大夫叔孙武叔在子贡面前批评孔子,而子贡则一直维护老师,盛推孔子的崇高伟大。他把孔子比喻为日月,是非常恰当的。有人说:"天不生仲尼,万古如长夜。"孔子真的像日月一般光华普照大地,千百年来一直受到后人的肯定和歌颂。例如宋人辛弃疾也以"日月光中行坦途"来诠释孔孟之道有如日月之光,即是一例。

25. 陈子禽①谓子贡曰:"子为恭也,仲尼岂贤于子乎?"

子贡曰:"君子一言以为知,一言以为不知,言不可不慎也。夫子之不可及也,犹天之不可阶而升②也。夫子之得邦家者,所谓立之斯立,道之斯行,绥之斯来③,动之斯和。其生也荣,其死也哀,如之何其可及也?"

【校注】

①陈子禽——即陈亢,已见《学而篇》第十章。但有人以为另有其人,只是姓名相同而已。

②阶而升——沿着阶梯拾级而上。古人由阶而升堂,这里把孔子比为天高高在上,不是升阶上台那样就可以企及的。

③绥之斯来——绥,安抚。之,指人民。是说用仁政来安抚百姓他们自然就会归附。

【直译】

陈子禽对子贡说:"你不过是谦虚啊,仲尼难道真的好过你吗?"

子贡说:"君子一句话就可以显示聪明,一句话就可以显示不聪明,所以说话是不可以不谨慎的。我们老师的不可及,就像上天不能用阶梯爬上去。我们老师假使能得到诸侯、卿大夫的地位,那就如人们所说的,要立百姓就能立起来,要引导百姓就能向前进行,要安定百姓他们就会来归附,要鼓动百姓他们就会团结。他活的时候大家尊崇,死的时候大家悲痛,别人怎么能够赶得上呢?"

【新绎】

此章和前面二章都是记子贡称颂孔子伟大之辞,比喻为宫墙、日月、天,都是形容孔子的崇高伟大,俱非人所能及。孔子死后子贡曾经相鲁执政,颇有政绩,所以有人以为他贤于孔子。子贡再三为老师辩护,其为人之恭谨概可想见。

陈子禽，前人都说即陈亢，是孔子或子贡的学生。但也有人怀疑此章所说的陈子禽另有其人。因为在子贡的面前批评孔子、称"仲尼"，就古代的学生而言是几乎不可能之事。

【二十】 尧曰篇

本篇共三章,记述尧、舜、禹、商汤、周武王及孔子之语,阐述天命政教之美,可以垂训后世。据何晏《论语集解·叙》说:西汉初年出自孔府壁中的《古文论语》将本篇第二章"子张问于孔子"以下另立一篇,亦称"子张篇",故全书二十一篇;《鲁论语》则无最后"不知命"一章(康有为以为当是《齐论语》),故本篇只列两章。

本篇所记尧、舜、汤武之事,与其他各篇记述的问答之辞颇不相同,朱熹《朱子语类》卷五十就认为这应该是:"夫子诵述前圣之言,弟子类记于此。"钱穆的《论语新解》更进而"疑此章乃战国末年人意见"。

1. 尧曰:"咨!尔舜!①天之历数在尔躬②,允执其中③。四海困穷,天禄④永终。"

舜亦以命禹。

曰:"予小子履⑤,敢用玄牡⑥,敢昭告于皇皇后帝⑦:有罪不敢赦,帝臣不蔽,简⑧在帝心。朕⑨躬有罪,无以万方;万方有罪,罪在朕躬。

周有大赉⑩,善人是富。"虽有周亲⑪,不如仁人。百姓有过，在予一人。"

谨权量，审法度，修废官，四方之政行焉；兴灭国，继绝世，举逸民，天下之民归心焉。所重：民、食、丧、祭。

宽则得众，信则民任焉，敏则有功，公则说⑫。

【校注】

①咨尔舜——咨，音"姿"，语首感叹词，古代皇帝的诰命之辞。尔舜，你舜啊。尧诰命舜时的称谓。

②历数在尔躬——历数，原是推算天文星象节气的用语，此指天命朝代更替的顺序、次第。在尔躬，在你身上。意思是由你主导了、轮到你做帝王了。

③允执其中——允执，诚实把握。其中，那不偏不倚的中道。

④天禄——上天赐给的名位。指帝位。

⑤予小子履——履，商汤名。予小子，商汤的自谦之词。

⑥玄牡——毛色玄黑的公牛。商朝初袭夏制，祭祀时尚黑，后来才尚白。牡，音"母"，指公牛。

⑦皇皇后帝——伟大的天帝。皇皇，光明伟大。后、帝，古代都是帝王的尊称。

⑧简——这里作动词用，检阅、明白。

⑨朕——我，上古自称之词。秦始皇以后才改为皇帝的专称。

⑩大赉——指周武王克商之后大封诸侯之事。赉，音"赖"，赏赐。

⑪周亲——至亲。

⑫宽则得众四句——汉石经、皇侃《论语义疏》本无"信则民任焉"一句。"公则说"，皇侃本"说"上有"民"字。说，同"悦"。

【直译】

尧说："啊！你舜啊！天命的顺序落在你身上了，要确实地掌握那中正之道。如果天下百姓困苦贫穷，上天给你的禄位便将永远终止了。"

舜（让位给禹时）也拿这些话来告诫禹。

（商汤）说："我小子履，谨用黑色的公牛来献祭，明白地禀告庄严伟大的天帝：有罪的人我不敢赦免，天帝的贤臣我也不敢蒙蔽，这些都清清楚楚在您心里。我若有罪，不要牵累到万方百姓；万方百姓有罪，罪在我自己身上（由我承担）。"

周朝广封诸侯，使善人都富贵起来。（周武王说：）"虽然有至亲，却不如有仁德的贤人。百姓要是有过错，过错都在我一个人身上。"

统一度量衡的标准，审定法律制度，恢复废弃的官职，四方的政令便能通行了；复兴被灭亡的国家，延续已断绝奉祀的宗族，提拔被遗落民间的隐逸人才，天下的百姓就会诚心归附了。所重视的是：人民、粮食、丧礼、祭祀。

宽厚就能得到群众，诚实就能取得人民信任，勤敏就会有成绩，公正就能使人民心悦诚服。

【新绎】

此章历述尧、舜、禹、汤、文、武的禅让、征伐等政绩。兹依其内容分为六节说明如下：

第一节记帝尧禅让帝舜时的训诫之辞。第二节说后来帝舜禅让时亦以此命禹。"天之历数"四句，散见《古文尚书·大禹谟》中，而不见于《尧典》。《大禹谟》是后人伪托之作，并非大禹时所留传的文献，所以后人对此节所记或疑是根据上古传说而成，未必真实。

第三节所记的这段话因为下文有"予小子履"一句，"履"是商汤的名，所以知道这段话应是商汤所说。至于在什么场合说的，有人以为"简在帝心"以上是商汤讨伐夏桀时的通告诸侯之辞，"简在帝心"以下是商汤的祈雨之辞。核对《古文尚书·汤诰篇》，字句虽有不同，但全视为商汤伐桀之后的诰辞应无问题。

第四节记周初的政绩。开头二句说周武王克商之后大赉于四海,见《古文尚书·武成篇》,而"虽有周亲"以下四句则见于《古文尚书·泰誓篇中》,因为《武成篇》和《泰誓篇》都见于《伪古文尚书》,所以上文所记究竟是否后人伪托之辞,皆有待考定。

第五节以下,像是通论政治之道,与上文文体不类。"谨权量,审法度,修废官"等数句,据《汉书·律历志》引述,系孔子所言,但文字略有不同,而第六节"宽则得众"等数句,核对上文《阳货篇》第六章孔子所说的:"宽则得众,信则人任焉,敏则有功,惠则足以使人。"文字亦大同小异,足见第五、六节应是孔子的话语。

孔子所说的话为什么会和周武王以前的一些帝王的诰辞编在一起,现在已无从得知个中原因。前人说此章"编简绝乱""语皆零杂而无伦序",则似贬抑太过。

2. 　子张问于孔子曰:"何如斯可以从政矣①?"子曰:"尊五美,屏②四恶,斯可以从政矣。"

子张曰:"何谓五美?"子曰:"君子惠而不费,劳而不怨,欲而不贪,泰而不骄,威而不猛。"

子张曰:"何谓惠而不费?"子曰:"因民之所利而利之,斯不亦惠而不费乎?择可劳而劳之,又谁怨?欲仁而得仁,又焉贪?君子无众寡,无小大,无敢慢,斯不亦泰而不骄乎?君子正其衣冠,尊其瞻视,俨然人望而畏之,斯不亦威而不猛乎?"

子张曰:"何谓四恶?"子曰:"不教而杀,谓之虐;不戒视成,谓之暴;慢令致期,谓之贼;犹之与人③也,出纳之吝④,谓之有司⑤。"

【校注】

①何如斯可以从政矣——要怎么样才可以从政呢？何如,如何、怎么样。斯,才。

②屏——排除、摒弃。

③犹之与人——同样分财物给人民。犹之,均之、把财物分给别人的意思。

④出纳之吝——出手交给别人时却舍不得。出纳,偏义复词,偏重在"出"。

⑤有司——古代官吏的通称。此指过于谨慎的小吏。

【直译】

子张向孔子请教说："怎么样才可以从事政治呢？"孔子说："尊尚五种美德,摒弃四种缺点,就可以从事政治了。"

子张说："什么叫作五种美德？"孔子说："君子给人恩惠却不浪费,使唤人民却不招怨,有欲望却不贪求,安泰却不骄傲,威严却不凶猛。"

子张说："什么叫作给人恩惠却不浪费？"孔子说："顺着人民能得便利的地方就便利他们,这不也就是给人恩惠却不浪费吗？选择可以使唤的时间而使唤他们,又有谁会怨恨？想要仁德就得到仁德,又哪里是贪求？君子不论人多人少,不论势力大小,都不敢怠慢,这不也就是安泰却不骄傲吗？君子端整他的衣帽,庄重他的观瞻,严肃的样子使人看了就怕他,这不也就是威严却不凶猛吗？"

子张说："什么叫作四种缺点？"孔子说："不曾教导便加杀戮,就称它为残酷；不曾告诫便要成效,就称它为急暴；迟下命令却限定完成日期,就称它为迫害；同样是要分送给人财物,出手时却吝惜它,就称它为小家子气。"

【新绎】

此章记述孔子向子张说明为政的道理。《古文论语》把此章以下别立一篇，篇名仍题"子张"，因此全书二十一篇。同一本书有两篇《子张篇》，大可不必。

在《论语》一书中，孔子回答为政之道以此章所说的五美四恶最为详尽，与上章所记帝王之治正好可以互相对照。

3. 孔子曰："不知命，无以为君子也；不知礼，无以立也；不知言，无以知人也。"

【直译】

孔子说："不懂得天命的道理，没有办法成为君子；不懂得礼节的重要，没有办法立足社会；不懂得言论的究竟，没有办法辨识人才。"

【新绎】

此章记述孔子以为知命、知礼、知言是君子必备的三项基本常识。知命用以修养自己的心性，知礼用以端正自己的行为，知言则用以辨识别人的好坏，这是做人处事最基本的道理。尤其是在上位的君子，无论是自修或治人，都必须从这几方面做起。

有人说《论语》以此终篇，足见此章所言为人之大道，非常重要。但《鲁论语》原来是没有此章的，因此我们以为不独此章重要，《论语》其他的各篇各章其实都一样重要。

孔子年表简编

一岁（鲁襄公二十二年，周灵王二十一年，公元前五五一年）
- 孔子名丘，字仲尼，生于鲁国陬邑（今山东省曲阜市东南）。一说生年为鲁襄公二十一年。据近代学者用春秋历法及天文学计算方法推算，以前说为是。

三岁（鲁襄公二十四年，周灵王二十三年，公元前五四九年）
- 孔子父亲叔梁纥去世。叔梁纥，陬邑大夫。远祖相传为殷人之后、宋国始祖微子启的弟弟微仲衍。

八岁（鲁襄公二十九年，周景王元年，吴王余祭四年，公元前五四四年）
- 吴国公子季札到鲁国访问，参观鲁国所保存的周朝礼乐。
- 弟子冉耕（冉伯牛）生。

十岁（鲁襄公三十一年，周景王三年，公元前五四二年）
- 孔子幼童时，就"常陈俎豆，设礼容"，玩一些与祭祀行礼有关的游戏。见《史记·孔子世家》。
- 弟子子路（仲由、季路）生。

十二岁（鲁昭公二年，周景王五年，晋平公十八年，公元前五四〇年）
- 晋国韩宣子到鲁国访问，赞叹："周礼尽在鲁矣。"
- 弟子漆雕开生。

十五岁（鲁昭公五年，周景王八年，公元前五三七年）
- 孔子自称：十五岁就有志于学。见《论语·为政篇》。
- 鲁国三家（三桓）分掌国政，季孙氏权力最大。

十六岁（鲁昭公六年，周景王九年，郑简公二十六年，公元前

五三六年）
- 孔子母亲颜徵在（颜氏季女，名徵在）在这一两年内去世。
- 弟子闵子骞（闵损）生。
- 郑国子产（公孙侨）执政，立谤政，铸刑书。郑国大治。

十七岁（鲁昭公七年，周景王十年，楚灵王六年，公元前五三五年）
- 孔子自称："少也贱，故多能鄙事。"见《论语·子罕篇》。
- 季平子（季孙意如）宴请士人，孔子前往参加，被季氏家臣阳货拒于门外。
- 孟僖子随鲁昭公访问楚国，不知如何相礼行仪。

十九岁（鲁昭公九年，周景王十二年，宋平公四十三年，公元前五三三年）
- 孔子娶宋国人亓官氏为妻。二人家世背景相同，祖先都由宋迁居于鲁。

二十岁（鲁昭公十年，周景王十三年，公元前五三二年）
- 孔子约自此年起，担任委吏（管理仓库）、乘田（管理牲畜），并尝以助祭、助丧为业，故自称："吾不试，故艺。"
- 子孔鲤生。

二十三岁（鲁昭公十三年，周景王十六年，楚灵王十二年，公元前五二九年）
- 楚国内乱。楚灵王自尽，楚平王继位。为稳定政权，楚国前年消灭的蔡国及四年前所消灭的陈国都恢复其国。

二十七岁（鲁昭公十七年，周景王二十年，公元前五二五年）
- 郯国国君郯子来朝鲁国，因熟知古代官制，孔子从学请益。

三十岁（鲁昭公二十年，周景王二十三年，公元前五二二年）
- 孔子自称："三十而立"。立者，立于礼，立足于世。孔子开始设教授徒，琴张似已从游。
- 弟子仲弓（冉雍）、冉求（冉子）、宰我（宰予）、澹台灭明（子羽）生。

三十一岁（鲁昭公二十一年，周景王二十四年，公元前五二一年）
- 弟子颜回（颜渊）、高柴（子羔）、宓不齐（子贱）、巫马施（子旗）生。

- 早期弟子颜路、曾点、冉耕、子路、闵子骞等,当在此年前后受教。

三十二岁(鲁昭公二十二年,周景王二十五年,公元前五二〇年)
- 弟子子贡(原名端木赐,故字作子赣。赐、赣同义)生。
- 周景王死,悼王立,被杀,由周敬王继位。王子朝据王城雒邑叛,三年才平息。

三十四岁(鲁昭公二十四年,周敬王二年,公元前五一八年)
- 孟僖子临终前嘱咐二子孟懿子、南宫敬叔须向孔子学礼。南宫敬叔遂上书鲁君,愿偕孔子适周学礼。史称孔子问礼于老聃,问乐于苌弘,当于此一二年内。
- 弟子有若(子有)生。

三十五岁(鲁昭公二十五年,周敬王三年,公元前五一七年)
- 鲁国三桓擅权悖礼,僭用天子仪节。不但祭祖撤馔时唱天子所专有的《雍》诗,而且季氏在家祭时也在庭中陈列天子所专有的八佾舞,这些都让孔子觉得:"是可忍也,孰不可忍也!"所以这年九月,昭公想夺回政权,讨伐季氏。季平子带兵率同孟氏、叔氏攻打昭公。鲁国发生内乱时,鲁昭公出奔齐国,齐景公安置于郓(今山东省郓城县东)。孔子也前往齐国。

三十六岁(鲁昭公二十六年,周敬王四年,齐景公三十二年,公元前五一六年)
- 孔子住在齐国,依高昭子。齐景公曾多次向他问政,也曾考虑封地给他,但被大臣晏婴阻止了。
- 在齐期间,孔子曾与齐国乐官谈论音乐之道,也曾听到古代《韶》雅乐,说是"三月不知肉味"。

三十七岁(鲁昭公二十七年,周敬王五年,齐景公三十三年,晋顷公十一年,公元前五一五年)
- 孔子因齐景公不能任用,于是取道回国。返鲁途中遇见吴公子季札为其子举行丧礼。孔子知晓季札娴熟礼仪,前往观礼。
- 弟子樊须(樊迟)、原宪生。
- 秋,晋顷公会诸侯于扈(今河南省原阳县西),欲纳鲁昭公。

三十八岁(鲁昭公二十八年,周敬王六年,晋顷公十二年,公元前五一四年)
- 春,鲁昭公前往晋国,居于乾侯(今河北省成安县东南)。

四十岁（鲁昭公三十年，周敬王八年，公元前五一二年）

- 孔子自称："四十而不惑。"《子罕篇》曾说"知者不惑"，可知"不惑"指"知"而言。《季氏篇》又说"知"有"生而知之者"，有"学而知之者"。可知此是孔子自谦学有所成之意。他所说的"学"，兼指学识与品德二者。

四十二岁（鲁昭公三十二年，周敬王十年，晋定公二年，公元前五一〇年）

- 十二月，鲁昭公病死于晋国的乾侯。半年后，季平子立昭公弟（公子宋），是为鲁定公。昭公灵柩运回鲁国，季平子命其与鲁国先君分葬。

四十五岁（鲁定公三年，周敬王十三年，公元前五〇七年）

- 郯国大夫经由孟懿子介绍，向孔子请教冠礼。
- 弟子子夏（卜商）生。

四十六岁（鲁定公四年，周敬王十四年，公元前五〇六年）

- 孔子此数年间，无意出仕，专心于《诗》《书》及礼、乐的整理工作。从学求教的弟子越来越多。仲弓、冉求、宰我、颜回、子贡当于此年后几年间从孔子受教。
- 弟子子游（言偃）生。

四十七岁（鲁定公五年，周敬王十五年，公元前五〇五年）

- 季平子逝世，季桓子继位。季桓子凿井，得一羊形古物，请孔子鉴定。
- 弟子曾参（曾子）生。
- 季氏家臣阳货当权得势，竟囚禁季桓子。十月杀其族人，后与季桓子结盟，主导国政。

四十八岁（鲁定公六年，周敬王十六年，郑献公十年，公元前五〇四年）

- 阳货伴随鲁定公侵略郑国，占有匡邑（今河南省长垣县西南）。八月，阳货又与鲁定公及三家盟于周社，与国人盟于亳社，并在五父之衢祭神。所以孔子在《季氏篇》中感叹说这是"陪臣执国命"。

四十九岁（鲁定公七年，周敬王十七年，公元前五〇三年）

- 阳货欲见孔子，孔子不见。此事当在这一二年之间。
- 弟子子张（颛孙师）生。

五十岁（鲁定公八年，周敬王十八年，公元前五〇二年）

· 孔子自称："五十而知天命。"天命，指上帝天神的意旨和命令。《季氏篇》说："君子有三畏：畏天命，畏大人，畏圣人之言。"《尧曰篇》也说："不知命，无以为君子也；不知礼，无以立也；不知言，无以知人也。"对照这两段话，可知"三十而立"与"礼"有关，"四十而不惑"与"知言"有关，而"五十而知天命"则与"君子"有关。五十而知天命，即孔子自信五十岁已成德，所谓"君子"。

· 阳货想要铲除三家势力取而代之。季氏家臣公山弗扰占据费邑以为内应，曾召孔子，孔子原想前往，后因子路反对没有成行。这年冬天，季桓子有所警觉，阳货阴谋未能得逞，反被三家驱逐败走阳关，次年逃到齐国，最后投奔晋国赵简子。

五十一岁（鲁定公九年，周敬王十九年，公元前五〇一年）

· 阳货败逃后，孔子才出仕，任中都（今山东省汶上县西，一说中都即中城，指鲁都曲阜）宰。颇有政绩。

五十二岁（鲁定公十年，周敬王二十年，齐景公四十八年，公元前五〇〇年）

· 孔子由中都宰升任小司空，属下大夫之职，掌管鲁国工程事务。不久又升为鲁司寇，是最高司法首长，位同卿大夫。任内强调教化，反对滥刑。传说孔子曾摄相国七日，有诛少正卯之事，不可尽信。

· 齐、鲁国君会于夹谷（今山东省莱芜市南）。孔子赴会相礼。会后，齐景公归还所侵鲁国的汶阳等地。

· 叔孙氏（三家之一）家臣侯犯据郈邑（今山东省汶上县北）叛乱。孔子忧三家之乱政。

五十四岁（鲁定公十二年，周敬王二十二年，公元前四九八年）

· 孔子为鲁司寇，子路为季氏宰。

· 孔子以为古制"邑无百雉之城"，季孙的费邑（今山东省费县西北）、叔孙的郈邑（今山东省汶上县北）、孟孙的成邑（今山东省宁阳县东北）都超越规制，因此请鲁定公"皆损之"，并由当时担任季氏宰的子路去执行。这就是所谓"堕三都"。结果孟孙氏强烈反对，季桓子和叔孙氏也虚与委蛇，因此功败垂成。子路因此不再续任季氏宰。

五十五岁（鲁定公十三年，周敬王二十三年，齐景公五十一年，卫灵公三十八年，公元前四九七年）

· 此年前后，季桓子接受齐国馈赠的女乐和好马，同时鲁定公郊祭后也没有分送祭肉给孔子。因此孔子以为君臣都荒怠政事，于是离开鲁国前往卫国。从行弟子有颜回、子路、子贡、冉求等。起先孔子受到欢迎，边境守吏称孔子为木铎，卫灵公及其夫人南子也颇礼遇。他们在卫国住了十个月。

五十六岁（鲁定公十四年，周敬王二十四年，卫灵公三十九年，陈湣公六年，公元前四九六年）

· 孔子见卫灵公夫人南子，子路不悦。

· 孔子在卫国受到权臣排斥，于是带弟子前往陈国。途经匡邑时，被误认为阳货（阳货曾率军攻打该地），受到包围；途经蒲邑时，又遇到卫国大夫公孙戌叛乱，情况都非常危险，所以孔子师生又折返卫国。孔子借住大夫蘧伯玉家。

五十七岁（鲁定公十五年，周敬王二十五年，卫灵公四十年，公元前四九五年）

· 卫灵公及其夫人南子曾以副车载孔子、宦官雍渠出游，招摇过市。孔子耻之，批评灵公好色。因此又回到鲁国。这年五月，鲁定公逝世，鲁哀公继位。

五十八岁（鲁哀公元年，周敬王二十六年，公元前四九四年）

· 吴王夫差已继位，打败越王勾践，获得一特大的骨节，曾派人到鲁国向孔子请教。

· 当时天下大乱，吴越相争、六家分晋，互相攻伐永无宁日。孔子又前往卫国，曾拟赴晋国访赵简子，已到黄河岸边，听说赵简子刚杀死窦鸣犊、舜华二贤人，就作罢了。

五十九岁（鲁哀公二年，周敬王二十七年，公元前四九三年）

· 卫灵公问兵阵之事，孔子答："军旅之事，未之学也。"夏，卫灵公逝世，子孙争位，后由其孙辄继位，是为卫出公。

· 孔子离开卫国，经曹国到宋国。曹未接待，宋景公则对孔子建言不感兴趣。宋国司马桓魋还因不堪孔子批评，曾派兵想杀害孔子。孔子、子贡等师生一行人易容间道，急累如丧家之狗，才能逃到郑国稍作停留。

· 晋国正卿赵简子攻打范氏、中行氏，佛肸据中牟（今河北省境内）

叛。佛肸使人召请孔子。孔子欲往，子路阻之。

六十岁（鲁哀公三年，周敬王二十八年，公元前四九二年）

· 孔子自称："六十而耳顺。"郑玄注："耳闻其言，而知其微旨。"《尧曰篇》所谓："不知言，无以知人也。"耳顺者，不但知言，而且知人。五十岁以前之"立""不惑""知天命"，皆就自身修持而言，此"耳顺"乃有待人知人之意。耳顺者，成德之谓也。

· 孔子被桓魋追杀时，曾说："天生德于予，桓魋其如予何？"逃到郑国东门时，听子贡说有人笑他们如丧家之狗，竟然不生气，还"欣然笑曰：形状未也；而似丧家之狗，然哉？然哉！"耳顺之义，可由此得之。

· 孔子由郑国到了陈国。起先住在司城贞子家。当时陈湣公在位，奉为上宾。

· 秋，鲁国季桓子卒于此年，临终交代季康子务须召回孔子以兴鲁邦之事，亦当在此时或稍后不久。

六十二岁（鲁哀公五年，周敬王三十年，公元前四九〇年）

· 孔子来往陈国、蔡国之间。并曾到楚国附庸叶邑（今河南省境内），与叶公等人见面。

六十三岁（鲁哀公六年，周敬王三十一年，楚昭王二十七年，公元前四八九年）

· 孔子应楚昭王之聘，与子路、颜回、子贡、宰我等取道陈、蔡之间前往楚国。在负函（今河南省信阳市）附近，被陈、蔡大夫围困荒野之中，情势非常危急。最后子贡赴楚求救，楚昭王派兵来接，才得脱困。

· 孔子派宰我见楚昭王，进退得宜。昭王想分封土地给孔子，为令尹子西反对，作罢。秋，昭王病卒。

· 孔子由楚经陈返卫。遇见楚狂接舆、长沮、桀溺、荷蓧丈人等隐士，当在此一二年之间。

六十四岁（鲁哀公七年，周敬王三十二年，卫出公五年，公元前四八八年）

· 卫出公有意任用孔子。孔子答子路何为首要政务，说："必也正名乎！"似乎针对卫灵公之失道、卫出公父子之争位有感而发。

· 子贡等弟子先回鲁国。夏，鲁吴盟于鄫，季康子派子贡回报吴太宰嚭，说以周礼。

六十五岁（鲁哀公八年，周敬王三十三年，吴王夫差九年，公元前四八七年）

- 孔子在卫。《先进篇》："从我于陈、蔡者，皆不及门也。"当为此时孔子有感而发。
- 三月，吴王夫差攻打鲁国，兵败而归。孔子弟子有若参与此役。

六十七岁（鲁哀公十年，周敬王三十五年，公元前四八五年）

- 孔子之妻亓官氏去世。

六十八岁（鲁哀公十一年，周敬王三十六年，公元前四八四年）

- 孔子自卫返鲁。从此结束游宦生活，专心编书教学。所谓"自卫反鲁，然后乐正，雅颂各得其所"，所谓"读《易》，韦编三绝"，并开始着手编著《春秋》。
- 晚年所收弟子子夏、子游、曾参、子张等，当于此年前后从孔子受教。子夏、子游、子张俱非鲁国人。
- 孔子返鲁之后，鲁哀公、季康子常问政求教。孔子弟子如冉求、子路、子贡等亦多出仕，任季氏家臣。此年齐国攻鲁，冉求即曾为季氏率左师击退齐军。

六十九岁（鲁哀公十二年，周敬王三十七年，公元前四八三年）

- 子孔鲤卒（一说明年），年五十。孙孔伋生。
- 鲁昭公夫人孟子卒。孔子往吊。
- 孔子不满弟子冉求、子路为季氏家宰，季氏拟加重赋税，拟发兵攻打颛臾，冉求等人都未曾谏阻，孔子为此非常生气，告诉门下弟子说："非吾徒也！小子鸣鼓而攻之，可也。"

七十岁（鲁哀公十三年，周敬王三十八年，公元前四八二年）

- 孔子自称："七十而从心所欲，不踰矩。"有人断句为："七十而从心，所欲不踰矩。"从心所欲，人人尽能，难在不逾矩。能从心所欲，顺乎自然而不逾越规矩，此不止"君子"而已。岂圣人乎！
- 吴王夫差会诸侯于黄池（今河南省封丘县西南）。越王趁虚攻入吴都。

七十一岁（鲁哀公十四年，周敬王三十九年，齐简公四年，公

元前四八一年）

- 春，孔子听说叔孙氏西狩，车士捕获怪兽，孔子去看，原来是麒麟。孔子非常哀恸，哭道："吾道穷矣！"当时他正编写《春秋》，在此年头写"西狩获麟"，就此搁笔。
- 得意弟子颜回去世。孔子非常哀伤，叹道："天丧予！"
- 齐国大夫陈成子（陈恒，一名田常）弑齐简公，立简公弟，是为齐平公，陈成子自立为相。孔子听到齐简公被杀的消息，马上斋戒沐浴，立刻上朝奏请鲁哀公出兵讨伐。可是哀公却要孔子去向季氏等三家报告。《宪问篇》有相关记述。

七十二岁（鲁哀公十五年，周敬王四十年，卫庄公元年，公元前四八〇年）

- 卫国发生政变。此年卫国执政孔文子死后，由其子孔悝继任。孔悝被蒯聩（卫灵公长子，卫出公之父。因得罪南子，被灵公驱逐在外）胁迫，承认蒯聩回卫即位，是为卫庄公；于是卫出公逃亡鲁国。在这次政变中，子路因担任孔悝的邑宰，为解救孔悝，入孔宅与人格杀，被剁成肉酱。孔子听到这不幸消息，悲痛不已，把眼前准备食用的肉酱都倒掉了。

七十三岁（鲁哀公十六年，周敬王四十一年，公元前四七九年）

- 四月己丑，孔子去世。据推算为夏历二月十一日，公历三月四日。葬于鲁城之北、泗水之上，即今山东省曲阜市北。死后被追谥为"至圣先师"，尊称为"万世师表"，甚至神而明之，称为"素王"。

参考书目举要

- 《无求备斋论语集成》，严灵峰编，台北：艺文印书馆，一九六六年
- 《论语古注》，马国翰辑，台北：艺文印书馆，一九六六年
- 《定州汉墓竹简论语》（简称定州简本），北京：文物出版社，一九九七年
- 《影印日本论语古抄本三种》，高桥智、林嵩、吴国武等，北京大学出版社
- 《论语集解义疏》，皇侃，知不足斋丛书本
- 《经典释文汇校》，黄焯校，北京：中华书局，二〇〇六年
- 《论语注疏》，邢昺，台北：艺文印书馆《十三经注疏》本
- 《重刊宋本论语注疏校勘记》，阮元，台北：艺文印书馆《十三经注疏》本
- 《四书章句集注》，朱熹，台北：世界书局本
- 《洙泗考信录》，崔述，《续修四库全书》本
- 《论语述何》，刘逢禄，《皇清经解》本
- 《论语说义》，宋翔凤，《清经解、清经解续编》本
- 《论语正义》，刘宝楠，北京：中华书局，一九九〇年
- 《群经平议》，俞樾，台北：艺文印书馆，一九六六年
- 《论语注》，康有为，北京：中华书局，一九八四年
- 《论语集释》，程树德，北京：中华书局，一九九〇年
- 《论语疏证》，杨树达，上海：上海古籍出版社，二〇〇七年
- 《论语译注》，杨伯峻，北京：中华书局，一九八〇年
- 《四书读本》，蒋伯潜，杭州：浙江人民出版社，一九八六年
- 《论语今注今译》，毛子水，台北：商务印书馆，一九八四年
- 《论语臆解》，陈大齐，台北：商务印书馆，一九六八年
- 《论语新解》，钱穆，香港：三联书店，二〇〇二年
- 《论语通释》，王熙元，台北：学生书局，一九八一年

- 《论语今读》，李泽厚，天津社会科学院出版社，二〇〇七年
- 《论语通说》，高专诚，山西人民出版社，二〇〇四年
- 《论语歧解辑录》，高尚榘主编，北京：中华书局，二〇一一年
- 《论语人物考》，诸桥辙次，东京：春阳堂书店，一九三七年
- 《论语辞典》，安作璋主编，上海古籍出版社，二〇〇四年
- 《孔子辞典》，夏乃儒主编，上海辞书出版社，二〇〇八年
- 《孔子辞典》，傅佩荣主编，台北：联经出版事业公司，二〇一三年
- 《论语二十讲》，傅杰选编，北京：华夏出版社，二〇〇九年

图书在版编目（CIP）数据

论语新绎 / 吴宏一著 . -- 北京 : 北京联合出版公司 , 2018.7
（人生三书）
ISBN 978-7-5596-2109-2

Ⅰ.①论… Ⅱ.①吴… Ⅲ.①儒家②《论语》—注释③《论语》—译文 Ⅳ.① B222.22

中国版本图书馆 CIP 数据核字 (2018) 第 095478 号

Simplified Chinese translation copyright © 2018 by Ginkgo(Beijing) Book Co.,Ltd.
All rights reserved.
本书中文简体版权归属于银杏树下（北京）图书有限责任公司。

论语新绎

著　　者：吴宏一
选题策划：后浪出版公司
出版统筹：吴兴元
编辑统筹：梅天明
责任编辑：牛炜征
特约编辑：张文斌
营销推广：ONEBOOK
装帧制造：墨白空间·陈威伸

北京联合出版公司出版
（北京市西城区德外大街 83 号楼 9 层　100088）
北京天宇万达印刷有限公司印刷　新华书店经销
字数 370 千字　655 毫米 ×1000 毫米　1/16　29 印张
2018 年 10 月第 1 版　2018 年 10 月第 1 次印刷
ISBN 978-7-5596-2109-2
定价：68.00 元

后浪出版咨询（北京）有限责任公司 常年法律顾问：北京大成律师事务所
周天晖 copyright@hinabook.com
未经许可，不得以任何方式复制或抄袭本书部分或全部内容
版权所有，侵权必究
本书若有印装质量问题，请与本公司图书销售中心联系调换。电话：010-64010019